Wilfried Feldenkirchen
Eberhard Posner

DIE SIEMENS-UNTERNEHMER

DIE SIEMENS-UNTERNEHMER

WILFRIED FELDENKIRCHEN
EBERHARD POSNER

Kontinuität und Wandel 1847–2005
Zehn Portraits

Piper
München Zürich

ISBN 3-492-04801-3
© Piper Verlag GmbH, München 2005
Gesamtherstellung Kösel, Krugzell
Umschlag R·M·E R. Eschlbeck, München
Printed in Germany

www.piper.de

INHALT

7 **Einleitung**
»Kontinuität und Wandel«
Die Siemens-Unternehmer 1847 bis 2005

16 **Werner von Siemens**
Gründung und Ausbau des Unternehmens

42 **Carl von Siemens**
Internationalisierung und Going Public

58 **Wilhelm von Siemens**
Beginn einer systematischen F & E

84 **Carl Friedrich von Siemens**
Rückkehr auf den Weltmarkt und Einheit des Hauses

110 **Hermann von Siemens**
Krieg und Neubeginn

128 **Ernst von Siemens**
Wiederaufbau und Gründung der Siemens AG

148 **Gerd Tacke**
Grundordnung der Siemens AG

158 **Bernhard Plettner**
Neue Märkte und Geschäftsfelder

174 **Karlheinz Kaske**
Mikroelektronik und Neuaufstellung

188 **Heinrich v. Pierer**
Deregulierung und Globalisierung

204 **Nachwort von Klaus Kleinfeld**

EINLEITUNG

»Kontinuität und Wandel«
Die Siemens-Unternehmer 1847 bis 2005

Die durchschnittliche Lebenserwartung eines Unternehmens in Westeuropa und den USA beträgt heute weniger als 20 Jahre. Von den 50 größten deutschen Industrieunternehmen des Jahres 1913 haben nur zehn bis heute überlebt. Andererseits sind von den 19 gegenwärtig im Deutschen Aktienindex vertretenen Industrieunternehmen 10 vor mehr als 100 Jahren gegründet worden. Zu diesen gehört die 1847 als »Telegraphen-Bauanstalt von Siemens & Halske« gegründete Siemens AG.

Warum konnte sich Siemens in den vergangenen 150 Jahren aus einer kleinen Zehn-Mann-Werkstatt zu einem der größten Konzerne der Elektroindustrie mit zur Zeit mehr als 430 000 Mitarbeitern und einem Umsatz von nahezu 80 Milliarden Euro entwickeln? Wieso sind andererseits ehemals ähnlich bedeutende, zum Teil sogar größere Unternehmen wie die AEG, Westinghouse, ITT oder RCA entweder ganz verschwunden oder heute ohne größere Bedeutung?

Die Frage, warum einige Unternehmen langfristig erfolgreich sind, beschäftigt die Forschung seit langem. In den 1920er und 1930er Jahren hat die damals entstehende Betriebswirtschaftslehre als ausschlaggebende Faktoren für einen nachhaltigen Unternehmenserfolg den innovativen Unternehmertyps im Sinne von Josef Schumpeter, das Beherrschen einer bestimmten Produkt- oder Fertigungstechnologie, die Verfügung über Patentrechte sowie eine solide Eigenkapitalausstattung hervorgehoben. Nach 1945 haben vor allem amerikanische Wissenschaftler und Consultants betont, es seien professionelle Managementtechniken, die für eine erfolgreiche Unternehmensentwicklung ausschlaggebend seien. Es wurde aber akzeptiert, daß sie angesichts einer differenzierten und globaler werdenden Unternehmensausrichtung keinesfalls eine Garantie für geschäftlichen Erfolg darstellen.

Heute besteht Einigkeit darüber, daß zusätzlich zu den genannten »harten« Kriterien »weiche« Elemente der Unternehmenskultur den Unterschied zwischen Spitzen- und weniger erfolgreichen Unternehmen ausmachen. Eine ausgeprägte und starke Unternehmenskultur, die den dauerhaften Charakter einer Organisation, ihre zeitunabhängige Identität definiert, die alle Produkt- und Marktzyklen, technologischen Neuerungen und Managementmoden überdauert, ist ein ganz wesentliches Merkmal, das langlebige Unternehmen auszeichnet. Erfolgreiche Unternehmen halten an ihren Grundwerten fest und sind gleichzeitig offen für eine dynamische Weiterentwicklung, die eine zeitgemäße Veränderung ohne Aufgabe der Grundüberzeugungen möglich macht. »They know who they are« und »they hold values in common« – ein hoher Grad der Übereinstimmung über gemeinsame Unternehmensnormen und -werte, verbunden mit einem gewissen Zusammengehörigkeits- oder Wir-Gefühl, mit Korpsgeist und »company spirit«, das sind wesentliche Faktoren für den langfristigen Bestand eines Unternehmens.

Unter der Leitlinie »Kontinuität und Wandel« wird in der Literatur, etwa beim McKinsey-7S-Modell von Peters und Waterman oder der Level-5-Hierarchie von Collins, hingewiesen auf die bei langfristig erfolgreichen Unternehmen zu beobachtende

- hohe Lernfähigkeit, um sich wandelnden Rahmenbedingungen anpassen zu können, oder wie Collins und Porras es in ihrem Buch *Built to Last* ausgedrückt haben: »Indeed if there is any one secret to an enduring great company, it is the ability to manage continuity and change«;
- Aufgeschlossenheit gegenüber neuen Ideen;
- Bewahrung von »core values« – Grundwerten –, die sich auch in global operierenden Unternehmen nicht mit den Trends und Moden der Managementliteratur ändern;
- Tatsache, daß die Maximierung des Gewinns nie ein überragendes oder gar im Sinne von Milton Friedman alleiniges, sondern immer nur eines von mehreren Unternehmenszielen gewesen ist und trotzdem langfristig angemessene Gewinne erzielt werden. Nicht zuletzt, weil sich diese Unternehmen in ihrer Portfoliopolitik fast alle auf ihre Kerngebiete konzentrierten oder – nach Peters und Waterman – eine Politik des »Stick to the Knitting« oder »Staying reasonably close to the business they know« betrieben haben.

Siemens zeichnet sich durch eine solche ausgeprägte und spezifische Unternehmenskultur oder, mit den Worten von Collins und Porras, »a cult-like culture« aus. Ihre wesentlichen Elemente lassen sich – ausgehend von der überragenden Gründerpersönlichkeit Werner von Siemens – über die andauernde Präsenz der Familie im Unternehmen, die hohe technologische Leistungsfähigkeit und Innovationsbereitschaft, die Kundenorientierung, die früh gewonnene Internationalität, die langfristig orientierte Finanzpolitik und die zeitgemäße Personal- und betriebliche Sozialpolitik bis hin zum relativ konsistent gewachsenen Corporate Design historisch ableiten.

In der Produkt- und Portfoliopolitik galt für Siemens jahrzehntelang das immer wieder bekräftigte Prinzip »Die ganze Elektrotechnik und nichts als die Elektrotechnik«. Nach dem Tod des Firmengründers folgte Siemens der von ihm vorgezeichneten Linie, von technischen Überlegungen ausgehend Marktchancen zu nutzen und das Unternehmen kontinuierlich weiterzuentwickeln. Licht, Medizintechnik, drahtlose Nachrichtenübermittlung und in den 1920er Jahren Hausgeräte sind frühe Beispiele dafür, denen nach dem Zweiten Weltkrieg andere wie Bauelemente, Datentechnik, Automobiltechnik oder Halbleiter folgten.

Siemens war und ist in den Worten von Heinrich v. Pierer ein lebender Organismus, der Aktivitäten abgibt, die keine erfolgversprechenden Perspektiven aufweisen, und sich mit Akquisitionen und Kooperationen auf anderen Gebieten verstärkt, wo man im weltweiten Wettbewerb noch nicht stark genug ist oder neue Wachstumssegmente erschließen will. Dabei blieben und bleiben die Elektrotechnik und Elektronik das Betätigungsfeld von Siemens. Auch wenn 1970 die Prämisse aufgegeben worden ist, die gesamte Elektrotechnik und Elektronik abzudecken, reicht das Produktspektrum von Siemens und seinen konsolidierten Beteiligungsgesellschaften von der Dieseleinspritzanlage bis zum Kraftwerk, von der Glühlampe über komplette Bahnsysteme bis zur Verfahrensleittechnik von Großanlagen. Elektrohausgeräte gehören ebenso zur Familie wie Informationstechnik, Telekommunikation und die Elektromedizin, die Elektrizitätserzeugung und -verteilung oder die Vielfalt der Meß-, Steuer- und Regeltechnik, ohne die man sich modernen Umweltschutz und ressourcensparende Produktion in allen Industrien nicht mehr vorstellen kann. »Abenteuer auf elektrotechnikfernen Gebieten« bleiben allerdings weiterhin ausgeschlossen. Auch heute gilt es, das Kerngeschäft umfassend auszuschöpfen und in benachbarte Segmente zu expandieren. Es sind die aus dieser Breite entstehenden Synergien, die Siemens von den nur »stand-alone«-Geschäfte betreibenden oder nur in wenigen Segmenten tätigen Wettbewerbern abheben und die die umfassende Lösungskompetenz des Hauses ausmachen.

Bereits in den 1920er Jahren betrieb Carl Friedrich von Siemens, der jüngste Sohn des Firmengründers, ein aktives Portfoliomanagement. Unter der Leitvorstellung seines Vaters von der »Einheit des Hauses Siemens«, einem Unternehmen, das sich auf die Elektrotechnik beschränkt, sich zugleich aber als Universalunternehmen der Elektroindustrie versteht, einzelne Arbeitsgebiete aber spezialisierten Tochter- und Beteiligungsgesellschaften überträgt beziehungsweise als zu schwach erkannte Bereiche wie die damals unter dem Namen Protos betriebene Automobilherstellung verkauft, prägte er entscheidend eine noch heute wirksame Unternehmenskultur, die mit der begrifflichen Hilfskonstruktion des »Hauses Siemens« die Einheit des Ganzen trotz der Vielfalt der Einzelfirmen symbolisierte und heute unter dem Begriff »Siemens One« eine zeitgemäße Neuinterpretation erfährt. Siemens war und ist ein lebender Organismus, der sich den geschäftlichen Notwendigkeiten immer schneller, aber mit Augenmaß anpaßt, der schwache Gebiete des Geschäftsportfolios stärkt oder verläßt und in neue, zukunftsträchtige Wachstumsgebiete investiert, wie die komplette Trennung von den Komponentenbereichen (Börsengänge Epcos und Infineon; Verkauf elektromechanischer Komponenten an Tyco), die großen Akquisitionen Elektrowatt, Westinghouse und Atecs Mannesmann oder die Aufnahme des Gebiets Wasseraufbereitung und die Akquisition von US Filter in der jüngeren Vergangenheit zeigen.

Zukunftsweisende Erfindungen und innovative Produkte bilden seit den Anfängen die Basis des Unternehmenserfolgs und brachten der »Telegraphen-Bauanstalt von Siemens & Halske« den Ruf als »Pionier der Elektrotechnik« ein. Der

Erfolg des Unternehmers Werner Siemens – seit 1888 Werner von Siemens – lag jedoch nicht nur darin, daß er grundlegende technische Erkenntnisse formulierte, sondern als Wissenschaftler und Unternehmer vernetztes Denken und Handeln von der Erfindung bis zum Einsatz der marktfähigen Produkt- und Systemlösungen gewährleistete.

Den Grundstein für den unternehmerischen Erfolg legte Werner von Siemens mit der Konstruktion des Zeigertelegraphen im Jahr 1847 und dem Bau der Telegraphenstrecke von Frankfurt am Main nach Berlin – der damals längsten Telegraphenlinie des europäischen Kontinents. Als Werner von Siemens 1866 das dynamoelektrische Prinzip entdeckte, hatte er bereits eine Vision möglicher Anwendungsgebiete der Starkstromtechnik. Vorangetrieben durch Siemens-Innovationen, vollzog sich die Entwicklung der Starkstromtechnik in einem atemberaubenden Tempo: 1879 die erste elektrische Eisenbahn und die erste elektrische Straßenbeleuchtung, 1880 der erste elektrische Aufzug, 1881 die erste elektrische Straßenbahn der Welt. Siemens wurde mit diesen Produkten zum Inbegriff für Elektrotechnik – ein Ausdruck, der vom Firmengründer geprägt wurde.

Der Bau der ersten Telegraphenverbindungen war ein Vorhaben, das in der modernen Managementliteratur – ähnlich wie die in den 1860er Jahren durchgeführten höchst risikoreichen Seekabelverlegungen nach Amerika und die Indo-Europäische Telegraphenlinie – als BHAG, als »Big Hairy Audacious Goal«, bezeichnet wird, »a commitment to challenging, audacious – and often risky – goals and projects... which stimulate progress«. Letztlich waren auch die Elektrifizierung Irlands in den 1920er Jahren, das Ziel der Rückeroberung der Weltmärkte nach 1945, das Commitment auf dem US-amerikanischen Markt als auch das Bestreben, Nummer-1- oder Nummer-2-Positionen in den relevanten Märkten zu erreichen, für Siemens solche BHAGs.

In allen Bereichen waren **Innovationen** die Basis für künftiges Wachstum und entscheidend für den Wettbewerbserfolg. Spitzenunternehmen vermeiden technologische Modeerscheinungen, betätigen sich aber als Pioniere bei der Anwendung sorgfältig ausgewählter Technologien. Heute versteht sich Siemens als »Global network of innovation«. Trendsetzende Technologien und bereichsübergreifende Technologieplattformen sind die beiden Schlüsselinitiativen im Unternehmensprogramm Innovation, das jedoch weit über technologische Innovationen hinausgeht und beispielsweise organisatorische Innovationen einbezieht.

Innovationen sind keine Zufallserscheinungen und kein einmaliger Prozeß. Heute liegen ausreichend Erfahrungen und Untersuchungen darüber vor, was innovative von den weniger erfolgreichen Unternehmen unterscheidet. Innovationsprozesse müssen gleichzeitig in allen Teilen des Unternehmens stattfinden. Einerseits gewinnt man aus erfolgreich abgeschlossenen Innovationsprozessen Technik-, Kunden- und Marktkompetenz, die für weitere Innovationsprozesse genutzt werden können. Andererseits müssen über erfolgreiche Innovationen auch die Vorleistungen für Folgeinnovationen erwirtschaftet werden. Diese Innovationen enden nicht nur beim Kunden, sondern müssen auch dort beginnen.

Erfolgversprechende Ideen erfordern die Kenntnis des Kunden, des Marktes und des Wettbewerbs. Gerade in der Elektrotechnik mit ihren inzwischen sehr kurzen Innovationszyklen ist der Innovationsbedarf beträchtlich. Neben den strukturellen Voraussetzungen – Siemens wendet täglich mehr als 25 Millionen Euro für Forschung und Entwicklung auf und meldet jährlich rund 4700 Patente an – sind es im wesentlichen die Fähigkeiten und Verhaltensweisen der richtigen, motivierten Mitarbeiter, die die Innovationsfähigkeit eines Unternehmens ausmachen und Höchstleistungen ermöglichen.

Heute hängt der nachhaltige Erfolg eines Unternehmens vom Wissen und der Motivation seiner Mitarbeiter und Führungskräfte ab. Wachstumsgrenzen für Spitzenunternehmen sind nach Meinung von Collins in seinem Buch *Good to Great. Why Some Companies Make the Leap and Others Don't* weniger Produkte, Märkte, Technologien oder Wettbewerb, sondern vor allem die Fähigkeit, genügend geeignete Leute zu rekrutieren, zu fördern und in Verantwortung zu bringen. **Mitarbeiterorientierung** hat daher mit Leistung und Vorsprüngen im globalen Wettbewerb zu tun. Daß der Unternehmenserfolg nicht zuletzt auf motivierten Mitarbeitern basiert, hat schon Werner von Siemens erkannt und viel für die Förderung und Anerkennung der Beschäftigten getan – angefangen von der Einrichtung einer Pensionskasse (1872) bis zur Einräumung von Mitwirkungsrechten und dem System der Gewinnbeteiligung. Mit seiner fortschrittlichen betrieblichen Sozialpolitik wollte er eine hohe Loyalität und Identifikation der Mitarbeiter mit dem Unternehmen und damit zugleich eine geringe Mitarbeiterfluktuation erreichen. Werner von Siemens bezeichnete diese Mischung aus unternehmerischem Kalkül und patriarchalischer Verantwortung selbst einmal als »gesunden Egoismus«. Die Interessen der Mitarbeiter mit den Zielen des Unternehmens zu verbinden – das war seine Maxime. Anfang der 1920er Jahre hat Carl Friedrich von Siemens mit seiner strategischen Neuorientierung der Personal- und Sozialpolitik klare Rekrutierungskriterien und -verfahren erarbeitet und die Ausrichtung der Persönlichkeit auf die Organisation in durchaus moderner Weise vorangetrieben, indem er den »Geist des Hauses« vorlebte. »Commitment«, »competence« und »spirit« der Siemensianer haben entscheidend dazu beigetragen, daß Siemens auch schwierige Zeiten etwa des Wiederaufbaus nach dem Zweiten Weltkrieg bewältigen konnte.

In der Ausprägung der betrieblichen Sozialpolitik hat es seit dem ausgehenden 19. Jahrhundert nicht zuletzt durch die Ausweitung der staatlichen Sozialleistungen Veränderungen gegeben und wird weiterer Wandel stattfinden, ohne einen fairen Interessenausgleich zu gefährden. Besondere Bedeutung hat dabei eine gute Ausbildung auf allen Ebenen der Hierarchie. Wissen und Handlungswissen zu vermitteln – und zwar über die gesamte berufliche Laufbahn hinweg – ist für den Facharbeiter genauso wichtig wie für das mittlere und obere Management, auch wenn sich die Inhalte verändert haben. Dabei hat die Mitarbeiterorientierung in einem globalen Unternehmen einen immer stärkeren multikulturellen Charakter. Eine weltweite Zusammenarbeit kann nur funktionieren, wenn das Verständnis für kulturelle Unterschiede vorhanden ist, das verbindende Element jedoch in einer starken Siemens-Kultur gegeben ist.

Internationalität, ein weiterer wichtiger Aspekt der Unternehmensentwicklung und der Unternehmenskultur von Siemens, der in der amerikanischen Managementliteratur kaum eine Rolle spielt, ist heute wie damals gekennzeichnet durch weltweite Geschäftstätigkeit. Schon Werner von Siemens dachte über die nationalen Grenzen hinaus und war mit seinem ausgeprägten unternehmerischen Gespür für neue internationale Märkte seiner Zeit weit voraus. Wenn Siemens & Halske schon Anfang der 1850er Jahre auf den internationalen Markt drängte – und damals bei Siemens mehr Leute im Ausland als in Deutschland arbeiteten, nämlich dort, wo die Märkte waren –, entsprach dies den Vorstellungen von Werner von Siemens. In einem Brief an seinen für das Rußlandgeschäft verantwortlichen Bruder Carl bekannte er 1887, er habe »für die Gründung eines Weltgeschäfts à la Fugger von Jugend an geschwärmt, welches nicht nur mir, sondern auch meinen Nachkommen Macht und Ansehen in der Welt gäbe«.

Diesem Leitmotiv entsprachen die großen Projekte des noch jungen Unternehmens in Rußland und England. Die Indo-Europäische Telegraphenlinie und die Kabelverlegungen zwischen Europa und der Neuen Welt haben den Ruf der Firma nachhaltig beeinflußt. Siemens hat sich nie an der Verfolgung internationaler Geschäftsziele hindern lassen, wenn es auch in der Geschichte genügend Anlässe gab, sich auf die zentraleuropäischen Märkte zu beschränken: der Verlust der Patent- und Markenrechte sowie der ausländischen Tochtergesellschaften und Beteiligungen nach den beiden Weltkriegen, die erheblichen Rückschläge und beträchtlichen Verluste bei den ersten Versuchen, etwa in Frankreich und in den USA Fuß zu fassen, oder bei der Elektrifizierung Irlands, demgegenüber die lange Zeit dominierende Stellung des Unternehmens im Amtsgeschäft in Deutschland. Die Siemens-Unternehmer weisen die in der modernen Managementliteratur als Stockdale-Paradox bezeichnete Eigenschaft auf, auch in den schwierigsten Situationen nicht den Glauben an die eigene Zukunft zu verlieren, ohne die Augen vor der Realität zu verschließen. Krisen und Probleme wurden nicht primär als Gefahr, sondern als Herausforderung und als Chance für die Zukunft begriffen.

Bezeichnend für die trotz aller Rückschläge international orientierte Unternehmenspolitik ist eine Äußerung von Carl Friedrich von Siemens, die deutlich macht, daß er auch auf dem Höhepunkt der Weltwirtschaftskrise 1931 angesichts zunehmender Autarkiebestrebungen den Weltmarkt als den für Siemens relevanten Markt betrachtete. »Die Zeit der nationalen Abgeschlossenheit ist vorüber. Wir müssen erkennen, daß wir heute in der Welt voneinander abhängig geworden sind.«

Schon bald nach Ende des Zweiten Weltkriegs begann eine Gruppe von Siemens-Fachleuten mit konkreten Planungen zur Wiedererlangung einer weltmarktfähigen Position. Im Jahrzehnt 1952 bis 1962 entstanden bereits in 30 Ländern wieder Siemens-Gesellschaften, -Vertretungen oder -Stützpunkte. Ende der 1960er Jahre wurden fast 40 Prozent des Umsatzes im Ausland erzielt. Siemens war auf dem Weg zum Global Player. Das wirklich globale Unternehmen Siemens entstand dann in den 1990er Jahren und nach der Jahrtausendwende, als alle Glieder der Wertschöpfungskette global vernetzt wurden: die Forschung, die Entwicklung von Hardware und Software, der Einkauf, die Fertigung, der Service und der Vertrieb.

Eine vergleichsweise vorsichtige, an konservativen Vorstellungen orientierte **Finanz- und Beteiligungspolitik** sowie ein ertrags- und kostenbewußtes Handeln sind Elemente der Unternehmensentwicklung, die bis zum Firmengründer zurückreichen. Unter der Maßgabe »Für den augenblicklichen Gewinn verkaufe ich die Zukunft nicht« traf Werner von Siemens finanzpolitische Entscheidungen unter den Maximen Sicherheit, Liquidität und Unabhängigkeit. Die Entwicklung von Siemens ist daher lange Zeit durch eine weniger rentabilitäts- als vielmehr sicherheitsorientierte, die Liquiditätsvorsorge und Wahrung der unternehmerischen Unabhängigkeit betonende Finanzpolitik gekennzeichnet. Der erstmals bei der Bilanzbesprechung 1933/34 im *Deutschen Volkswirt*, dem Vorgänger der heutigen *Wirtschaftswoche*, in bezug auf Siemens verwendete Begriff einer »Bank mit angeschlossener Elektroabteilung« charakterisierte eine für familienbeeinflußte Unternehmen typische zurückhaltende Ausschüttungspolitik, die in der deutschen Elektroindustrie in der Robert Bosch GmbH eine Parallele hat.

Die vorsichtige, an langfristigen Zielen orientierte Finanz- und Beteiligungspolitik hat in den gerade in Deutschland im 20. Jahrhundert mehrmals hereingebrochenen gesamtwirtschaftlichen Krisen – wie etwa die Hyperinflation und die Weltwirtschaftskrise nach dem Ersten und der wirtschaftliche Zusammenbruch nach dem Zweiten Weltkrieg – entscheidend zu der im Vergleich mit den wichtigsten deutschen Konkurrenten günstigen Entwicklung und zu der Tatsache beigetragen, daß, abgesehen von den ersten Nachkriegsbilanzen, ein Verlustausweis vermieden werden konnte. Nicht zuletzt in der unterschiedlichen Finanz- und Beteiligungspolitik lag ein ganz wesentlicher Grund für die auseinanderlaufende Entwicklung der größten deutschen Elektrounternehmen seit der Zwischenkriegszeit. »They understood the meaning of money in an old-fashioned way; they knew the usefulness of spare cash in the kitty. Money in hand allowed them to snap up options when their competitors could not. Money in the kitty allowed them to govern their growth and evolution«, wie Arie de Geus in seiner Studie *The Living Company* feststellte.

Zu jenen Kriterien, die langfristig erfolgreiche Unternehmen auszeichnen, gehört auch die Tatsache, daß sie über eine lange Zeit nur eine vergleichsweise geringe Zahl von Unternehmensführern aufweisen, die zudem fast immer intern rekrutiert werden. Die Personalentwicklung folgt dem Grundsatz, daß Führungspositionen aus den eigenen Reihen besetzt werden. Die umfassende Kenntnis des Unternehmens und seiner Märkte kann so am besten als notwendige Voraussetzung für Führungspositionen auf allen Ebenen gewonnen werden.

Seiteneinsteiger haben es wegen der meist ausgeprägten Unternehmenskultur schwer, sich kurzfristig entsprechend einzuarbeiten. Diese Tatsache des »homegrown management« widerlegt nicht nur die landläufige Meinung, daß allein externe Manager neue Ideen in einem Unternehmen durchsetzen können, sondern unterstreicht auch die Bedeutung von Kontinuität, wie nicht zuletzt negative Beispiele ehemals bedeutender Elektrokonzerne wie AEG und Westinghouse belegen. Bei Siemens waren dies, von Werner von Siemens ausgehend, die lange Zeit herausragende, bis zur Gründung der Siemens AG von Mitgliedern der Familie wahrgenommene Rolle als »Chef des Hauses« und dann nach der Übergangszeit der Verschmelzung zur Siemens AG – entsprechend dem Aktiengesetz – die Vorsitzenden des Vorstands. Ausgehend von Werner von Siemens, seinem Bruder Carl, seinen Söhnen Wilhelm und Carl Friedrich, seinem Neffen Hermann und seinem Enkel Ernst war Heinrich v. Pierer nach den ersten familienfremden Chefs Gerd Tacke, Bernhard Plettner und Karlheinz Kaske erst der zehnte Mann an der Spitze des Hauses, eine Tatsache, die gleichzeitig Stetigkeit, »Kontinuität und Wandel« unterstreicht und zeigt, daß durch gezielte Entwicklung, Förderung und Auswahl immer wieder eigenes Potential an hochkarätigen Führungskräften erschlossen werden konnte und Siemens ein attraktiver Arbeitgeber für »high potentials« ist.

Stetigkeit – im Sinne von Kontinuität und Wandel – hat nichts zu tun mit Stillstand. Es hat etwas zu tun mit Selbstbewußtsein, zu wissen, was man will. Zu wissen, welche Herausforderungen man bewältigen muß, und sich entsprechend anzupassen, aber seiner Linie dabei treu zu bleiben. Das hat die Siemens-Unternehmer schon ausgezeichnet, bevor Collins und Porras in ihrem Bestseller *Built to Last* dies als zentrale Einsicht formulierten: »Entdecke deine zentralen Werte, ziele über das bloße Geldverdienen hinaus (zentrale Ideologie) und kombiniere dies mit der Dynamik des Prinzips ›Den Kern bewahren/die Weiterentwicklung fördern‹.«

In den folgenden zehn Portraits sollen daher Fragen nach den Anfängen des Unternehmens, dem Übergang zu den nächsten Führungsgenerationen, der Bewältigung der zeitweise außerordentlich schwierigen Rahmenbedingungen wie Weltkriege oder Inflationen, der Einführung neuer Technologien und dem Weg zum Global Player untersucht werden. Ausgehend vom Unternehmensgründer haben die zehn in den vergangenen 157 Jahren an der Spitze des Unternehmens stehenden Personen die Anforderungen an das Unternehmen immer wieder zeitgemäß neu interpretiert, gelöst und unter Bewahrung und Stärkung der siemenstypischen Aspekte Elektrotechnikorientierung, Innovation, Kundenorientierung, Mitarbeiterorientierung, Globalität, gesellschaftliche Verantwortung und finanzielle Solidität zusammen mit ihren Kollegen und Mitarbeitern die Entwicklung mit unterschiedlichen, den Erfordernissen der jeweiligen Zeit Rechnung tragenden Schwerpunkten vorangetrieben. Die zeit- und situationsgemäße Interpretation von Wachstum, Wandel, Unternehmensführung und Erfolgskultur – von Gilbert Probst und Sebastian Raisch in ihrem jüngst im

Harvard Business Manager veröffentlichen Artikel »Logik des Niedergangs« als *die* Erfolgsfaktoren bezeichnet – hat dazu beigetragen, das von Probst/Raisch als Gründe für den Niedergang hervorgehobene »burn-out-syndrom« wie auch das »premature-aging-problem« zu verhindern.

Den Kern zu bewahren und die Zukunft zu sichern, um Siemens zu einem noch besseren Unternehmen zu machen, war Maxime der nachfolgend portraitierten Persönlichkeiten:

Werner von Siemens	– Gründung und Ausbau des Unternehmens
Carl von Siemens	– Internationalisierung und Going Public
Wilhelm von Siemens	– Beginn einer systematischen F&E
Carl Friedrich von Siemens	– Rückkehr auf den Weltmarkt und Einheit des Hauses
Hermann von Siemens	– Krieg und Neubeginn
Ernst von Siemens	– Wiederaufbau und Gründung der Siemens AG
Gerd Tacke	– Grundordnung der Siemens AG
Bernhard Plettner	– Neue Märkte und Geschäftsfelder
Karlheinz Kaske	– Mikroelektronik und Neuaufstellung
Heinrich v. Pierer	– Deregulierung und Globalisierung

Alle diese Persönlichkeiten waren (im Sinne von Jim Collins in seinem Buch *Good to Great*) Level-5-Unternehmer, die, persönlich bescheiden, zurückhaltend und zum Understatement neigend, mit professioneller Durchsetzungskraft einen umsichtigen Ausbau des Siemens-Konzerns vollzogen haben. Sie verkörpern 157 Jahre Siemens – Kontinuität und Wandel. Die tragenden Grundsätze des Unternehmens haben sich unter ihrer Führung nicht verändert. Geändert haben sich nur die Methoden und Wege, um die Unternehmensziele zu erreichen, und die Menschen, die diese immer wieder zeitgemäß umsetzten. Für die Siemens-Unternehmer galt immer, was der italienische Schriftsteller Giuseppe Tomasi di Lampedusa in seinem berühmten Roman *Der Leopard* treffend formulierte: »Wenn wir wollen, daß alles bleibt, wie es ist, dann ist nötig, daß alles sich verändert«, oder modern ausgedrückt: »Preserve the Core and Stimulate Progress«. Das ist die Maxime, der auch der elfte Chef des Hauses, Klaus Kleinfeld, folgt.

Wilfried Feldenkirchen　　　　　　　　　　　　　　　　　　Eberhard Posner

Werner von Siemens (1816–1892) hat als Erfinder und visionärer Unternehmer in der zweiten Hälfte des 19. Jahrhunderts der damals jungen Elektrotechnik wichtige Impulse verliehen und die Entwicklung der Elektroindustrie entscheidend gefördert. Mit der Konstruktion seines Zeigertelegraphen schuf er die Basis für die 1847 gegründete »Telegraphen-Bauanstalt von Siemens & Halske«, die sich schnell zu einem international operierenden Unternehmen entwickelte. 1866 entdeckte Siemens das dynamoelektrische Prinzip, seine für die Elektrotechnik wohl bedeutendste Leistung, mit der er der Idee, die Elektrizität zur Kraftversorgung zu nutzen, zum Durchbruch verhalf. Darüber hinaus machte die erfolgreiche Durchführung technisch anspruchsvoller und unternehmerisch äußerst risikoreicher Projekte wie die Verlegung großer transatlantischer Seekabel oder der Bau der Indo-Europäischen Telegraphenlinie von London nach Kalkutta das Unternehmen weltweit bekannt. In Anerkennung seiner Verdienste für Wissenschaft und Gesellschaft wurde Werner Siemens im Jahr 1888 von Kaiser Friedrich III. in den Adelsstand erhoben.

Werner von Siemens
Gründung und Ausbau des Unternehmens

Werner von Siemens, 1885

Werner Siemens (1816–1892) – seit seiner Nobilitierung im Jahre 1888 Werner von Siemens – lebte in einer Zeit umwälzender Veränderungen. Während seiner Jugend setzte in Deutschland der Prozeß der Industrialisierung ein, der sich um die Mitte des 19. Jahrhunderts beschleunigte. Innerhalb weniger Jahrzehnte entwickelte sich Deutschland von einem weitgehend agrarisch geprägten, wirtschaftlich weit hinter den westeuropäischen Nachbarstaaten zurückgebliebenen Land zu einer der führenden Industrienationen der Welt. Zu Beginn wurde die Industrialisierung vor allem vom Eisenbahnbau und von der rasch steigenden Produktion im Maschinenbau sowie in der Schwerindustrie getragen. Die gegen Ende des 19. Jahrhunderts einsetzende, auch als »zweite Industrialisierung« bezeichnete Entwicklungsphase ist dagegen durch eine zunehmende Elektrifizierung und die Vermarktung neu entwickelter chemischer Produkte geprägt. Bis zum Ersten Weltkrieg lagen der Produktionswert und die Zahl der Beschäftigten in den »neuen« Industriezweigen Elektrotechnik und Chemie deutlich unter den Anteilen der »alten« Industrien. So waren in Elektroindustrie und -installation trotz erheblicher Steigerungsraten seit den 1890er Jahren nur etwa 1,3 Prozent aller in Handwerk und Industrie Beschäftigten tätig. Doch in den überdurchschnittlich hohen Wachstumsraten waren bereits das Potential und die zukünftige Rolle der neuen Industrien absehbar, die in ihrer Entwicklung vor allem durch den technischen Fortschritt bestimmt wurden.

Die wirtschaftlichen und politischen Rahmenbedingungen der damaligen Zeit schufen einerseits die Voraussetzungen für die erfolgreiche Expansion des jungen Unternehmens Siemens & Halske. Andererseits hat Siemens diese Umbruchphase durch seine Erfindungen und die wirtschaftlichen Aktivitäten des von ihm gegründeten Unternehmens entscheidend mitgestaltet.

Kindheit und Jugendjahre

Werner von Siemens kam am 13. Dezember 1816 als Sohn des Gutspächters Christian Ferdinand Siemens (1787–1840) und dessen Frau Eleonore (1792–1839) in Lenthe bei Hannover zur Welt. Das Paar hatte insgesamt 14 Kinder, von denen zehn – zwei Mädchen und acht Jungen – das Erwachsenenalter erreichten. Fast alle Brüder sollten geschäftlich mehr oder minder eng mit Werner zusammenarbeiten.

Die ursprünglich aus der Nähe von Goslar stammende Familie Siemens kann dem gehobenen Bildungsbürgertum zugeordnet werden. Zahlreiche Vorfahren waren in städtischen Ämtern tätig oder hatten eine akademische Ausbildung absolviert: Unter den Vorfahren finden sich Mediziner, Juristen und Metallurgen. Christian Ferdinand Siemens hatte an der Universität Göttingen einige Semester Landwirtschaft studiert. Werner selbst beschreibt den Vater in seiner Autobiographie als vielfältig interessierten, hochgebildeten Mann, dessen Unterricht in Weltgeschichte und Völkerkunde den damals Zehnjährigen nachhaltig beeindruckte.

Die Herkunft der Eltern und der im Elternhaus herrschende liberal-protestantische Geist prägten Werner ebenso wie die Erfahrung ständiger existentieller Schwierigkeiten. Obwohl der Vater in Werners achtem Lebensjahr nach Auseinandersetzungen mit der adligen Obrigkeit der Provinz Hannover seinen Heimatort Lenthe verließ und die Domäne Menzendorf im Fürstentum Ratzeburg (Mecklenburg) pachtete, blieb die wirtschaftliche Situation entgegen seinen Hoffnungen angespannt. Die materiellen Sorgen der kinderreichen Familie wurden zusätzlich durch die Agrarkrise der Jahre 1818 bis 1825 verstärkt.

Da die finanziellen Verhältnisse eine den bürgerlichen Ambitionen entsprechende formale Schulausbildung der Kinder nicht zuließen, wurde Werner zusammen mit seiner zwei Jahre älteren Schwester Mathilde (1814–1878) zunächst von seiner Großmutter unterrichtet. Nachdem der Vater für sechs Monate den Unterricht seiner Kinder übernommen hatte, schickte er den elfjährigen Werner schließlich in die »Bürgerschule« Schönberg. Ab Ostern 1829 wurde Werner von verschiedenen Hauslehrern unterrichtet. Erst ab der Obertertia besuchte er ein Gymnasium in Lübeck, dessen humanistisch-altsprachliche Unterrichtsschwerpunkte nicht unbedingt dazu angetan waren, sein mathematisches und naturwissenschaftliches Talent zu fördern. Bereits Ostern 1834 verließ er die Katharinenschule: 17jährig und ohne Abschluß. Im Vorwort seiner Autobiographie, den 1892 erschienenen *Lebenserinnerungen*, beurteilte Siemens seine damalige Situation dennoch positiv. Gleichzeitig äußerte er die Hoffnung, daß sein Vorbild junge Menschen »ohne ererbte Mittel und einflußreiche Gönner, ja sogar ohne richtige Vorbildung« motivieren könne, ihr Leben trotz ungünstiger Startbedingungen eigenverantwortlich zu gestalten.

Das Obergut Lenthe bei Hannover, der Geburtsort von Werner von Siemens

Das Pächterhaus der Domäne Menzendorf bei Schönberg in Mecklenburg, 1910

Ausbildung und Militärzeit

Die angespannte wirtschaftliche Situation erlaubte es den Eltern nicht, ihrem Sohn das erwünschte Studium an der Berliner Bauakademie zu finanzieren. Als Alternative plante Werner von Siemens, sich über den Dienst in der preußischen Armee Zugang zu einer ingenieurwissenschaftlichen Ausbildung zu verschaffen. Mit dem Ziel, sich um Aufnahme in das preußische Ingenieurkorps zu bemühen, wanderte er noch im Frühjahr 1834 nach Berlin. Dort angekommen, machte man ihm wenig Hoffnung, in das Korps aufgenommen zu werden, und schickte ihn mit Empfehlungsschreiben nach Magdeburg, wo er sich in der Artilleriebrigade bewerben sollte. Bereits hier zeigten sich die für Siemens typische Willensstärke und Beharrlichkeit, wenn es darum ging, einmal ins Auge gefaßte Ziele zu realisieren: Obwohl seine altsprachlich orientierte Schulbildung ihn nicht unbedingt für eine Laufbahn empfahl, die gute Mathematik-, Physik-, Geographie- und Französischkenntnisse voraussetzte, bestand er das Eintrittsexamen – dank intensiver dreimonatiger Vorbereitung und dem nötigen Quentchen Glück – als einer der Besten. Obwohl Siemens kein preußischer Untertan war, wurde er im Dezember 1834 als Offiziersanwärter bei der Magdeburger Artillerie aufgenommen. Im Herbst des folgenden Jahres erhielt er das ersehnte Kommando zur Artillerie- und Ingenieurschule nach Berlin, an der renommierte Wissenschaftler wie der Mathematiker Martin Ohm, der Physiker Heinrich Gustav Magnus und der Chemiker Otto Linné Erdmann unterrichteten. Damit ging Werners sehnlicher Wunsch, »Gelegenheit zu finden, Nützliches zu lernen«, in Erfüllung.

Werner von Siemens' Erwartungen an den Besuch der Berliner Militärakademie, die eine Mittelstellung zwischen Gewerbeschule und Hochschule einnahm, wurden nicht enttäuscht. Durch die dreijährige wissenschaftlich-theoretische Ausbildung verschaffte er sich einen entscheidenden Vorteil gegenüber den meisten, vornehmlich empirisch-praktisch ausgebildeten Technikern. Der Unterricht an der Artillerie- und Ingenieurschule beschränkte sich nicht auf die Vermittlung militärisch relevanten Fachwissens, sondern konzentrierte sich vor allem auf Grundlagenfächer wie Mathematik, Physik und Chemie. Dieses Wissen schuf nach Werners eigener Aussage eine solide Basis für seine späteren Erfolge.

Nach Abschluß seiner Ausbildung wurde er im Sommer 1838 zum Leutnant ernannt und besuchte erstmals nach vier Jahren seine Familie in Menzendorf. Zu Hause angekommen, mußte er feststellen, daß sich die wirtschaftlichen Verhältnisse seiner Eltern nicht gebessert hatten. Während seiner Abwesenheit waren die Brüder Hans (1818–1867) und Fer-

Die Königliche Artillerie- und Ingenieurschule in Berlin, um 1829

dinand (1820–1893) trotz schlechter Verdienstmöglichkeiten Landwirte geworden; sein Bruder Wilhelm (1823–1883) besuchte wie die beiden jüngeren Geschwister Friedrich (1826–1904) und Carl (1829–1906) die Schule in Lübeck. Nach den Plänen seiner Eltern sollte Wilhelm Kaufmann werden, was bei Werner unter anderem wegen seiner Abneigung gegen Kauf- und »Geldleute« auf Widerstand stieß. Mit Zustimmung der Eltern nahm er den 15jährigen am Ende seines Heimaturlaubs mit an seinen neuen Einsatzort Magdeburg und ermöglichte ihm den Besuch der dortigen Gewerbe- und Handelsschule. Als nach Ablauf eines Jahres die Kasernenwohnpflicht für Werner endete, bezogen er und sein Bruder 1839 gemeinsam mit dem Studienfreund William Meyer (1816–1868) eine Wohnung. Von nun an kümmerte sich Werner intensiv um die Ausbildung des Jüngeren. Er empfahl Wilhelm, den Mathematikunterricht in der Schule zugunsten von Englisch aufzugeben – den Unterricht in einer seiner »Lieblingswissenschaften« übernahm er kurzerhand selbst. Der Rat, Englisch zu lernen, sollte sich übrigens als richtungweisend für das Berufsleben des jüngeren Bruders erweisen. Über die Phase des Zusammenlebens und -arbeitens berichtete Werner in seinen *Lebenserinnerungen*: »Ich hatte väterliche Freude an seiner schnellen Entwicklung und half ihm in freien Stunden bei seinen Schularbeiten [...] Mir selbst war dieser Unterricht sehr nützlich, auch trug er dazu bei, daß ich allen Verlockungen des Offizierslebens siegreich widerstand und meine wissenschaftlichen Studien energisch fortsetzte.«

Werner von Siemens als Seconde-Leutnant der preußischen Artillerie, um 1842

Der rasch aufeinanderfolgende Tod beider Eltern – die Mutter starb am 8. Juli 1839, der Vater nur ein halbes Jahr später, am 16. Januar 1840 – verstärkte das Zusammengehörigkeitsgefühl der Siemens-Kinder. Werner übernahm die Verantwortung, sich um Erziehung und Ausbildung seiner minderjährigen Geschwister zu kümmern. Das Einkommen als junger Offizier war jedoch gering. Daher versuchte er seine finanzielle Situation durch Erfindungen und deren Vermarktung zu verbessern.

Eine Festungshaft, zu der er 1842 als Sekundant bei einem Duell verurteilt worden war, wußte er erfolgreich für galvanische Versilberungs- und Vergoldungsversuche zu nutzen. Noch im selben Jahr erhielt Siemens für das Verfahren ein erstes preußisches Patent. Während seines ersten Englandaufenthalts im Frühjahr und Sommer 1843 gelang es seinem Bruder Wilhelm, der zwischenzeitlich ein naturwissenschaftliches Studium aus finanziellen Gründen aufgegeben und eine praktische Ingenieursausbildung mangels Interesse abgebrochen hatte, diese galvanische Versilberungs- und Vergoldungstechnik auch dort als Patent anzumelden und für 1600 Pfund, etwa 30 000 Mark, an die englische Firma Elkington zu verkaufen. Der schnelle Erfolg half den Brüdern aus ihren finanziellen Schwierigkeiten und ermutigte Wilhelm, 1844 nach England überzusiedeln – wo auch er an Erfindungen arbeitete und sich nach seiner Einbürgerung nunmehr William Siemens nannte.

Zunächst ließ sich der Überraschungserfolg des Vorjahrs nicht wiederholen. Erschwerend kam hinzu, daß der 20jährige William in Geschäftsdingen uner-

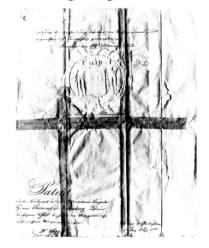

Werner von Siemens' erstes (preußisches) Patent für eine Methode der galvanoplastischen Vergoldung, 1842

> **Werner von Siemens an seinen Bruder William, 14. 12. 1846**
>
> *Ich bin nämlich jetzt ziemlich entschlossen, mir eine feste Laufbahn durch die Telegraphie zu bilden, sei es in oder außer dem Militär. Die Telegraphie wird eine eigene, wichtige Branche der wissenschaftlichen Technik werden, und ich fühle mich einigermaßen berufen, organisierend in ihr aufzutreten, da sie, meiner Überzeugung nach, noch in ihrer ersten Kindheit liegt [...] Man muß doch endlich einmal suchen, irgendwo Fuß zu fassen!*

fahren war. Beide Brüder mußten einsehen, daß es ihnen wohl nicht gelingen würde, ihre Existenz durch »das Jagen nach Erfindungen« auf eine solide finanzielle Basis zu stellen. Folglich kehrte Siemens der unsystematischen Gelegenheitsentwicklung, zu der auch Erfindungen auf dem Gebiet der Zinkdruckerei und eine wenig ausgereifte Schnelldruckpresse gehört hatten, den Rücken und intensivierte seine systematischen physikalischen Studien. Parallel knüpfte er unter anderem durch seine Mitgliedschaft in der Polytechnischen Gesellschaft in Berlin Kontakte zu anderen Forschern und Berliner Gewerbetreibenden. Entschlossen, »eine feste Laufbahn durch die Telegraphie zu bilden, sei es in oder außer dem Militär«, interessierte sich der 30jährige Werner mehr und mehr für elektrische Versuche. Seine Beschäftigung mit der elektrischen Telegraphie konzentrierte sich in erster Linie auf die Verbesserung des Wheatstoneschen Zeigertelegraphen.

Die Unternehmensgründung

Zigarrenkisten, Weißblech, einige Eisenstückchen, etwas isolierter Kupferdraht und eine brillante Idee: Das waren die »Hilfsmittel«, aus denen Werner von Siemens 1847 auf Grundlage eines Apparats von Charles Wheatstone seinen Zeigertelegraphen konstruierte. Das Gerät war den bis dato gebräuchlichen Apparaten weit überlegen, weil es nicht mehr ähnlich einem Uhrwerk arbeitete, sondern einen selbsttätig gesteuerten Synchronlauf zwischen Sender und Empfänger hatte – eine völlig neue Lösung der elektrischen Nachrichtenübertragung. Mit dem Bau des Telegraphen beauftragte er den Mechaniker Johann Georg Halske (1814–1890), den er aus der Physikalischen Gesellschaft kannte, einer Vereinigung ambitionierter junger Wissenschaftler, die sich im Haus des Physikprofessors Gustav Magnus in Berlin am Kupfergraben traf. Halske, der gemeinsam mit F. M. Boetticher in Berlin eine Werkstatt betrieb, fertigte im Auftrag vieler renommierter Naturwissenschaftler der damaligen Zeit Versuchsanordnungen sowie Prototypen feinmechanischer, physikalischer, optischer und chemischer Erfindungen.

Siemens gelang es, den eher skeptischen Halske vom Potential seiner technischen Projekte zu überzeugen. Nach sorgfältiger Kalkulation des zu erwartenden Auftragsvolumens war der vorsichtige Geschäftsmann so von Werners Ideen begeistert, daß er im Herbst 1847 seine bisherige Werkstatt aufgab und das Risiko einer gemeinsamen Firmengründung einging.

Da die einzelnen Telegraphen von gelernten Arbeitern in Handarbeit angefertigt wurden, erübrigte

Werner von Siemens' Zeigertelegraph von 1847

sich die Anschaffung größerer Maschinen – entsprechend gering war der Kapitalbedarf der Unternehmensgründer, die beide kaum »disponible Geldmittel« besaßen. Statt dessen brachte Halske seine praktische Erfahrung in der handwerklichen Leitung und Werkstattorganisation ein, Siemens seine Patente. Das Startkapital in Höhe von 6842 Talern – etwas über 20 000 Mark – stammte von Werners Vetter, dem Justizrat Johann Georg Siemens (1805–1879), dem Vater des späteren Mitbegründers der Deutschen Bank. Am 1. Oktober 1847, dem Tag der offiziellen Gründung, unterzeichneten Werner von Siemens, Johann Georg Halske und Johann Georg Siemens einen Gesellschaftsvertrag, der den beiden Erstgenannten je zwei Fünftel, Johann Georg Siemens als stillem Teilhaber ein Fünftel des Unternehmensgewinns zusicherte. Für die Verwertung seiner ausländischen Patente wurde Werner ein Drittel »Vorabgewinn« zugesprochen. Knapp zwei Wochen nach Vertragsunterzeichnung eröffneten Werner von Siemens und Johann Georg Halske am 12. Oktober 1847 ihre Werkstatt in einem Berliner Hinterhaus in der Schöneberger Straße 19. Innerhalb weniger Jahrzehnte expandierte der kleine feinmechanische Betrieb, der elektromechanische Läutewerke für Eisenbahnen, Drahtisolierungen aus Guttapercha, Wassermesser, vor allem aber elektrische Telegraphen herstellte, zu einem der weltweit größten Elektrounternehmen, das schon bald nach seiner Gründung international operierte.

Johann Georg Halske, Gemälde von 1865

Die schnelle, unbürokratische Gründung einer solchen heute als »Garagenunternehmen« bezeichneten Firma und ihre Finanzierung mit Hilfe wohlhabender Verwandter sind typische Erscheinungen der frühen Phase der deutschen Industrialisierung. Weniger typisch ist jedoch, daß die Gründung der Telegraphen-Bauanstalt mitten in einer konjunkturellen wie politischen Krise erfolgte. Die erfolgreiche Unternehmensgründung in dieser angespannten Situation zeigt recht deutlich, daß die neu entstehende Telegraphenindustrie von den wirtschaftlichen Rahmenbedingungen zunächst weitgehend unabhängig arbeiten konnte.

Während Halske von Beginn an seine gesamte Energie in das gemeinsame Unternehmen investierte, blieb Siemens vorläufig beim Militär. Nur so konnte er den Unterhaltsverpflichtungen gegenüber den jüngeren Geschwistern nachkommen und vermeiden, daß er in der instabilen politischen Situation des Vormärz als »Fahnenflüchtiger« verurteilt wurde. Die Tatsache, daß Werner sich einzig in seiner Freizeit dem Aufbau des neuen Unternehmens widmen konnte, hatte jedoch auch ihre Vorteile: Schließlich war er qua Amt beratendes Mitglied der preußischen Telegraphenkommission, die die Ablösung der optischen durch elektrische Telegraphen vorbereiten sollte. Überzeugt von seinen Ideen und seiner Fachkompetenz, folgten die übrigen Mitglieder der Kommission fast immer von Siemens' Vorschlägen und beauftragten ihn mit deren Ausführung. Darüber hinaus wußte der Unternehmensgründer bei der Akquisition von Aufträgen für die Telegraphen-Bauanstalt seine Kontakte zur Anhaltischen Bahn und zum russischen Gesandten in Berlin, Alexander Graf Lüders, zu nutzen.

Erste Seite des Gesellschaftsvertrags aus dem Jahr 1847

Werner von Siemens an seinen Bruder William, 15.7.1846

Mein Telegraph gebraucht nur einen Draht, kann dabei mit Tasten wie ein Klavier gespielt werden und verbindet mit der größten Sicherheit eine solche Schnelligkeit, daß man fast so schnell telegraphieren kann, wie die Tasten nacheinander gedrückt werden. Dabei ist er lächerlich einfach und ganz unabhängig von der Stärke des Stroms.

Durchblick zur ersten Werkstatt von Siemens & Halske, Schöneberger Straße 19 in Berlin

Erfolge und existentielle Nöte eines Jungunternehmers

Bereits im ersten Jahr nach Unternehmensgründung erhielt Siemens & Halske einen prestigeträchtigen Großauftrag: Im August 1848 konnte sich die Telegraphen-Bauanstalt gegen ihre Wettbewerber durchsetzen und wurde von der preußischen Regierung beauftragt, eine Nachrichtenverbindung zwischen Berlin und Frankfurt am Main, dem Tagungsort der Deutschen Nationalversammlung, herzustellen. Mit einer Entfernung von 500 Kilometern war die Strecke die damals längste Telegraphenlinie Europas. Das ehrgeizige Projekt stand unter hohem Kosten- und Zeitdruck. Schließlich sollten die politischen Beschlüsse des ersten deutschen Parlaments möglichst zeitnah an den Sitz der preußischen Regierung übertragen werden können. Am 28. März 1849 war es dann soweit: Die Linie war fertiggestellt, und die Wahl des preußischen Königs Friedrich Wilhelm IV. zum deutschen Erbkaiser ging noch in der Stunde der Proklamation per Draht nach Berlin. Die unglaublich schnelle Übertragung der Nachricht über eine so große Distanz war ein spektakulärer Erfolg, der im In- und Ausland für großes Aufsehen sorgte.

Noch während des Baus dieser ersten elektrischen Ferntelegraphenlinie wurde der staatliche Auftrag erweitert. Fast alle wichtigen Großstädte Norddeutschlands sollten ebenfalls mit Berlin verbunden werden. Die hieraus resultierende Arbeitsbelastung veranlaßte Siemens im Herbst 1849 nach zwölfjähriger Dienstzeit, seinen Abschied vom Militär zu nehmen, um sich ganz auf seine Aufgaben im expandierenden Unternehmen konzentrieren zu können. In seinen *Lebenserinnerungen* beschrieb er die neue Herausforderung mit folgenden Worten: »Es galt jetzt für mich, das ›Geschäft‹, welches schon meinen Namen trug, durch tüchtige Leistungen möglichst emporzuheben und mir als Mann der Wissenschaft wie als Techniker persönliches Ansehen in der Welt zu erringen.« Die Entscheidung gegen das Militär und für die »Telegraphen-Bauanstalt von Siemens & Halske« wurde ihm durch die Erkenntnis erleichtert, daß er in seiner Eigenschaft als Angehöriger des Militärs kaum mehr Einfluß auf die Förderung des Telegraphenwesens haben würde. Da die zivile Nutzung der Telegraphie zunahm, war die Zuständigkeit für das Telegraphenwesen bereits im Februar 1849 vom Kriegsministerium auf das Ministerium für Gewerbe und Handel übertragen worden.

Neben der kontinuierlichen Verbesserung ihrer Telegraphen entwickelten Siemens und sein Sozius Halske neue Produkte im Bereich der angewandten Elektrizitätslehre wie elektromedizinische Experimentier- und Heilgeräte, Eisenbahnläutewerke mit elektrischer Auslösung und Pressen zur nahtlosen Isolierung elektrischer Leitungen mit Guttapercha. Durch einen glücklichen Zufall hatte William Siemens 1846 seinem Bruder eine Probe des Kautschukmaterials aus England zugeschickt, dessen hervorragende Isoliereigenschaften Werner von Siemens entdeckt hatte. Er konstruierte daraufhin eine Schraubenpresse, mit deren Hilfe sich das erwärmte Guttapercha unter hohem Druck nahtlos um einen Kupferdraht pressen ließ. Dank dieses Verfahrens war es von nun an möglich, Leitungen auch unterirdisch zu verlegen.

Innerhalb weniger Jahre gelang es dem Start-up-Unternehmen »Telegraphen-Bauanstalt von Siemens & Halske«, seinen Umsatz von 10 300 Mark im Jahr 1848 auf 253 100 Mark im Jahr 1851 zu vervielfachen. Parallel zur positiven Geschäftsentwicklung entspannte sich Siemens' finanzielle Verantwortung für seine Familienangehörigen: Seit 1849 war der in England lebende William bei der renommierten Maschinenbaufirma Fox & Henderson in Birmingham fest angestellt und somit in der Lage, seinen Lebensunterhalt unabhängig von Zuwendungen seines älteren Bruders zu bestreiten. Dank Williams Vermittlung wurde sein jüngerer Bruder Friedrich ebenfalls bei Fox & Henderson angestellt, während Carl von Siemens seit Ende 1849 bei Siemens & Halske als Konstrukteur im Telegraphenbau arbeitete.

Karte der Telegraphenlinien bis 1850 mit der Linie von Berlin nach Frankfurt am Main

In der frühen Aufbauphase hatte Siemens & Halske entscheidend von den hervorragenden Kontakten zur Militärverwaltung, zu den Verwaltungen der Staatstelegraphenämter und der Eisenbahnen profitiert. Doch bereits im Sommer 1849 sollte sich die Kehrseite dieses Startvorteils offenbaren: Es kam zu ersten Unstimmigkeiten in der Zusammenarbeit mit der preußischen Telegraphenverwaltung. Die anfangs mangelhafte Isolierung unterirdischer Leitungen verursachte nicht nur erhebliche Störungen im Telegraphenverkehr – sie beeinträchtigte auch das Verhältnis zu einem der wichtigsten Auftraggeber des jungen Unternehmens. Der Hauptmangel bestand wohl darin, daß man der Guttaperchaummantelung Schwefel zugesetzt hatte, der mit den Leitern allmählich zu Schwefelkupfer oxidierte. Nebenschlüsse, Mitsprechen und falsche Schrift waren die Folge. Hinzu kam, daß die Arbeiten an der Linie Frankfurt–Berlin, bedingt durch die politischen Verhältnisse, »etwas überhastet« vor sich gegangen waren. Wegen auftretender Störungen wurden Siemens & Halske 1851 alle Anschlußaufträge entzogen und die Geschäftsbeziehungen abgebrochen. Auch ein größerer Auftrag der Berlin-Hamburger Eisenbahn mit einem Volumen von 32 000 Talern konnte die Folgen des Verlusts der preußischen Staatsaufträge nicht kompensieren. Die Telegraphen-Bauanstalt geriet in ihre erste existentielle Krise.

Der erste für die Zeit vom 1. Oktober 1847 bis zum 1. Januar 1850 aufgestellte Geschäftsabschluß

In dieser bedrohlichen Situation erwies sich Siemens als guter Krisenmanager und weitsichti-

> **Werner von Siemens an seinen Bruder Carl, 25.12.1887**
>
> *Gewiß habe ich auch nach Gewinn und Reichtum gestrebt, doch wesentlich nicht, um sie zu genießen, als um die Mittel zur Ausführung anderer Pläne und Unternehmungen zu gewinnen und um durch den Erfolg die Anerkennung für die Richtigkeit meiner Handlungen und die Nützlichkeit meiner Arbeit zu erhalten. So habe ich für die Gründung eines Weltgeschäftes à la Fugger von Jugend an geschwärmt, welches nicht nur mir, sondern auch meinen Nachkommen Macht und Ansehen in der Welt gäbe und die Mittel, auch meine Geschwister und nähere Angehörige in höhere Lebensregionen zu erheben. Es stammt diese Gefühlsrichtung schon von den Erzählungen unseres Hauslehrers Sponholz, der uns faulen Jungen durch solche Lebensmärchen, die uns dann regelmäßig in Stand setzten, die Lebenssorgen unserer Eltern mit einem Schlage zu beseitigen, zu energischem Fleiß anspornte. Das ist bei mir sitzen geblieben und ist durch den Schicksalsgang, der mir die Sorge für meine jüngeren Geschwister auferlegte, noch befestigt worden [...] Ich sehe im Geschäft erst in zweiter Linie ein Geldeswert-Objekt, es ist für mich mehr ein Reich, welches ich gegründet habe und welches ich meinen Nachkommen ungeschmälert überlassen möchte, um in ihm weiter zu schaffen.*

ger Stratege: In dem Bewußtsein, daß der heimische Markt für eine Auslastung der vorhandenen Kapazitäten keineswegs ausreiche, Überleben und Konkurrenzfähigkeit des Hauses langfristig nur im internationalen Wettbewerb gesichert werden konnten, drängte er seit Beginn der 1850er Jahre konsequent auf den internationalen Markt. Unabhängig von der konkreten Zwangslage empfahl es sich generell für die Unternehmen der noch jungen Elektroindustrie, zur Absicherung von Prioritäts- und Verwertungsansprüchen aus ihren Patenten frühzeitig im Ausland präsent zu sein.

Unter dem Druck, den Fortbestand des Unternehmens durch Auslandsaufträge absichern zu müssen, war die Teilnahme an der ersten Weltausstellung 1851 in London unerläßlich. Während der Ausstellung nahmen William, Friedrich und Carl von Siemens gezielt Kontakt zu ausländischen Unternehmen auf. Zunächst ohne Erfolg – die Firma konnte keine konkreten Geschäftsabschlüsse tätigen. Doch die Tatsache, daß die vorgestellten Siemens-Produkte von der Ausstellungsleitung mit der »Council Medal« ausgezeichnet wurden, trug erheblich dazu bei, die Bekanntheit des Unternehmens und seiner innovativen Produkte jenseits der deutschen Grenzen zu steigern.

Bei seinem Auslandsengagement hatte Siemens neben den Geschäftsinteressen auch ein sehr persönliches Ziel vor Augen. 1887 bekannte der damals 71 jährige in einem Brief an seinen Bruder Carl, er habe seit seiner Jugend »für die Gründung eines Weltgeschäfts à la Fugger« geschwärmt. Der Brief enthält nicht nur das weltbekannte Zitat – er dokumentiert auch das Leitmotiv des Unternehmers Werner von Siemens. Stets hatte dieser die Vision vor Augen, daß das »Weltgeschäft« ihm und seinen Nachkommen »Macht und Ansehen in der Welt gäbe« und somit ermöglichen würde, frei von materiellen Sorgen zu leben, die den Alltag seiner Eltern, seine eigene Kindheit und Jugend geprägt hatten. Im selben Schreiben äußerte er: »Ich sehe im Geschäft erst in zweiter Linie ein Geldeswert-Objekt, es ist für mich mehr ein Reich, welches ich gegründet habe, und welches ich meinen Nachkommen ungeschmälert überlassen möchte, um in ihm weiter zu schaffen.« Diese Worte veranschaulichen, wie stark sein unternehmerisches Handeln durch seinen Familiensinn und sein Verantwortungsgefühl motiviert wurde. Außerdem sicherte sich Siemens durch die Beschäftigung und Beteiligung seiner Verwandten loyale und fähige Mitarbeiter, die er bedenkenlos auch an entlegene wichtige Auslandsposten des Familienunternehmens entsenden konnte.

Die russischen Unternehmungen

Während der Krisenjahre sorgte vor allem das Rußlandgeschäft für die Revitalisierung der angeschlagenen Telegraphen-Bauanstalt. 1851 erhielt das Unternehmen von der russischen Regierung einen ersten Auftrag über 75 Zeigertelegraphen für die Linie Sankt Petersburg–Moskau. Verhandlungen über diese Linie waren bereits 1849 mit dem Gesandten Lüders geführt worden, der im Auftrag der russischen Regierung durch Europa reiste, um das beste Telegraphensystem am Markt zu ermitteln. Lüders hatte sich zugunsten von Siemens & Halske gegen das englische Konkurrenzunternehmen S. W. Brett entschieden. Da Aufträge in der Regel nicht auf Basis einer Ausschreibung, sondern – wie das Beispiel zeigt – aufgrund von persönlichen Beziehungen oder Empfehlungen vergeben wurden, reiste Siemens der Kontaktpflege wegen 1852 erstmals nach Petersburg; weitere Geschäftsreisen folgten. Erwartungsgemäß gelang es dem charismatischen Unternehmensführer während seiner Rußlandaufenthalte, die für die Vergabe von Folgeaufträgen entscheidenden persönlichen Kontakte zu knüpfen. Parallel verhandelte sein Partner Halske über den Bau einer Telegraphenlinie von Warschau bis zur Grenze des russischen Generalgouvernements zu Deutschland. Das Ergebnis der Bemühungen beider Firmengründer waren zahlreiche Aufträge für die Erweiterung des russischen Telegraphennetzes. 1853 wurde mit dem Ausbau des insgesamt etwa 10 000 Kilometer langen Netzes begonnen, das sich von Finnland bis zur Krim erstreckte.

Die gute Auftragslage bescherte der Telegraphen-Bauanstalt den erhofften wirtschaftlichen Aufschwung. Ab 1853 überstiegen die aus den Geschäftsaktivitäten in Rußland resultierenden Umsätze die Ergebnisse in Deutschland um ein Vielfaches. Dank der Gewinne aus den russischen Unternehmungen belief sich das Geschäftsvermögen im Jahr 1855 auf rund 246 000 Taler – seit der Bilanz vom 31. Dezember 1850 hatte es sich mehr als verfünffacht. Da sich das Rußlandgeschäft zu einer tragenden Säule des Unternehmens entwickelt hatte, wurden die Beziehungen zwischen der Petersburger Zweigstelle und dem Berliner Stammhaus neu geordnet: Ab 1855 wurde die Firmenfiliale selbständig mit eigenem Vermögen und eigenen Gewinnkonten von dem damals 26jährigen Carl von Siemens geleitet. Den Anstoß für diese organisatorische Änderung gab der Wunsch des stillen Teilhabers Johann Georg Siemens, aus dem Unternehmen auszuscheiden. Für sein Venture-capital-Investment von 6842 Talern wurden ihm 50 000 Taler ausbezahlt. An seiner Stelle wurde Carl von Siemens mit einem Fünftel am Grundkapital der Firma beteiligt. Mit dieser Entscheidung würdigten die Firmenleiter die Verdienste des jüngeren Bruders, dessen »Tatkraft und Tüchtigkeit« seit 1853 wesentlich zum Erfolg in Rußland beitrugen.

Mit Ende des Krimkriegs (1853–1856) gingen die Auftragseingänge bei Siemens & Halske deutlich zurück. Wegen der desolaten Lage der russischen Staatsfinanzen wurden keine weiteren Großaufträge erteilt. Trotz der rückläufigen Entwicklung des Rußlandgeschäfts, die empfindliche Umsatzeinbußen für das

Berliner Stammhaus zur Folge hatte, sicherten die 1855 auf zwölf Jahre abgeschlossenen Wartungsverträge für das von Siemens & Halske errichtete Telegraphennetz bis weit in die 1860er Jahre hinein kontinuierliche Einnahmen. Da der Aufwand schwer abzuschätzen war, hatten die Verantwortlichen bei Siemens & Halske zunächst mit hohen Servicegebühren kalkuliert. Nach Erfindung eines mechanischen Kontrollsystems, mit dessen Hilfe Störungen einfach zu lokalisieren und dadurch schnell zu beseitigen waren, konnte das Wartungspersonal auf ein Minimum reduziert werden. Dank des »Tataren-Galvanoskops« wurde das sogenannte Remontegeschäft zur lukrativen Einnahmequelle, die allerdings mit Auslaufen der Verträge 1867 versiegte. Fortan übernahm die russische Regierung die Wartung der Telegraphenlinien. Auch nach Ablauf der Verträge konnte sich Siemens gegenüber der starken ausländischen Konkurrenz in Rußland behaupten und weiterhin Telegraphenapparate und Sicherheitssysteme für die Eisenbahn absetzen.

Der Bau der großen Telegraphenlinien und die daraus resultierenden Serviceverträge brachten Siemens & Halske hohes Ansehen in Rußland. Mit großem Vergnügen konstatierte Siemens in seinen *Lebenserinnerungen*, daß das Unternehmen den Titel »Kontrahenten für den Bau und die Remonte der Kaiserlich Russischen Telegraphenlinien [erhielt] und das Recht für unsere Beamten, Uniformen mit Rangabzeichen zu tragen. Letzteres war zur guten Durchführung unserer Aufgaben unbedingt erforderlich, denn das russische Publikum respektiert nur die Träger von Uniformen.«

Während der Anfangsjahre waren Art und Umfang der Aufträge der »Telegraphen-Bauanstalt von Siemens & Halske« großen Schwankungen unterworfen. Bei Großaufträgen kam man mit der Fertigung von Telegraphenapparaten und Zubehör kaum nach, während das Überleben der Firma in wirtschaftlich angespannten Zeiten durch Überkapazitäten immer wieder in Frage gestellt wurde. Dem weitsichtigen Werner von Siemens war klar, daß dieses grundsätzliche Problem nicht zu lösen sein würde, solange sich das Unternehmen ausschließlich oder vorwiegend in der Telegraphenbranche engagierte. Daher diversifizierte er schon früh in neue Geschäftsfelder. Nach dem Ausbleiben russischer Großaufträge konzentrierte sich die Berliner Werkstatt Ende der 1850er Jahre auf die Produktion der von William Siemens federführend entwickelten Wassermesser. Auf diese Weise gelang es dem Unternehmen, auch in auftragsschwachen Zeiten seinen Stamm von qualifizierten Facharbeitern zu halten und weiterzubeschäftigen.

Nach der ersten Expansion waren in Berlin bis Mitte der 1860er Jahre nahezu konstant zirka 150 Mitarbeiter beschäftigt. Da die Produkte überwie-

Allegorische Darstellung zum Bau der russischen Telegraphenlinien

gend von Hand hergestellt wurden, fanden sich unter der Belegschaft nur wenige ungelernte Hilfsarbeiter. Erst 1863 wurde für die nun normierte, serienmäßige Fertigung von Einzelteilen eine erste Dampfmaschine angeschafft. Hinsichtlich der Qualifikation seiner Mitarbeiter bemerkte Siemens bereits 1849 in einem Brief an seinen Bruder William nicht ohne Stolz, »sämtliche mechanische Werkstätten Berlins haben zusammen nicht so viel Arbeiter, wie wir schon jetzt, und von ersteren ist nicht der dritte Teil für uns brauchbar, da Halske mit Recht nur die besten Arbeiter verwendet«. Von Anfang an war dem Firmengründer bewußt, wie wichtig qualifizierte Mitarbeiter neben einem überzeugenden Gründungskonzept und innovativen Produktideen für den langfristigen Erfolg eines Unternehmens sind.

Chancen und Risiken des Seekabelgeschäfts

Neben dem russischen Geschäft entwickelte sich das Engagement in England zur zweiten wichtigen Säule der Telegraphen-Bauanstalt. Bereits im März 1850 war in London unter der Leitung von William Siemens eine Agentur von Siemens & Halske eingerichtet worden, die in der Anfangszeit allerdings wenig erfolgreich arbeitete. Erst mit der Herstellung und Verlegung telegraphischer Seekabel eröffneten sich erfolgversprechende neue Geschäftsfelder. Doch zunächst mußte sich das Unternehmen auf dem hochentwickelten und hart umkämpften englischen Telegraphenmarkt gegen die mächtige Konkurrenz privater Betreibergesellschaften behaupten. Bis Mitte der 1850er Jahre waren die Brüder Brett gemeinsam mit der Drahtseilfabrik R. S. Newall & Co. unangefochtene Marktführer für Seekabelverlegungen in den europäischen Meeren.

Bei den Bemühungen, im englischen Markt Fuß zu fassen, erwies es sich als hilfreich, daß William Siemens über die Londoner ingenieurwissenschaftlichen Clubs in Verbindung mit Lewis Gordon stand, einem Professor für Ingenieurwissenschaften an der Universität Glasgow und Teilhaber von Newall. Außerdem unterhielt Siemens & Halske seit 1853 direkte Geschäftsverbindungen zu Newall & Co.: Das Unternehmen hatte kurz vor Ausbruch des Krimkriegs das Seetelegraphenkabel für die Linie Petersburg–Oranienbaum–Kronstadt geliefert. Als Newall & Co. 1857 für einen Auftrag zur Verlegung eines Tiefseekabels zwischen Sardinien und Algerien einen erfahrenen Partner für die Prüfung der Kabel benötigte – die Brüder Brett waren bereits zweimal an der Linie gescheitert –, wußte William die Chance zu nutzen. Auf seine Empfehlung wurde Werner von Siemens als externer Berater hinzugezogen. Der Auftrag schloß auch die Überwachung der Kabellegung ein, die sich wegen der Wassertiefe schwierig gestaltete. Bis dato war es noch niemandem gelungen, die Abrollgeschwindigkeit des Kabels in Abhängigkeit von Schiffsgeschwindigkeit, Meerestiefe und Kabelgewicht exakt zu berechnen. Newall hatte sich für eine zu hohe Geschwindigkeit entschieden, nach einem Fünftel der Strecke war bereits ein Drittel des Kabels verbraucht.

Sir William Siemens, um 1847

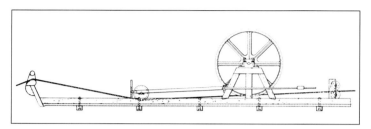

Die von Werner von Siemens für das Mittelmeerkabel Cagliari–Bona 1857 entworfene Kabelbremse

Die an der Themse gelegene Fabrik von Siemens Brothers in Woolwich bei London, um 1866

In dieser Situation übernahm Werner von Siemens die Leitung der Kabelverlegung und errechnete die jeweilige Bremskraft der Kabelbremse nach einer von ihm eigens entwickelten Formel. Damit legte er den Grundstein für den Durchbruch auf dem englischen Markt und profitierte zum wiederholten Mal von seiner soliden wissenschaftlich-theoretischen Ausbildung, die ihm auch gegenüber den rein empirisch-praktisch arbeitenden englischen Kollegen entscheidende Wettbewerbsvorteile sicherte. Noch im selben Jahr wurden weitere Kabel im Mittelmeer verlegt, dank derer es gelang, Bretts Position als Marktführer zu brechen.

Dem Erfolg am englischen Markt folgten organisatorische Änderungen: 1858 wurde die Londoner Niederlassung in ein selbständiges Unternehmen umgewandelt, an dem außer den beiden Firmengründern Siemens und Halske auch William Siemens sowie Newall & Co. beteiligt waren. Die neue Firma erhielt den Namen »Siemens, Halske & Co.«. In dieser Bezeichnung wurde die enge Verbindung mit dem Berliner Stammhaus zum Ausdruck gebracht.

Während der nächsten zwei Jahre trugen weitere Aufträge an Siemens und Newall, die einen exklusiven Kooperationsvertrag eingegangen waren, wesentlich dazu bei, Image und Marktposition des deutschen Anbieters zu verbessern. Unter ihnen waren Projekte wie die Verlegung der Linien Konstantinopel-Chios-Kreta, Syra-Chios, Kreta-Alexandria und eine Teilstrecke der Telegraphenlinie nach Indien, die durch das Rote Meer und den Indischen Ozean verlief. Allerdings war Siemens & Halske wegen der hohen Kabelpreise von Newall bei Ausschreibungen nicht immer wettbewerbsfähig. Daher kündigte Siemens, das Ziel der Marktführerschaft klar vor Augen, den auf fünf Jahre angelegten Kooperationsvertrag bereits 1860. Ohne den deutschen Partner war Newall nicht mehr konkurrenzfähig und stellte schon nach kurzer Zeit die Produktion von Seetelegraphenkabeln ein. Werner und William Siemens, die zwischenzeitlich zu persönlichen Beratern der britischen Regierung für Tiefseekabel ernannt worden waren, setzten auch ohne einheimischen Partner ihren Siegeszug auf dem englischen Seetelegraphenkabel-Markt fort.

Hinsichtlich der strategischen Bedeutung des Seekabelgeschäfts für die mittelfristige Unternehmensentwicklung waren sich die Inhaber von Siemens, Halske & Co. uneins. William Siemens sah die Zukunft der Londoner Firma in diesem Geschäftsfeld. Werner von Siemens scheute einerseits die Risiken, andererseits drängte es ihn, das Leistungspotential und die Entwicklungsfähigkeit der Firma unter Beweis zu stellen. Einzig Halske war wegen seiner vorsichtigen Grundhaltung entschieden dagegen, derart hohe unternehmerische Risiken einzugehen, und wehrte sich gegen eine seiner Meinung nach unkontrollierte Expansion des nach wie vor handwerklich arbeitenden Unternehmens. Der Eröffnung einer eigenen Kabelfabrik in Charlton bei Woolwich Anfang des Jahres 1863 stimmte er allerdings zu. Schließlich bot dieses Engagement die Möglichkeit, unabhängig von Qualität und Preisen englischer Kabelzulieferer zu agieren.

Daß es sich bei der Verlegung von Seekabeln in der Tat um riskante Unternehmungen handelte, wurde anläßlich der gescheiterten Verlegung eines Seekabels zwischen Cartagena und Oran, die 1864 im Auftrag der französischen Regierung erfolgte, mehr als deutlich. In zwei Versuchen ging das Kabel verloren; außerdem wurde das nur provisorisch ausgerüstete, für eine Kabelverlegung ungeeignete Schiff beschädigt. Zum materiellen Schaden in Höhe von 150 000 Pfund addierte sich der Prestigeverlust der Siemens-Brüder. Darüber hinaus veranlaßte der Mißerfolg Halske, seine Beteiligung am Englandgeschäft aufzukündigen. Der vorsichtige Geschäftsmann fürchtete, die »Unternehmungslust« Williams könnte die Firma »in dem großartig angelegten englischen Geschäftsleben in Geschäfte verwickeln«, die über ihre finanziellen Möglichkeiten hinausgingen. Halske forderte die vollständige Auflösung der englischen Tochter. Da Werners Familiensinn es nicht zuließ, den Bruder in dieser kritischen Situation im Stich zu lassen, führte die Forderung zur Trennung der beiden Firmengründer.

Angesichts der folgenschweren Entwicklungen könnte man erwarten, daß Siemens die Entscheidung, eine Kabelverlegung auf der Strecke Cartagena–Oran zu riskieren, im nachhinein als unternehmerische Fehlentscheidung abtun würde. Doch in der Bewertung der Ereignisse zeigte sich einmal mehr seine überragende Persönlichkeit. In den *Lebenserinnerungen* bezeichnete Werner die Erfahrungen als »Lehrjahre« auf dem Gebiet der Kabelverlegungen, die maßgeblich zum Erfolg der späteren »großen und glücklich durchgeführten« Projekte beigetragen hätten. Als visionärer Unternehmer hatte er erkannt, daß die Realisierung riskanter, hochgesteckter Ziele ein wichtiges Instrument für die kontinuierliche Weiterentwicklung von Siemens & Halske war. Wer sich als Entrepreneur betätigt, geht bewußt das Risiko ein, Fehler zu machen – aus diesen nicht zu lernen hielt Siemens allerdings für unverzeihlich.

Karte des westlichen Mittelmeers mit den unter Mitwirkung von Werner von Siemens verlegten Telegraphenlinien

Werner von Siemens, Lebenserinnerungen, 19. Aufl. 2004

Wir können die Zeit der [...] Kabellegungen als unsere eigentlichen Lehrjahre für derartige Unternehmungen betrachten. Anstatt des gehofften Gewinnes haben uns dieselben viele Sorgen, persönliche Gefahren und große Verluste gebracht, aber sie haben uns den Weg geebnet für die Erfolge, die unsere Londoner Firma später bei ihren großen und glücklich durchgeführten Kabelunternehmungen gehabt hat.

Architekt des »Weltgeschäfts à la Fugger«

Durch die Ereignisse rund um die gescheiterte Kabellegung wurde offenbar, daß die Brüder hinsichtlich der Gestaltung des »Weltgeschäfts à la Fugger« unterschiedliche Strategien verfolgten: Werner favorisierte ein »Gesamtgeschäft« mit Sitz in Berlin, William trat für eine dezentrale Struktur mit größerer Eigenständigkeit der ausländischen Tochterunternehmen ein. Entsprechend problematisch gestaltete sich die Neuordnung des Londoner Geschäfts. Nach dem Ausscheiden Halskes firmierte das englische Tochterunternehmen seit Beginn des Jahres 1865 unter der Bezeichnung »Siemens Brothers«. Das existenzgefährdete Unternehmen konnte nur dank der Loyalität und des finanziellen Engagements Werner von Siemens' überleben. Da Werner Hauptkapitalgeber war, konnte er – gegen Williams Willen – eine gewisse Ankopplung der selbständigen Londoner Filiale an das Berliner Stammhaus durchsetzen. Dies sollte in den folgenden Jahren immer wieder zu Spannungen zwischen den Brüdern führen.

Auch das Verhältnis zu Carl von Siemens war nicht ungetrübt. Sowohl William als auch Carl beklagten den patriarchalischen Führungsstil des Älteren und die ihrer Meinung nach wenig flexible Arbeitsweise des Berliner Werkes, wegen dessen traditioneller Produktionsweise es bei Großaufträgen immer wieder zu Qualitätsproblemen und Lieferverzögerungen kommen konnte. Der Konflikt gipfelte darin, daß die Leiter der beiden Auslandsunternehmen Werner von Siemens vorwarfen, die weitere Expansion von Siemens & Halske durch die Vision von einem weltweit arbeitenden, eng verknüpften Familienunternehmen unter seiner Führung zu behindern.

Von der Richtigkeit seiner Unternehmensphilosophie überzeugt, ließ Siemens die Vorwürfe und Argumente seiner Brüder nicht gelten. Dennoch war er durch die Tatsache, daß sein Kompagnon Halske Ende Dezember 1867 aus der »Telegraphen-Bauanstalt von Siemens & Halske« ausscheiden würde, gezwungen, Struktur und Organisation seiner Unternehmungen anzupassen. Nach langwierigen Verhandlungen mit den übrigen Mitgliedern der Geschäftsleitung gelang es ihm – nicht zuletzt, weil das Geschäft auf seinem Kapital basierte und die Brüder aufgrund einiger wenig erfolgreich verlaufender eigener Projekte auf sein finanzielles Entgegenkommen angewiesen waren –, sich in drei zentralen Punkten durchzusetzen:

1. Johann Georg Halske beließ einen großen Teil seines Kapitals als Darlehen in der Firma, deren Fortbestand damit nicht durch einen plötzlichen Kapitalverlust gefährdet wurde.
2. Siemens & Halske, Berlin, sowie Siemens Brothers, London, wurden als »Gesamtgeschäft« mit gemeinsamer Rechnungslegung in Berlin fortgeführt. Die Petersburger Niederlassung wurde liquidiert und als Filiale des Berliner Stammhauses in der Rechtsform einer Kommanditgesellschaft weitergeführt.
3. Die Brüder William und Carl wurden nach Halskes Ausscheiden neben Wer-

ner die einzigen Teilhaber des Hauptgeschäfts und verpflichteten sich zur dauerhaften Mitarbeit in der Geschäftsleitung: William als Leiter des Londoner Hauses, Carl mit vorläufigem Wohnsitz in Tiflis.

Mit diesen Festlegungen war es Siemens gelungen, die Zukunft des »Weltgeschäfts à la Fugger« nach seinen Vorstellungen zu gestalten und seinen Führungsanspruch gegenüber den jüngeren Brüdern zu behaupten. In dem Dokument wurde William und Carl jedoch zugestanden, daß sie unabhängig von ihren Verpflichtungen gegenüber dem Familienunternehmen weiterhin Projekte auf eigene Rechnung durchführen konnten. Außerdem zeigte sich Werner bei der Gewinnverteilung großzügig und beteiligte die Brüder weit über ihre tatsächliche Kapitaleinlage am Gewinn: Während er selbst 40 Prozent erhielt, gestand er William 35 und Carl 25 Prozent zu.

20 Jahre nach Unternehmensgründung war es Siemens gelungen, die inzwischen weltweit operierende »Telegraphen-Bauanstalt von Siemens & Halske« zusammenzuhalten und die Schlüsselpositionen in der Geschäftsleitung ausschließlich mit Familienangehörigen zu besetzen. Organisatorisch war das in den 20 Jahren seit der Gründung stark gewachsene Unternehmen noch nicht sehr komplex gegliedert. Größere Geschäfte wurden ausschließlich von Familienmitgliedern abgeschlossen und überwacht, während die Leitung des Tagesgeschäfts in London und Berlin in der Hand weniger langjähriger Mitarbeiter lag. In der Aufbauphase ermöglichten die wenig differenzierten Organisationsstrukturen zusammen mit der entscheidenden Rolle der Familienmitglieder ein Höchstmaß an Flexibilität. Dieser Vorteil sollte sich allerdings im Verlauf der 1880er Jahre aufgrund des raschen Wachstums der Elektroindustrie in einen Nachteil verkehren.

Durch die gemeinsame Rechnungslegung festigte das Berliner Stammhaus seine Vorrangstellung – obwohl sich unter anderem in den Verhandlungen um den Bau der sogenannten Indo-Europäischen Telegraphenlinie die wachsende Bedeutung von Siemens Brothers abzuzeichnen begann.

Fabrikhof von Siemens & Halske in der Markgrafenstraße 94 in Berlin. Das Gebäude wurde 1852 bezogen, um 1880

Wer nicht wagt, der nicht gewinnt

Der Bau der Indo-Europäischen Telegraphenlinie von London nach Kalkutta – eine der schnellsten, sichersten und rentabelsten Linien der Welt – markiert einen Höhepunkt in der internationalen Geschäftstätigkeit der Siemens-Brüder. Lange Zeit war die telegraphische Nachrichtenverbindung zwischen dem Mutterland und seiner wichtigsten Kolonie das herausragende Ziel der britischen Kabelindustrie, dessen Realisierung allerdings gravierende technische und politische Hindernisse im Weg standen.

Auf Basis sorgfältiger Rentabilitäts- und Realisierbarkeitsprüfungen faßte Siemens den kühnen Entschluß, sich um den Bau der etwa 11000 Kilometer langen Indo-Europäischen Linie zu bemühen. Nach zähen Verhandlungen mit den Direktoren der verantwortlichen Telegraphenverwaltungen – die Strecke führte durch vier verschiedene Hoheitsgebiete – wurde er 1867/68 für seine Ausdauer und Beharrlichkeit mit den Konzessionen zum Bau der drei Teilstrecken belohnt. Im Anschluß an diesen ersten Meilenstein galt es, die Finanzierung des ambitionierten Projekts sicherzustellen, das im Unterschied zu den Großaufträgen der 1850er und 1860er Jahre nicht durch den Staat vorfinanziert wurde. Werners ursprüngliche Idee, das Kapital mit Hilfe großer Bankhäuser aufzubringen, scheiterte an deren defensiver Haltung. Überzeugt von ihrer profitablen Geschäftsidee, entschlossen sich die Siemens-Brüder, den Bau der Strecke über den Aktienmarkt zu finanzieren: Am 8. April 1868 wurde die Indo-European Telegraph Company (IET) als Aktiengesellschaft englischen Rechts mit einem Grundkapital von 450000 Pfund gegründet. Siemens Brothers und Siemens & Halske übernahmen zusammen 20 Prozent des Kapitals. Die übrigen 80 Prozent wurden jeweils zur Hälfte in England und auf dem Kontinent zum Kauf angeboten; der Verkauf der Aktien verlief in Deutschland zügig, in England eher schleppend. Über die Kapitalbeteiligung hinaus brachten die Siemens-Brüder ihre Konzessionen in die Aktiengesellschaft ein und sicherten sich im Gegenzug den Bauauftrag zum Pauschalpreis von 400000 Pfund. Zusätzlich zu diesem Betrag sollte Siemens für Wartung und Betrieb der Strecke jährlich 34000 Pfund erhalten.

Am Bau der Indo-Europäischen Telegraphenlinie waren alle Teile des »Gesamtgeschäfts« beteiligt: Berlin und Petersburg zeichneten für den Bau der Landlinien verantwortlich, während Siemens Brothers in London die Verlegung des Unterseekabels im Schwarzen Meer übernahm und die Materialien zum Leitungsbau anlieferte. Siemens & Halske in Berlin übernahm die Konstruktion und Fertigung der Telegraphenapparate. Finanziellen, technischen und logistischen Problemen zum Trotz konnten die Bauarbeiten zu Beginn des Jahres 1870 abgeschlossen werden. Keine vier Monate nach Fertigstellung versetzte William Siemens am 12. April 1870 die geladenen Gäste in ungläubiges Erstaunen: Innerhalb einer Stunde gingen zwischen London und Kalkutta zwei Telegramme hin und her – auf der gleichen Strecke wäre ein Brief 30 Tage unterwegs gewesen. Doch die Freude über den gelungenen Start währte nur kurz. Bereits am 1. Juli

Prospekt der Indo-Europäischen Telegraphen-Actien-Gesellschaft

1870 fiel das im Schwarzen Meer verlegte Seekabel einem Erdbeben zum Opfer und mußte durch eine Landlinie ersetzt werden. Nach der Wiedereröffnung im Jahr 1871 blieb die Indo-Europäische Telegraphenlinie mit Ausnahmen einer durch den Ersten Weltkrieg bedingten Unterbrechung bis 1931 in Betrieb.

Siemens hatte sein ehrgeiziges Ziel erreicht, »eine lange Normallinie herzustellen und in Gang zu bringen, welche zeigt, was die Telegraphie jetzt wirklich zu leisten imstande ist«. In diesen Worten kommt deutlich zum Ausdruck, wie stark sein unternehmerisches Handeln von Wagemut und dem Drang nach beständiger Weiterentwicklung des technisch Machbaren motiviert war. Gleichzeitig konnte er mit dem materiellen Erfolg des bis dato umfangreichsten Siemens-Projekts beweisen, daß unternehmerische Risiken und Rentabilität keine unvereinbaren Gegensätze sind. Auch wenn die Dividende für die beträchtliche Kapitalbeteiligung der Siemens-Brüder an der Indo-European Telegraph Company nicht unmittelbar nach Inbetriebnahme der Verbindung realisiert werden konnte, sollte sich die Investition langfristig als äußerst lohnend erweisen: Ab Ende der 1880er Jahre erwirtschaftete die Telegraphengesellschaft kontinuierlich hohe Erträge. Hinzu kamen die Gewinne, die direkt aus dem Bau der Linie erzielt wurden.

Noch gewagter als der Bau und Betrieb der Indo-Europäischen Telegraphenlinie waren die Seekabelgeschäfte, denen sich William Siemens und die Londoner Tochtergesellschaft in den 1870er Jahren fast ausschließlich widmeten. Ökonomisch, politisch und auch vom Prestigewert her stand dabei die Herstellung einer Telegraphenverbindung nach Amerika im Vordergrund. Unter der persönlichen Leitung von Carl von Siemens wurde 1874 mit den Vorbereitungen für die erste große Transatlantik-Seekabelverlegung von der irischen Ballinskelligs Bay nach Torbay an der Küste Neuschottlands in Kanada begonnen. Dort errichtete William Siemens dann auch ein Stahlwerk, das nach dem von ihm mitentwickelten Siemens-Martin-Verfahren arbeitete, dem bis nach dem Zweiten Weltkrieg wichtigsten Stahlherstellungsverfahren. Von dort sollte das in Woolwich gefertigte Kabel weiter nach Rye Beach in New Hampshire verlegt und hier mit den amerikanischen Landlinien verbunden werden. Angesichts seiner schlechten Erfahrungen mit einem mangelhaft ausgerüsteten Schiff hatte William für die Verlegung des Transatlantikkabels das erste Spezial-Kabellegungsschiff der Welt – die »Faraday« – konstruiert. In drei großen Kabelbehältern im hinteren Teil des Schiffes konnten insgesamt 1700 Meilen, etwa 2735 Kilometer, Kabel mit einem Gesamtgewicht von rund 4500 Tonnen untergebracht werden.

Die Kabellegung, an der Carl, William und anfangs auch Werner von Siemens teilnahmen, war in jeder Hinsicht ein Abenteuer: Bedingt durch Schlechtwetterperioden, Falschmeldungen und Sabotageversuche seitens der Konkurrenz entwickelte sich das Unternehmen zur nervlichen Zerreißprobe für alle Beteiligten. Doch wie erwartet meisterte Siemens Brothers auch diese Herausforderung. Das Transatlantikkabel konnte in weniger als vier Monaten verlegt werden und arbeitete nach seiner Inbetriebnahme im September 1875 äußerst schnell und zuverlässig. Im harten Wettbewerb um Kunden und Marktanteile machte sich der

---

Werner von Siemens, Lebenserinnerungen, 19. Aufl. 2004

Der Bau der Linie wurde unter unseren Firmen so verteilt, daß das Berliner Geschäft gemeinschaftlich mit dem Petersburger die Leitung des Baues der Landlinien übernahm, während das Londoner Geschäft mit Herstellung der Submarinlinie im Schwarzen Meere und Anlieferung der Materialien zum Linienbau beauftragt wurde. Der Berliner Firma wurde außerdem noch die Konstruktion und Anfertigung der nötigen Telegraphenapparate überlassen. Trotz großer und zum Teil unerwarteter Hindernisse wurde der Bau der Linie Ende 1869 vollendet, wenn auch leider die [...] durch ein Erdbeben bewirkte Zerstörung des Kabels längs der kaukasischen Küste und die zeitraubende Ersetzung desselben durch eine Landleitung den regelrechten Telegraphendienst auf der ganzen Linie erst im folgenden Jahre ermöglichte.

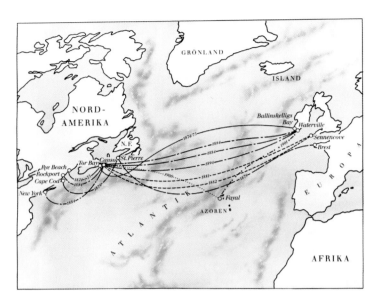

Reliefkarte des Nordatlantiks mit den von der »Faraday« verlegten Kabeln

unternehmerische Mut der Siemens-Brüder bezahlt: Die englische Tochter wurde von französischen und amerikanischen Aktiengesellschaften mit einer Reihe weiterer Kabellegungen beauftragt. Rückblickend bemerkte Siemens in seinen *Lebenserinnerungen*, daß es dank der glücklichen »Vollendung des amerikanischen Kabels« gelungen sei, »das Londoner Geschäft mit einem Schlage auf eine viel höhere Stufe des englischen Geschäftslebens« zu heben. Und auch die »Faraday« setzte Maßstäbe; die innovative Technik des Kabellegungsschiffs wurde von der Konkurrenz im In- und Ausland begeistert nachgeahmt.

Der wirtschaftliche Erfolg und die Werbewirkung der spektakulären Telegraphen- und Seekabelprojekte machten sich auch in der positiven Entwicklung des Gesamtgeschäfts bemerkbar. Seit Ende der 1860er Jahre waren Umsatz und Belegschaft kontinuierlich gestiegen. Belief sich der Gesamtumsatz 1868 auf knapp 280 000 Taler, war er nur sechs Jahre später auf 830 000 Taler angewachsen. Im gleichen Zeitraum stieg die Zahl der Mitarbeiter von 690 auf 2350 Beschäftigte, von denen mehr als 75 Prozent in den ausländischen Gesellschaften arbeiteten.

Pionier der Elektrotechnik

Neben seiner unternehmerischen Tätigkeit widmete sich Siemens intensiv der wissenschaftlichen Forschung. Allerdings gab sich der geniale Erfinder niemals damit zufrieden, grundlegende technische Erkenntnisse zu formulieren. Stets hatte er bei seinen rentablen und prestigeträchtigen Geschäftsideen die komplette Wertschöpfungskette von der Erfindung bis zu marktfähigen Produkt- und Systemlösungen vor Augen. In einem Brief an den Ingenieur Gilli formulierte er 1886: »Nur in enger Verbindung mit der Fabrikation zur Lösung direkt vorliegender Fragen wird die Erfindungstätigkeit nützlich und sicher erfolgreich.« Bei anderer Gelegenheit bemerkte er zum gleichen Thema: »Ideen an und für sich haben nur einen sehr geringen Wert. Der Wert einer Erfindung liegt in ihrer praktischen Durchführung, in der auf sie verwendeten geistigen Arbeit, den auf sie verwendeten Arbeits- und Geldsummen.« Entsprechend basierte der Erfolg der »Telegraphen-Bauanstalt von Siemens & Halske« von Anfang an auf zukunftsweisenden, innovativen Entwicklungen und deren konsequenter Vermarktung.

Die Maschine, an der Werner von Siemens 1866 das dynamoelektrische Prinzip demonstrierte

Nach der Konstruktion des Zeigertelegraphen und der Guttaperchapresse – beide Erfindungen waren zentrale Voraussetzungen für die Entstehung des modernen Nachrichtenverkehrs – gelang Siemens 1866 seine für die Elektrotechnik wohl bedeutendste Leistung: Aufbauend auf den Arbeiten Michael Faradays entdeckte er das dynamoelektrische Prinzip und schuf so die Grundlage für den Einsatz der Starkstromtechnik, mit deren Hilfe elektrische Energie in großen Mengen wirtschaftlich erzeugt und verteilt werden konnte. Im Unterschied zu anderen Forschern, die parallel am gleichen Problem arbeiteten, erkannte Siemens sofort das große Geschäftspotential seiner Entdeckung und sicherte sich deren Verwertung 1867 durch Schutzrechte. Auch die wesentlichen Anwendungsgebiete der Starkstromtechnik hatte der weitsichtige Unternehmer von Anfang an klar und deutlich vor Augen. Im Dezember 1866 schrieb er an seinen Bruder William: »Die Effekte müssen bei richtiger Konstruktion kolossal werden. Die Sache ist sehr ausbildungsfähig und kann eine neue Ära des Elektromagnetismus anbahnen [...] Magnetelektrizität wird hierdurch sehr billig werden, und es können nun Licht, Galvanometallurgie usw., selbst kleine elektromagnetische Maschinen, die ihre Kraft von großen erhalten, möglich und nützlich werden.«

Die erste elektrische Eisenbahn der Welt (mit Fremdstromversorgung), 1879

Bis Ende der 1870er Jahre gelang es, die Leistungsfähigkeit und Belastbarkeit der Dynamomaschine so weit zu steigern, daß der allgemeinen öffentlichen und privaten Elektrifizierung nichts mehr im Weg stand. Beschleunigt durch Siemens-Innovationen, vollzog sich die Entwicklung der Starkstromtechnik in atemberaubendem Tempo; Hauptanwendungsgebiete waren die Beleuchtungstechnik, die elektrische Eisenbahn und vielfältig einsetzbare Elektromotoren. Letztere eröffneten vor allem für kleine und mittlere Gewerbebetriebe neue Perspektiven, da die Firmenbesitzer selten über das nötige Kapital für die Investition in große und teure Dampfmaschinen verfügten.

Auf der Berliner Gewerbeausstellung 1879 präsentierte Siemens & Halske die erste elektrische Eisenbahn, und die erste elektrische Straßenbeleuchtung erstrahlte in der Kaisergalerie, Berlins mondäner Einkaufspassage. Es folgten Beleuchtungsanlagen für Bahnhöfe, Geschäftshäuser, Fabriken und Hafenanlagen. 1880 wurde in Mannheim der erste elektrische Aufzug gebaut, im Jahr darauf fuhr in Berlin-Lichterfelde die erste elektrische Straßenbahn.

Siemens' Leistung als Pionier der Elektrotechnik ging weit über die Realisierung technischer Innovationen und gewagter Projekte hinaus: Als Wissenschaftler und verantwortungsvollem Unternehmer lag ihm vor allem die Ausbildung des Ingenieurnachwuchses am Herzen. 1879 beteiligte er sich an der Gründung des Elektrotechnischen Vereins, der die Einrichtung von Lehrstühlen für Elektrotechnik an Technischen Hochschulen förderte. Auch bei der Gründung der Physikalisch-Technischen Reichsanstalt 1887 betätigte sich Siemens als Sponsor, indem er zusätzlich zu finanziellen Mitteln auch das Baugrund-

Werner von Siemens an seinen Bruder Carl, 14.5.1881

Unsere kleine elektrische Eisenbahn in Lichterfelde macht jetzt viel Furore. Das Ding geht in der Tat sehr nett und läuft mit Personenzuggeschwindigkeit [...] Freilich ist uns nur halb so viel (20 km per Stunde) gestattet, doch wird man uns wohl laufen lassen, wenn kein Malheur passiert.

Das Gebäude der 1887 gegründeten Physikalisch-Technischen Reichsanstalt

stück für das Berliner Institut zur Verfügung stellte. Als kluger Stratege wußte er sein ehrenamtliches Engagement in technischen Verbänden und Vereinen, in politischen und wirtschaftlichen Kreisen, aber auch für die Öffentlichkeitsarbeit seines Unternehmens zu nutzen.

Neben seiner wissenschaftlichen und unternehmerischen Tätigkeit engagierte sich Siemens auch für gesellschaftspolitische Belange. Als Abgeordneter der Deutschen Fortschrittspartei gehörte er von 1862 bis 1866 dem preußischen Landtag an. Er setzte sich für den Patentschutz ein und wurde 1877 Mitglied des Reichspatentamts. In Anerkennung seiner Verdienste für Wissenschaft und Gesellschaft erhielt Siemens im Laufe seines Lebens zahlreiche Auszeichnungen: darunter die Ehrendoktorwürde der Philosophischen Fakultät der Universität Berlin (1860), die Aufnahme in die Königlich Preußische Akademie der Wissenschaften zu Berlin (1873) oder die Ernennung zum Ritter des Ordens »Pour le Mérite für Wissenschaften und Künste« (1886). Im Jahr 1888 wurde er von Kaiser Friedrich III. in den Adelsstand erhoben.

Interessenausgleich mit den Mitarbeitern

Bereits dem Existenzgründer Siemens war klar, daß technische Leistungsfähigkeit und hohe Innovationsbereitschaft Schlüsselfaktoren für nachhaltigen Unternehmenserfolg sind. Innovative Unternehmen sind jedoch nicht nur federführend auf dem Gebiet der Produktentwicklung. Sie verstehen es auch meisterhaft, sich den wechselnden Rahmenbedingungen anzupassen sowie neue Märkte und Kundenbedürfnisse zu bedienen. Schon früh verfolgte Siemens konsequent das Ziel, durch die Entwicklung innovativer Ideen und Produkte selbst Trends zu setzen, statt andere nachzuahmen. Die Tatsache, daß Siemens & Halske zum Inbegriff für Elektrotechnik wurde, bestätigte ihn in seinem unablässigen Drang nach Weiterentwicklung. Gleichzeitig hatte der visionäre Unternehmer erkannt, in welch hohem Maß zufriedene und loyale Mitarbeiter die Rentabilität eines Unternehmens steigern und damit zum langfristigen Erfolg beitragen.

Werner von Siemens' Überlegungen zu einer zeitgemäßen Personal- und Sozialpolitik waren von zwei Grundgedanken beherrscht: Einerseits bewegte ihn die Frage, auf welche Weise er die soziale Lage seiner Mitarbeiter verbessern könnte. Andererseits war er daran interessiert, qualifizierte Arbeitskräfte langfristig zu binden und so dem in konjunkturellen Spitzenzeiten immer wieder entstehenden Facharbeitermangel vorzubeugen. Motiviert von dieser Kombina-

---

Werner von Siemens, Wissenschaftliche und technische Arbeiten, Band 2, 2. Aufl. 1891

Es sollten auf allen technischen Schulen, mindestens auf den technischen Hochschulen, Lehrstühle der Elektrotechnik gegründet werden, um wenigstens unsere technische Jugend mehr vertraut mit der Elektricitätslehre und ihrer technischen Anwendung zu machen.

tion aus unternehmerischem Kalkül, patriarchalischer Verantwortung und ausgeprägtem Gerechtigkeitsgefühl, etablierte er – im Vergleich zu anderen Unternehmen relativ früh – ein für die damalige Zeit herausragendes Sozialleistungssystem, das einen fairen Interessensausgleich ermöglichte.

Die Unternehmensleitung hatte sich bereits zwei Jahre nach Firmengründung an einer Kranken- und Sterbekasse für Maschinenbauarbeiter beteiligt. Anläßlich des 25. Jubiläums rief Siemens & Halske 1872 eine eigene Pensions-, Witwen- und Waisenkasse ins Leben. Die Kasse wurde mit 50 000 Talern aus Mitteln der drei Siemens-Brüder und einem Zuschuß von Halske in Höhe von 10 000 Talern gegründet und sollte als Altershilfe für die Arbeiter dienen. Mit Einführung der freien Berufswahl und dem Koalitionsrecht in den 1870er Jahren stieg die Zahl der Arbeitsplätze in der gesamten Industrie erheblich an. Daher verfolgte Siemens mit Gründung der Pensionskasse auch das Ziel, die Loyalität der großen Mehrheit jener Mitarbeiter, die keine Tantiemen bezogen und bei denen man eine direkte Gewinnbeteiligung letztendlich für nicht praktikabel hielt, zu steigern und diese jüngeren Mitarbeiter langfristig an die Firma zu binden. In seinen *Lebenserinnerungen* zeigte sich der Firmengründer sehr zufrieden mit dem Effekt der Pensionskasse: »Beamte und Angehörige betrachten sich als dauernd zugehörig zur Firma und identifizieren die Interessen derselben mit ihren eigenen.« Die Verbundenheit mit dem Unternehmen wurde durch die Kasse sehr erhöht, zumal sie im Gegensatz zur staatlichen Alters- und Invaliditätsversicherung, die 1889 verpflichtend wurde, beitragsfrei war. Von der gesetzlichen Altersversicherung blieb die Pensionskasse als betriebliche Maßnahme unberührt.

Zusätzlich wurde 1866 die Inventurprämie eingeführt, mit der die Mitarbeiter über den regulären Lohn hinaus am gemeinsam erwirtschafteten Gewinn beteiligt waren. Als Gegenleistung für sein sozialpolitisches Engagement erwartete der Patriarch von seinen Mitarbeitern unbedingte Loyalität und eine strikte Einhaltung des Arbeitsfriedens. Anstehende Konflikte sollten grundsätzlich intern und ohne Beteiligung der Öffentlichkeit gelöst werden. Verstöße gegen die hierarchische Firmenstruktur wurden mit Strafen bis hin zur Entlassung sanktioniert. Auf der Leitungsebene bevorzugte Siemens anstelle strikter vertraglicher Regelungen weiterhin einen engen informellen Kontakt, der mit wachsender Größe des Unternehmens sehr zu seinem Bedauern vor allem zur mittleren »Beamten«-Schicht, wie man damals in Anlehnung an den öffentlichen Dienst die leitenden Angestellten bezeichnete, verlorenging. Das Topmanagement blieb in der Hand der Familie und enger Freunde.

Diesem informell-patriarchalischen Führungsstil des Unternehmensgründers wurde allerdings mit der Verabschiedung der staatlichen Sozialgesetzgebung und der wachsenden Größe des Unternehmens seit den 1880er Jahren zunehmend die Basis entzogen.

Werner von Siemens an seinen Bruder Carl, 16. 6.1868

Mir würde das verdiente Geld wie glühendes Eisen in der Hand brennen, wenn ich treuen Gehülfen nicht den erwarteten Anteil gäbe.

Ernennungsurkunde für Werner von Siemens zum Mitglied des preußischen Patentamts, 1877

»Für augenblicklichen Gewinn verkaufe ich die Zukunft nicht«

Eine vergleichsweise vorsichtige, an konservativen Vorstellungen orientierte Finanz- und Beteiligungspolitik sowie ein ertrags- und kostenbewußtes Handeln sind Elemente der Unternehmensentwicklung, die bis in die Gründungsphase zurückreichen. Unter der Maßgabe »Für augenblicklichen Gewinn verkaufe ich die Zukunft nicht« traf Werner von Siemens finanzpolitische Entscheidungen unter den Maximen Sicherheit, Liquidität und Unabhängigkeit. Die Entwicklung von Siemens ist daher lange Zeit durch eine weniger rentabilitäts- als vielmehr sicherheitsorientierte, Liquiditätsvorsorge und Bewahrung der unternehmerischen Unabhängigkeit betonende Finanzpolitik gekennzeichnet.

Die Wiener Niederlassung in der Apostelgasse, Ecke Hainburger Straße, 1880

Es schmälert die überragende Bedeutung des Firmengründers keineswegs, wenn man feststellt, daß seine im höheren Lebensalter zurückhaltende und eher risikoscheu werdende Unternehmens- und Finanzpolitik das Aufkommen der Konkurrenz begünstigt und die Stellung von Siemens & Halske in den 1880er Jahren relativ geschwächt hat. Bei einem Gesamtumsatz der deutschen Elektroindustrie von 45 Millionen Mark entfielen 1890 auf Siemens & Halske nur noch gut ein Drittel, auf die erst seit wenigen Jahren bestehende, allerdings sehr rasch expandierende AEG 11 Millionen Mark und auf Schuckert 5,5 Millionen Mark. Die vorsichtige Expansionspolitik wurde unter anderem dadurch begünstigt, daß sich die Wachstumsstrategie von Siemens & Halske stärker am technischen als am betriebswirtschaftlichen Optimum orientierte. In diesem Zusammenhang spielten auch die Interessen und begrenzten finanziellen Möglichkeiten der Eigentümerfamilie eine entscheidende Rolle. Trotz seines technischen Vorsprungs war Siemens wegen der für ein Familienunternehmen charakteristischen vergleichsweise schmalen Kapitaldecke in den 1880er Jahren gegenüber Aktiengesellschaften wie der AEG nicht mehr in allen Bereichen wettbewerbsfähig. »Die schöne Zeit der Konkurrenzlosigkeit«, als »die Kunden ins Haus kamen und nicht aufgesucht zu werden brauchten« – so Werner von Siemens –, war endgültig vorbei.

Die Ausbreitung des sogenannten Unternehmergeschäfts – wie man damals BOO- oder BOT-Geschäftsmodelle nannte – mit seinen großen Möglichkeiten, aber auch Risiken, und die Zurückhaltung von Siemens gegenüber diesem Geschäft haben das rasche Wachstum neu gegründeter, risikobereiter Unternehmen begünstigt. Siemens & Halske hat eine Generalunternehmerschaft beim Bau von Kraftwerken mit Blick auf die damit verbundenen Risiken und den verhältnismäßig geringen Anteil der eigenen Lieferungen nur ungern übernommen, zumal erhebliche finanzielle Mittel der Firma langfristig gebunden worden wären. Nach Werner von Siemens' Meinung war die Kernkompetenz von Siemens & Halske weniger die Finanzierung von Infrastrukturprojekten, sondern vielmehr Entwicklung und Produktion sowie Vertrieb technischer Spitzenprodukte auf allen Gebieten der Elektrotechnik. In einem Brief an seinen Bruder William schrieb er: »Lieferungen bilden den soliden Boden des dauernden Geschäfts, während Unternehmungen nur bei besonders günstigen Chancen ersprießlich sind [...] Ein Fabrikations- und Lieferungsgeschäft kann Generationen überdauern, und das ist mehr mein Geschmack.« Er sah sich primär in der Rolle des Erbauers der Anlagen und Fabrikant der dazu nötigen Maschinen und Geräte, weniger in der eines Investors.

Werners ältester Sohn Arnold von Siemens, um 1878

Im internationalen Geschäft erwiesen sich die Abneigung von Siemens gegen das Delegieren von Aufgaben und sein starkes Mißtrauen gegenüber allen, die nicht zur Familie gehörten, mehr und mehr als hinderlich. Für die 1879 errichtete Filiale in Wien mit eigenen Produktionsstätten fungierte Werners Sohn Arnold (1853–1918) als Leiter. Versuche, in Frankreich und Belgien ebenfalls eigene Produktionen aufzuziehen, scheiterten neben politischen Gründen auch daran, daß keine Familienangehörigen für Führungsaufgaben zur Verfügung standen. Dies gilt auch für die noch im Todesjahr von Werner von Siemens 1892 gegründete »Siemens & Halske Electric Co. of America«, die sich auf die Fabrikation von Dynamomaschinen, Eisenbahnmotoren und deren Zubehör konzentrierte. Die Firma, über deren Gründung innerhalb der Siemens-Führungsspitze von Anfang an Uneinigkeit herrschte, war nur kurze Zeit erfolgreich.

Werner von Siemens schied im Jahr 1890 mit der Umwandlung des Unternehmens in eine Kommanditgesellschaft offiziell aus dem Geschäft aus. Bis zu seinem Tod behielt er jedoch weiterhin bestimmenden Einfluß auf die Geschicke des Unternehmens. Als er im Dezember 1892 starb, baute allein die Firma Siemens & Halske 1000 Dynamomaschinen pro Jahr und setzte fast 20 Millionen Mark um. Weltweit beschäftigte das Haus Siemens 6500 Personen, davon 4775 in Deutschland. Der Name »Siemens« war zum Inbegriff für Elektrotechnik geworden – ein Ausdruck, der vom Firmengründer geprägt wurde.

Carl von Siemens (1829–1906), der jüngere Bruder des Firmengründers Werner von Siemens, machte sich vor allem durch sein unternehmerisches Engagement in Rußland einen Namen. 1853 reiste er nach Sankt Petersburg, um den Bau des bei Siemens & Halske in Auftrag gegebenen russischen Telegraphennetzes zu überwachen. Dabei bewährte er sich schnell als entscheidungsfreudiger und kompetenter Unternehmer. 1855 wurde das russische Geschäft unter seiner Leitung in eine Zweigniederlassung umgewandelt und etablierte sich als wichtige Stütze des Berliner Stammhauses. 1869 ging Carl nach England, wo er über ein Jahrzehnt das Geschäft seines Bruders Sir William unterstützte. Anfang der 1880er Jahre kehrte er nach Petersburg zurück und gab dem russischen Geschäft neuen Auftrieb. Nach dem Rückzug Werner von Siemens' aus der Unternehmensleitung übernahm Carl von Siemens zu Beginn der 1890er Jahre die Rolle des Seniorchefs von Siemens & Halske; in dieser Funktion leitete er die Umwandlung des Unternehmens in eine Aktiengesellschaft ein. Für seine Verdienste in Rußland wurde Carl Siemens 1895 von Zar Nikolaus II. in den Adelsstand erhoben.

Carl von Siemens
Internationalisierung und Going Public

Carl von Siemens, um 1900

Unter den westlichen Industrienationen gilt Rußland als »late comer« in Sachen Industrialisierung. Erst im letzten Jahrzehnt des 19. Jahrhunderts setzte eine beschleunigte Industrialisierung ein, gefördert durch die planmäßig ausgebaute Schutzzollpolitik und steigende Auslandsanleihen, ohne daß dadurch die agrarische Grundlage des Reiches in Frage gestellt wurde. Eine internationale Wettbewerbsfähigkeit der in den Zentren Moskau, Petersburg und Südukraine entstehenden neuen gewerblichen Betriebe war noch nicht gegeben.

Auch im Bereich der Nachrichtentechnik hatte das riesige Reich gegenüber fortschrittlicheren Ländern wie England, Deutschland oder Frankreich erheblichen Nachholbedarf. Um diesen Standortnachteil auszugleichen, war dem russischen Staat an einer zügigen Verbesserung der Infrastruktur gelegen. Bei der Produktion, Installation und Wartung von Telegraphenanlagen blieb man allerdings bis Ende des 19. Jahrhunderts auf ausländische Elektrounternehmen angewiesen; entsprechend entwickelte sich Rußland zu einem attraktiven Absatzmarkt. Bis zum Ausbruch des Ersten Weltkriegs wurde der Wettbewerb um Kunden und Marktanteile von den deutschen Elektrofirmen dominiert. Aufgrund der seit 1890 von Rußland vertretenen Schutzzollpolitik mußten die Unternehmen allerdings dazu übergehen, vor Ort eigene Produktionsstätten aufzubauen.

Zu den Pionierunternehmen in Rußland zählte auch die 1847 gegründete »Telegraphen-Bauanstalt von Siemens & Halske«. Mit Hilfe einer eigenen Niederlassung in Petersburg wußte Carl von Siemens – seit 1853 verantwortlich für das Rußlandgeschäft – noch während der Aufbauphase des Unternehmens die großen Wachstumschancen im russischen Telegraphenmarkt gewinnbringend zu nutzen.

Erste Berufserfahrungen

Carl Heinrich von Siemens wurde als achtes Kind von Christian Ferdinand und Eleonore Siemens am 3. März 1829 auf der Domäne Menzendorf in Mecklenburg geboren. Als Carl elf Jahre alt war, starben kurz nacheinander beide Eltern. Daraufhin übernahm der damals 23jährige Werner von Siemens die Rolle des Familienvorstands. In seinen *Lebenserinnerungen* charakterisierte Werner den Jüngeren als »Bindeglied« zwischen den Brüdern. Carl sei »stets zuverlässig, treu und gewissenhaft, ein guter Schüler, ein liebevoller, anhänglicher Bruder« gewesen.

Gemeinsam mit seinem älteren Bruder Friedrich verbrachte Carl die ersten Jahre nach dem Tod der Eltern bei seinem Onkel Ferdinand Deichmann in Lübeck. 1846 zog Carl im Anschluß an den Besuch des dortigen Katharinen-Gymnasiums zu seinem Bruder Werner nach Berlin, um unter dessen Aufsicht seine Schulausbildung zu beenden. Carls Lieblingsfach war die Chemie. Auch nach Unterrichtsschluß experimentierte der 16jährige leidenschaftlich gern in der Küche der gemeinsamen Wohnung. Werner von Siemens beobachtete das naturwissenschaftliche Interesse des Jüngeren mit Wohlwollen. Sein Vertrauen in Carls Fähigkeiten war so groß, daß er begann, bei seinen eigenen Arbeiten auf die Unterstützung von Carl zu bauen. In einem Brief bemerkte Werner von Siemens 1846: »Carl muß jetzt in den Ferien die Vernickelung gehörig in Gang bringen.« Nach den Erfolgen mit der galvanischen Vergoldung und Versilberung forschte Werner damals nach einem galvanischen Vernickelungsverfahren.

1846 verließ Carl von Siemens die Schule mit Primareife und trat im Sommer des folgenden Jahres eine Stelle als Chemiker in der Berliner Zementfabrik Haslinger & Schondorf an. Dort erhielt er die Aufgabe, eine dem englischen Portlandzement entsprechende Mischung zu entwickeln, die er zur Zufriedenheit der Firmeninhaber lösen konnte. Werners Optimismus, daß einer der Brüder »nun völlig ausgebacken« sei, war jedoch verfrüht. Die politischen Ereignisse des Revolutionsjahrs 1848 ließen auch Carl von Siemens nicht unberührt: Er verließ seinen Posten in der Zementfabrik, um gemeinsam mit den Brüdern Wilhelm und Friedrich der Freiwilligenkompanie zur Verteidigung der Eckernförder Bucht beizutreten, die Werner von Siemens in seiner Funktion als preußischer Artillerieoffizier aufgestellt hatte.

Nach Ende der militärischen Auseinandersetzungen blieb Carl zunächst als Assistent seines Schwagers, des Chemieprofessors Carl Himly, in Kiel. Die Nachrichten von den ersten Goldfunden in Kalifornien bewirkten, daß Carl und Friedrich Siemens zu Beginn des Jahres 1849 kurzzeitig über eine Auswanderung nach Amerika nachdachten. Doch nachdem Carl Chancen und Risiken dieser Idee sorgfältig gegeneinander abgewogen hatte, zog er es vor, seinen Bruder Werner beim Ausbau der Telegraphen-Bauanstalt zu unterstützen. Mit Aufnahme seiner Tätigkeit als Konstrukteur bei Siemens & Halske endete Carls kurze Karriere als Chemiker. Dank seiner raschen Auffassungsgabe gelang es ihm innerhalb weniger Wochen, einen Drucktelegraphen nach Werner von Siemens' Anleitung zu bauen. Angesichts dieser Leistung lenkte Werner, der Carls Entscheidung gegen »seine Chemie« eher ablehnend gegenüberstand, in der Diskussion um die berufliche Zukunft des Jüngeren ein. Mit Blick auf dessen Interessen verständigten sich die Brüder darauf, daß Carl sein Fachwissen entweder im Staatsdienst oder bei einem Wettbewerber erweitern sollte.

1850 arbeitete Carl von Siemens als Telegrapheningenieur für den preußischen Staat. Während dieser Zeit sammelte er wichtige Berufserfahrungen, mußte aber auch erkennen, daß er für eine Beamtenlaufbahn nicht geschaffen war. Statt dessen nahm der 22jährige die erste Weltausstellung in London zum

Anlaß, seine in England lebenden Brüder William und Friedrich bei der Repräsentation von Siemens & Halske auf der Messe zu unterstützen. Im April 1851 reiste Carl mit einem Teil der Ausstellungsgegenstände nach London, um den Messestand aufzubauen und dessen Betreuung vor Ort zu übernehmen. Auch wenn die Teilnahme an der Weltausstellung in wirtschaftlicher Hinsicht kein großer Erfolg war, sollte sie sich als entscheidender Wendepunkt für Carl von Siemens' Karriere erweisen. Beeindruckt vom Organisationstalent und der Kommunikationsfähigkeit des Jüngeren, schrieb Werner von Siemens: »Für Carl wird sich Beschäftigung genug finden, entweder durch Anlagen in anderen Ländern [...] oder in fremden Diensten (Rußland bietet gute Aussichten) oder durch Anlage einer der unsrigen ähnlichen Fabrikation in Compagnie mit einem tüchtigen praktischen Mechaniker in Paris oder London.«

Entsprechend wurde Carl von Siemens noch vor Jahresende beauftragt, den französischen Markt für die innovativen Produkte der Telegraphen-Bauanstalt zu erschließen. Werners Plan sah vor, statt einer einfachen Vertretung gleich eine Filiale in Paris zu gründen. Dieses Ziel sollte sich als zu ehrgeizig erweisen. Nach zähen Verhandlungen mit potentiellen Geschäftspartnern sah sich Carl gezwungen, im Dezember 1852 unverrichteter Dinge abzureisen. Seine Versuche, Aufträge für den Bau von Telegraphenapparaten und Telegraphenlinien zu akquirieren, waren durch die politischen Spannungen zwischen Deutschland und Frankreich zusätzlich erschwert worden. In seinem letzten Brief aus dem »unglückseligen Paris« faßte Carl seine Erfahrungen folgendermaßen zusammen: »Viel ausgegeben, nichts verdient und dabei noch schlecht gelebt.« In diesen Worten wird das ganze Ausmaß der Enttäuschung über den Mißerfolg deutlich, der jedoch auf lange Sicht wesentlich zur Optimierung und konsequenten Umsetzung des Expansionskonzepts von Siemens & Halske beitragen sollte.

Während der folgenden Monate überlegten die Siemens-Brüder intensiv, welche Position im Unternehmen Carls fachlichen und menschlichen Qualifikationen am besten entspräche. Sie kamen zu dem Schluß, daß er entweder die Vertretung Sir Williams in der englischen Niederlassung übernehmen oder den Bau der Telegraphenlinien in Rußland überwachen sollte.

Carl von Siemens, um 1855

Entrepreneur in Rußland

Bereits im 19. Jahrhundert war eine gute Personalpolitik Basis und Rückgrat jeder Auslandsstrategie. Entsprechend benötigte Siemens & Halske für die erfolgreiche Abwicklung der Großaufträge seitens der russischen Regierung dringend einen verläßlichen und loyalen Bauleiter, der die Interessen der Firma vor Ort vertreten konnte. Hermann von Kapherr (1801 – 1877), der Repräsentant der Telegraphen-Bauanstalt in Rußland, verfügte weder über die nötige Fachkompetenz, noch genoß er das uneingeschränkte Vertrauen der Unternehmensleitung. Daher betraute Werner von Siemens seinen auslandserfahrenen Bruder Carl mit der Leitung des Rußlandgeschäfts, dessen finanzieller Erfolg von entscheidender Bedeutung für die langfristige Unternehmensentwicklung war.

Da die Firma neben den Projekten in Rußland Anfang 1853 auch den Auftrag erhielt, eine Telegraphenlinie von Warschau bis in das an der Grenze zu Preußen gelegene Myslowitz zu bauen, führte Carl von Siemens die Reise an seinen neuen Einsatzort zunächst nach Polen. In knapp vier Wochen gelang es ihm, sich einen Überblick über die Lage vor Ort zu verschaffen. Schnell mündete seine sorgfältige Analyse in konkrete Verbesserungsvorschläge, über die er Werner von Siemens, der sich noch in Petersburg aufhielt, postalisch informierte. Selbstbewußt riet der Neuling auf dem Gebiet des Leitungsbaus zu folgendem Vorgehen: »Bei späteren Anlagen in Rußland muß die Sache anders angefangen werden. Es müssen alle Materialien außerhalb des Landes angehäuft werden und dann alle auf einmal an den Ort der Bestimmung geschickt werden, denn jede einzelne Sendung erfordert 3–4 Tage, um losgeeist zu werden.«

In Petersburg angekommen, sah sich Carl von Siemens mit der Herausforderung konfrontiert, daß seine Geschäftspartner ihn aufgrund seiner Jugend nicht ernst nahmen. Der Chef des russischen Telegraphenwesens Pjotr Graf Kleinmichel war sogar verstimmt, daß er ein Projekt dieser Größenordnung mit einem 24jährigen abwickeln sollte. Carls erster Arbeitsauftrag geriet zu einer Art Bewährungsprobe in Sachen Kompetenz: Auf Veranlassung Kleinmichels hatte der junge Geschäftsmann zu prüfen, wie man ein Kabel in das Turmzimmer des kaiserlichen Winterpalais, in dem die neue Telegraphenzentrale eingerichtet werden sollte, verlegen könne, ohne den Gesamteindruck des Wohnhauses zu beeinträchtigen. Dank seines Improvisationstalents fand Carl von Siemens auf Anhieb eine kostengünstige und praktikable Lösung, die ihm den für die weitere Zusammenarbeit erforderlichen Respekt des Älteren verschaffte.

Im Herbst 1853 waren die Arbeiten an der Telegraphenlinie Petersburg–Kronstadt zu Graf Kleinmichels voller Zufriedenheit beendet; die Verbindung konnte in Betrieb genommen werden. Auch in technischer Hinsicht war das Projekt ein Erfolg, da es den qualifizierten Mitarbeitern unter Führung Carl von Siemens' gelang, auf der sechs Kilometer langen Teilstrecke von Oranienbaum nach Kronstadt das erste submarine Kabel der Welt zu verlegen. Zusammen mit dem von ihm verantworteten Teilstück der Linie Petersburg–Warschau trug diese Leistungsbilanz maßgeblich dazu bei, das Ansehen des Jungunternehmers bei den russischen Regierungsverantwortlichen zu steigern. Auch Werner von Siemens lobte zum wiederholten Mal Organisationstalent und Verhandlungsgeschick des kleinen Bruders: »Carl macht sich ganz ausgezeichnet. Er hat in Rußland seinen rechten Boden gefunden.« In Anerkennung seiner Verdienste um das Auslandsgeschäft erhielt Carl von Siemens im November 1853 Prokura für die Petersburger Zweigstelle der »Telegraphen-Bauanstalt von Siemens & Halske«. Fortan konnte er selbständig für das Unternehmen Verträge abschließen.

Infolge der russischen Expansionspolitik auf dem Balkan kam es im Herbst 1853 zum Krieg zwischen dem Zarenreich und der Türkei. Durch die Ausein-

Der Morse-Schnellschriftgeber für Lochstreifensendung, eine Komponente des verbesserten Telegraphen für die russischen Linien

> **Werner von Siemens an seinen Bruder William, Berlin, 5.12.1854**
>
> *Während ich in Warschau war und Carl in St. Petersburg am Draht hatte, hat Carl wieder großartige Verträge abgeschlossen. Wir bauen gleich weiter nach Nikolajew und Odessa und noch andere Linien in Finnland, haben gleichzeitig die Unterhaltung aller russischen Linien für 230 000 Rubel jährlich übernommen auf 12 Jahre. Die Anlagen betragen etwa 500 000 Rubel, das heißt, die jetzt in Arbeit befindlichen. Schnellschreiber und Doppelschreiber sollen wir zehnmal soviel liefern wie möglich, kurz, wenn nicht die Politik uns großartige Maulschellen gibt, so sind wir bald oben auf […] Carl macht sich ganz ausgezeichnet. Er hat in Rußland seinen rechten Boden gefunden. In diesem Augenblick ist er mit der Vollendung der Kiew-Moskau-Linie, die doch noch nicht zu spät für Sewastopol fertig wird, und den Vorbereitungen für die Verlängerung bis Odessa, die auch noch zur rechten Zeit kommen soll, beschäftigt.*

andersetzungen ergab sich ein zusätzliches Potential für die Berliner Telegraphen-Bauanstalt, das der geschäftstüchtige Carl von Siemens voll auszuschöpfen wußte. Auf seine Initiative erhielt Siemens & Halske den Auftrag, eine Telegraphenlinie von Moskau nach Sewastopol zu errichten, damit das russische Militär ständig Verbindung zu der seit September 1854 belagerten Festung auf der Krimhalbinsel halten konnte. Die Leitungen der über Kiew und Odessa führenden Strecke mußten in kürzester Zeit verlegt und das Servicepersonal im Umgang mit den von Werner von Siemens verbesserten neuen Telegraphen geschult werden. Wie nicht anders zu erwarten, beeinträchtigte das Kriegsgeschehen den Fortschritt der Bauarbeiten: Wiederholt wurden Transportmittel beschlagnahmt oder Straßen für Militärtransporte gesperrt. In dieser schwierigen Situation bewährte sich Carl von Siemens als entschlossener Krisenmanager. Dank seines unermüdlichen persönlichen Einsatzes gelang es, die Krimlinie im September 1855 fristgerecht fertigzustellen. Parallel zu diesem Projekt wurden in den letzten Kriegsmonaten die sogenannte finnische Linie bis Turku verlängert und Zweiglinien nach Reval, Riga und Gumbinnen errichtet. Schließlich gelang mit der Verbindung Warschau–Myslowitz der Anschluß an das preußische Telegraphennetz.

Schon zu Beginn seiner Tätigkeit als Leiter des osteuropäischen Telegraphengeschäfts hatte Carl von Siemens die Bedeutung von Einkauf und Logistik für die erfolgreiche Abwicklung von Großbauprojekten erkannt und in Petersburg, Kiew und Warschau drei Ingenieurbüros eröffnet, die sich vorrangig um die Materialversorgung der einzelnen Baustellen kümmerten. Für die Wartung der Telegraphenlinien wurde zusätzlich zu diesen Büros eine eigene Werkstatt in Petersburg eingerichtet.

Unter Carls Führung entwickelte sich das Rußland-Engagement der Telegraphen-Bauanstalt innerhalb von zwei Jahren zu einem zentralen Bestandteil des Gesamtgeschäfts: Ende 1854 waren Anlagen mit einem Auftragsvolumen von insgesamt 500 000 Rubel im Bau. Dieses dynamische Wachstum mündete in einer Neuorganisation der Beziehungen zwischen Berlin und Petersburg: Mit dem 1. Januar 1855 trat Carl von Siemens offiziell als Gesellschafter in die Führungsspitze von Siemens & Halske ein, das Petersburger Baubüro wurde zu einem unabhängigen Zweiggeschäft unter seiner Leitung.

Nach Ende des Krimkriegs, der mit einer russischen Niederlage endete, stagnierte die positive Entwicklung der russischen Filiale. Die Situation wurde zusätzlich durch die Tatsache erschwert, daß Zar Nikolaus im Frühjahr 1855 verstarb und sein Nachfolger Alexander II. die meisten Berater seines Vaters entließ. Unter ihnen auch Graf Kleinmichel, zu dem Carl von Siemens inzwischen ein gutes persönliches Ver-

Erstes Baubüro von Siemens & Halske in Petersburg, 1853

hältnis aufgebaut hatte. Damit war der direkte Zugang zum Leiter der Auftragsvergabe verloren. Dennoch trug die Petersburger Filiale nicht zuletzt wegen der sogenannten Remonteverträge, die die Wartung der Telegraphenleitungen regelten, weiterhin wesentlich zu Umsatz und Gewinn des Gesamtgeschäfts bei – bis 1867 erwirtschaftete das russische Siemens-Unternehmen etwa 6,5 Millionen Mark.

Ab Mitte der 1860er Jahre suchte Carl von Siemens nach einer neuen unternehmerischen Herausforderung. Ähnlich wie sein Bruder Sir William Siemens in England, der sich neben seiner Tätigkeit als Geschäftsmann und Unternehmer immer wieder intensiv der wissenschaftlichen Forschung widmete, konzentrierte sich auch Carl vorübergehend auf Geschäftsaktivitäten außerhalb des eigentlichen Familienunternehmens. Bereits 1863 hatte ihn sein Bruder Walter (1833–1868), der zeitweise am Telegraphenbau in Tiflis beteiligt war, auf das reiche Kupfervorkommen aufweisende, aber heruntergekommene Bergwerk Kedabeg im Kaukasus aufmerksam gemacht. In Erwartung hoher Gewinnmargen setzte sich Carl von Siemens mit Nachdruck für den Erwerb des Bergwerks ein. Der Betrieb ging 1864 zu äußerst günstigen Konditionen in den Besitz der Siemens-Brüder Werner, Carl und Walter über, wurde aber nie Bestandteil des Gesamtgeschäfts. Dieses Engagement jenseits der Elektrotechnik ermöglichte der Familie Siemens, den für die Produktion von Kabeln und Leitungen zentralen Rohstoff Kupfer aus eigenen Gruben zu fördern. Entgegen den Einschätzungen erwirtschaftete Kedabeg in der Anfangsphase keine Gewinne, doch schließlich führten Carls Bemühungen um die Verbesserung der Bergbau- und Hüttentechnik zum Erfolg. Ab Mitte der 1870er Jahre war das Kupferbergwerk, in dem zeitweilig bis zu 2000 Menschen beschäftigt waren, eines der leistungsfähigsten und modernsten Hüttenwerke der damaligen Zeit. Der Ort Kedabeg wurde zu einer europäischen Mustersiedlung.

Nicht alle Investitionsentscheidungen Carl von Siemens' nahmen eine ähnlich positive Entwicklung wie Kedabeg. Die Glasfabrik Gorodok und das Sägewerk in Strupowa zählen zu den fehlgeschlagenen Experimenten des risikofreudigen Unternehmers, der seinen Überzeugungen dennoch zeitlebens treu blieb.

Carl von Siemens an seinen Bruder Werner, Ende 1858

Sollten wir künftig keine Bauten mehr bekommen und rein auf die alten Remonten angewiesen sein, so würden wir ungefähr 80000 Rubel jährlich verdienen [...] Unsere hiesige Zukunft mag nun werden, wie sie wolle, so können wir doch im allgemeinen sehr zufrieden mit dem russischen Geschäfte sein; denn das zuerst hineingesteckte Kapital ist mit einem gehörigen Zuschuß ganz wieder heraus, und ein neues Geschäft steht unabhängig mit einem eigenen Kapital und einer sicheren jährlichen Einnahme von 350000 Rubeln da.

Das Kupferbergwerk Kedabeg im Kaukasus, um 1865

Diplomat zwischen Berlin und London

Die zweite Hälfte der 1860er Jahre war geprägt von einer herausragenden technischen Meisterleistung der Unternehmer Werner, William und Carl von Siemens. Bereits ab 1861 verfolgten die Brüder den Plan, die erste direkte transkontinentale Telegraphenlinie von England nach Indien zu bauen – das ehrgeizige Projekt sollte unter Mitwirkung aller Teile des Gesamtgeschäfts realisiert werden. Doch bevor sechs Jahre später mit den Arbeiten an der Indo-Europäischen Telegraphenlinie begonnen werden konnte, galt es, sich gegen beträchtliche Widerstände durchzusetzen. Letztendlich gaben die guten persönlichen Beziehungen der drei Brüder zu den politisch Verantwortlichen den Ausschlag für die Auftragserteilung an die Siemens-Firmen in Berlin, London und Petersburg. Das Projekt markierte den Einstieg von Siemens & Halske in das Unternehmergeschäft, das Carl Ende der 1880er Jahre im Zusammenhang mit der Elektrifizierung Rußlands stark ausbauen sollte.

Da sich Carl beim Aufbau des Rußlandgeschäfts als ausgezeichneter Organisator und Krisenmanager bewährt hatte, wurde ihm die Koordination des Gesamtprojekts übertragen. Darüber hinaus verantwortete die russische Filiale von Siemens & Halske den Bau der Landlinien. Dank der Leistung Carl von Siemens' konnten die Bauarbeiten Anfang des Jahres 1870 erfolgreich abgeschlossen werden. Neben seinen eigentlichen Aufgaben als Projektleiter, bei deren Bewältigung er von dem Telegrapheningenieur Carl Frischen (1830–1890) unterstützt wurde, übernahm Carl eine andere, für den Unternehmenserfolg mindestens ebenso wichtige Funktion, indem er bei Meinungsverschiedenheiten zwischen den beiden älteren Brüdern vermittelte.

Zu dieser Zeit lebte Carl von Siemens schon nicht mehr in Rußland. Die Trauer um den Verlust seiner Frau Marie (1835–1869) hatte den 40jährigen Unternehmer im Oktober 1869 bewogen, einen Neuanfang als Geschäftsführer von Siemens Brothers in London zu wagen. Unmittelbar nach der Ankunft in England wurde Carl von Siemens die Richtigkeit seiner Entscheidung bestätigt – Sir William war intensiv mit eigenen Projekten beschäftigt und drohte seine Aufgabe als Leiter des Londoner Hauses zu vernachlässigen. Außerdem war Williams Verhältnis zu Werner von Siemens durch die unterschiedlichen Vorstellungen über die Ausgestaltung des »Weltgeschäfts à la Fugger« belastet. Der jüngste unter den drei Brüdern erkannte schnell, daß er bis auf weiteres im familiären und geschäftlichen Interesse zwischen London und Berlin würde vermitteln müssen. Bezüglich seiner Rolle als Diplomat konstatierte Carl in einem Brief an Werner von Siemens: »Ich eigne mich am besten dazu, da ich bisher ganz unbeteiligt gewesen und mich daher als vollständig unparteiisch betrachten kann. Eine gewisse Missstimmung auf beiden Seiten ist nicht zu verkennen. Du hast verschiedentlich über London raisoniert und Wilhelm [William] tut dasselbe über Berlin. Im Grunde sind es jedenfalls die Prokuristen, welche den Ton angegeben haben und jeder verteidigt seinen Ham-

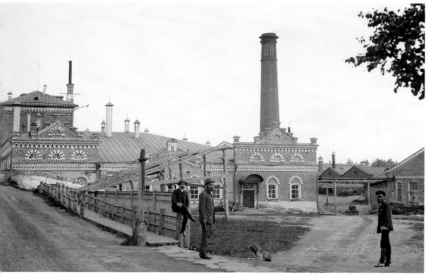

Ansicht von Kedabeg gegen Ende des 19. Jahrhunderts

mel. Es muss durchaus wieder Gemütlichkeit eingeführt werden.« Bei der unvoreingenommenen Beschreibung der Mißstände fand Carl von Siemens deutliche Worte gegenüber seinem großen Bruder und Mentor.

Kabel verbinden Kontinente

Als Geschäftsführer von Siemens Brothers veranlaßte Carl von Siemens umgehend den Ausbau der Produktionskapazitäten des Kabelwerks Woolwich. Außerdem ließ der Neuankömmling in räumlicher Nähe eine Guttaperchafabrik errichten, die Woolwich ab 1871 in die Lage versetzte, unabhängig von externen Lieferanten schnell auf Kundenwünsche zu reagieren – die Fabrikation größerer Kabelmengen war problemlos möglich. In Anerkennung seines Verdienstes um die Wettbewerbsfähigkeit des Unternehmens wurde Carls Geschäftsanteil an Siemens & Halske von 25 auf 30 Prozent erhöht. Damit war er Sir William gleichgestellt. Die weitsichtige Entscheidung, die Kabelproduktion zu intensivieren, sollte sich schon beim nächsten Großauftrag als entscheidender Vorteil erweisen.

1870 existierten drei über Neufundland laufende Kabelverbindungen zwischen Europa und Amerika, deren Kapazitäten für den stark steigenden Kommunikationsbedarf zwischen der Alten und der Neuen Welt nicht mehr ausreichten. Obwohl die Technik der Tiefseekabellegung keineswegs ausgereift war, bestand ein starkes politisches und wirtschaftliches Interesse an zusätzlichen transatlantischen Verbindungen. Im Geschäftsfeld Land- und Seekabelverlegung hatte sich eine einflußreiche Finanzgruppe um den Amerikaner Cyrus Field gebildet, die das Weltmonopol anstrebte. Angesichts der verschärften Konkurrenzsituation schlug Carl von Siemens seinen Brüdern vor, die Verlegung eines eigenen Transatlantikkabels in Angriff zu nehmen und so dem Expansionsdrang des anglo-amerikanischen Konsortiums Einhalt zu gebieten. Die Brüder waren zunächst skeptisch. Erst als Carl anbot, die Leitung des risikoreichen Projekts persönlich in die Hand zu nehmen, willigten die anderen Siemens-Unternehmer ein. Nach Werners Ansicht war Carl »zehnmal besser zur Leitung einer Kabelexpedition« geeignet »als wir beiden anderen (Werner und William)«, da der jüngere Bruder »ruhig überlegend, dabei ein guter Beobachter und entschieden in seinen Entschlüssen war«. Carl von Siemens war jedoch weit mehr als ein guter Organisator. So veranlaßte er Sir William, für die Verlegung des Transatlantikkabels einen speziellen Kabeldamp-

Der Kabeldampfer »Faraday«. Am Bug die Spezialvorrichtung zum Legen der Kabel

> **Carl von Siemens an seinen Bruder Werner, 26. 12. 1888**
>
> *Ich scheine von der Natur für große Unternehmungen geschaffen zu sein, denn wo ich bis jetzt hingekommen bin, ist stets Großes entstanden. Was war das Londoner Geschäft, als ich 1869 hinkam, und was ist daraus geworden, als ich es 1880 verließ! Inwieweit ich dazu beigetragen, das weiß [...] sicher niemand, denn ich pflege meine Sachen immer ohne jeden Lärm zu machen.*

fer zu konstruieren. Das Schiff lief unter Carls Kommando 1874 zur Verlegung der Küstenlinien nach Nordamerika aus.

Zunächst verlief alles nach Plan. Doch dann stellten die an Bord befindlichen Ingenieure während der Verlegung des Hauptkabels einen geringfügigen Isolationsfehler an einem bereits versenkten Teilstück fest. Bei dem Versuch, die Leitung zu reparieren, riß das Kabel in knapp 5000 Meter Tiefe. In Anbetracht dieser Entwicklung fürchteten die an Land gebliebenen Brüder William und Werner den Verlust der bis dahin gelegten Seekabel. Im Unterschied dazu glaubte Carl von Siemens unbeirrt an den Projekterfolg. Seine Zuversicht motivierte alle Beteiligten zu Höchstleistungen. Es gelang, das verlorene Kabel mit Hilfe eines Suchankers zu lokalisieren und unbeschädigt zu bergen. Unmittelbar nach der Reparatur wurde die Verlegung des Transatlantikkabels ohne weitere Zwischenfälle fortgesetzt und mit Erfolg beendet. Durch diese Pionierleistung konnte ein großer wirtschaftlicher Verlust und Imageschaden von der Siemensschen Betreibergesellschaft abgewendet werden.

Wie stark der Erfolgsdruck auf den Schultern Carl von Siemens' lastete, wird in einer Äußerung über seine Zeit als Projektleiter der Kabelexpedition deutlich. Rückblickend urteilte er: »Die fünf Jahre kann ich wenigstens als zehn verlorene Lebensjahre rechnen. Ich bin hier geistig und körperlich auf den Hund gekommen.«

Erfolgreiche Wiederbelebung des Rußlandgeschäfts

Unterdessen machte sich Carl von Siemens' Abwesenheit in der Entwicklung des Rußlandgeschäfts deutlich bemerkbar. Noch vor seinem Wechsel zu Siemens Brothers nach London war die selbständige russische Tochtergesellschaft angesichts der ungünstigen wirtschaftlichen Entwicklung liquidiert worden. Im Rahmen der Restrukturierung des Gesamtgeschäfts erhielt die Petersburger Filiale im Jahr 1867 den Status einer Kommanditgesellschaft des Berliner Stammhauses. Statt eines eigenverantwortlichen Managers entsandte die Berliner Unternehmensleitung verschiedene Prokuristen aus dem eigenen Haus in die russische Filiale, die aufgrund ihrer fehlenden Auslandserfahrung mit der Situation vor Ort komplett überfordert waren. Da sich die Auftragslage im Telegraphenbau auch in den folgenden Jahren nicht verbesserte, traf die Firmenleitung die Entscheidung, den Produktionsschwerpunkt auf die Herstellung von elektrischen Apparaten samt Zubehör wie zum Beispiel Sicherheitssysteme für die Eisenbahn zu verlagern.

Die elektrische Bahn von Siemens & Halske auf der »Allrussischen Industrieausstellung«, 1882

Trotz seines überdurchschnittlichen Einsatzes für das englische Geschäft hatte Carl von Siemens stets die Zeit gefunden, sich über die Entwicklungen in Petersburg und Kedabeg auf dem laufenden zu halten. Den Berichten seiner ehemaligen Mitarbeiter mußte er entnehmen, daß sich die Geschäftsbeziehungen zwischen Berlin und Petersburg zunehmend verschlechterten. Entschlossen, »die Sache mal ordentlich in die Hand [zu] nehmen«, kehrte Carl von Siemens 1880 nach Rußland zurück. Als eine seiner ersten Amtshandlungen setzte er durch, daß Siemens & Halske Sankt Petersburg wieder in den Status einer selbständig abrechnenden Filiale des Berliner Stammhauses erhoben wurde. Nach Carls Ausscheiden aus der Geschäftsführung wurde Siemens Brothers auf Vorschlag von Sir William Siemens in eine Aktiengesellschaft umgewandelt.

Eine gute Möglichkeit, dem Rußlandgeschäft neue Impulse zu verleihen und die Neupositionierung des Unternehmens zu kommunizieren, bot die 1882 in Moskau stattfindende »Allrussische Industrieausstellung«. Eigens für diese Messe konstruierte Carl von Siemens eine elektrisch betriebene Bahn. Sein Plan, die Moskauer für die neue Technologie zu begeistern, gelang. Voller Stolz berichtet er nach Berlin: »Als ich ihm [Zar Alexander III.] den elektrischen Zug unter die Nase gefahren hatte, da haben wir den Kaiser, seine ganze Familie und sein ganzes Ministerium zweimal von einem Ort zum anderen gefahren. Als der Zug sich in Bewegung setzte, brach das dicht versammelte Publicum in ein furchtbares Hurrah aus [...] Es war ein wahrer Triumpfzug.« Darüber hinaus war der Zar sehr erfreut, daß alle ausgestellten Siemens-Produkte in Petersburg produziert und damit Technologie und Know-how für den Ausbau der einheimischen Industrie transferiert wurden.

Neben dieser »Werbung durch Leistung« – das Motto prägte die Öffentlichkeitsarbeit der ersten Unternehmergeneration – war Carl von Siemens bewußt, wie entscheidend ein positives Image für den mittel- und langfristigen Geschäftserfolg ist. Daher spendete er den Gewinn aus dem Bahnbetrieb dem Roten Kreuz und erweckte so »ein größeres Interesse für die Sache«. In Anerkennung seiner hervorragenden Leistungen erhielt Siemens & Halske Sankt Petersburg das Recht, den kaiserlichen Doppeladler auf dem Geschäftspapier zu verwenden. Wesentlich wichtiger als die Auszeichnung selbst war die Tatsache, daß es Carl von Siemens innerhalb kürzester Zeit gelungen war, der Öffentlichkeit zu demonstrieren, daß Siemens & Halske wieder im Geschäft und fest entschlossen war, die Entwicklung der russischen Elektrotechnik an entscheidender Stelle mitzugestalten.

Russischer Briefkopf von Siemens & Halske mit dem kaiserlichen Doppeladler

In den 1880er Jahren umfaßte das Produktspektrum der russischen Niederlassung neben Telegraphenapparaten und Eisenbahnsignalanlagen vor allem Kabel und Zubehörteile für die elektrische Beleuchtung – bei einzelnen Produkten hatte das Unternehmen sogar eine Monopolstellung im Markt. Angesichts des dynamischen Wachstums stieß die ursprüngliche Werkstatt bald an ihre Kapazitätsgrenzen. Carl von Siemens' zukunftsorientierte Entscheidung, die Produktion 1881 auf ein großzügiges Fabrikgelände im Westen der Stadt zu verlagern, wurde schnell bestätigt. Als die russische Regierung 1883 die Importzölle für elektrotechnische Erzeugnisse drastisch erhöhte, war Siemens & Halske Sankt Petersburg kurzfristig in der Lage, die Produktion von Dynamomaschinen und Elektromotoren in eigener Regie zu übernehmen und den Marktanteil gegenüber der Konkurrenz auszubauen.

Carl von Siemens hatte schon seit längerem den Bau eines Kabelwerks in Rußland erwogen. Als er erfuhr, daß die russische Regierung plante, ein Doppelkabel von Sewastopol mit Verzweigungen nach Batumi und Warna legen zu lassen und der Auftrag an ein im Inland produzierendes Unternehmen vergeben werden sollte, setzte der tatkräftige Manager alles daran, das Geschäft für Siemens & Halske zu sichern. Nach anfänglichem Zögern stimmte Werner von Siemens der Investitionsentscheidung seines Bruders zu. Im Juni 1882 nahm die erste Kabelfabrik Rußlands auf einem an der Newamündung gelegenen Areal den Produktionsbetrieb auf. Nicht zuletzt mit Hinweis auf den »local content« konnte sich Carl von Siemens bei der Vergabe des Großauftrags mit einem Volumen von umgerechnet rund vier Millionen Mark erfolgreich gegen die englische Konkurrenz durchsetzen. Die Investitionssumme amortisierte sich bereits nach sieben Jahren. Mit dem Kabelwerk legte Siemens & Halske den Grundstein für die 1906 gebildete »Vereinigte Kabelwerke AG St. Petersburg«, die gemeinsam von Siemens, der AEG und Felten & Guilleaume betrieben wurde.

Blick über die vereiste Newa auf das Kabelwerk in St. Petersburg, 1902

Die Zukunft gehört den Mutigen

Ein weiterer Meilenstein im Ausbau der Marktführerschaft in Rußland war Carls Engagement im Glühlampengeschäft. Nachdem es seinem Neffen Wilhelm von Siemens (1855 – 1919) gelungen war, Leuchtkraft und Brenndauer der Edison-Glühlampen nachhaltig zu verbessern, brachte Siemens & Halske 1882 die ersten eigenen Kohlefadenlampen auf den deutschen Markt. Voller Ungeduld hatte Carl von Siemens den Entwicklungsprozeß dieser technischen Innovation begleitet, 1881 schrieb er nach Berlin: »Hoffentlich werden deine Glühlampen bald versendbar und du schickst mir einige. Hier in Rußland wird ein großes Geschäft mit elektrischem Licht gemacht werden können und ganz besonders mit guten Glühlichtern.«

Zwischenzeitlich scheiterten Beleuchtungsprojekte der Konkurrenz aus finanziellen Gründen. Als die russische Gesellschaft »Elektrotechnik«, die 1882 den Auftrag für die Errichtung einer elektrischen Beleuchtungsanlage für die Petersburger Prachtstraße Newskiprospekt erhalten hatte, ein Jahr später bankrott ging, übernahm Carl von Siemens die Konzession und kaufte die vorhandenen Anlagen auf. Allerdings wurde ihm von der Stadtverwaltung zur Auflage gemacht, das Beleuchtungssystem vorzufinanzieren. Für den Fall, daß mit der neuen Glühlampentechnik ein Fortschritt gegenüber den beliebten und preiswerten Kohlebogenlampen erzielt werden konnte, sollten Siemens die Investitionskosten erstattet werden. Überzeugt vom technischen Potential der Glühlampe, folgte Carl von Siemens seinem sicheren Gespür für Prestigeaufträge und ließ sich auf das Geschäft ein. Außerdem rechnete sich der clevere Unternehmer als Trendsetter in Sachen Elektrifizierung hohe Gewinnchancen aus.

Zum Jahreswechsel 1883/84 erstrahlte der Newskiprospekt unter großer Anteilnahme der Öffentlichkeit erstmals im Glanz des elektrischen Glühlichts. Siemens & Halske feierte in Petersburg einen sensationellen Erfolg, der sich in Form zahlreicher Folgeaufträge auch in der Geschäftsentwicklung bemerkbar machte. Direkt im Anschluß wurde die Firma mit der Illumination des kaiserlichen Winterpalais beauftragt. Gemessen am damaligen Stand der Beleuchtungstechnik war die Realisierung dieses Projekts eine gigantische Herausforderung an die Leistungsfähigkeit des Unternehmens. Die in den Jahren 1885/86 installierte größte Beleuchtungsanlage der Welt hatte einen Auftragswert von insgesamt 500 000 Rubel. Es folgten weitere Bestellungen zur Beleuchtung von Adelshäusern, Theatern, Kirchen, Krankenhäusern und Fabriken, doch die besseren Gewinnmargen lagen in der Elektrifizierung ganzer Städte.

Im Unterschied zu Carls erstem Aufenthalt machte sich die in der Elektroindustrie insgesamt seit ihren Anfängen bestehende Tendenz zum Großbetrieb wegen des hohen Kapitalbedarfs der Energietechnik auch in Rußland bemerkbar. Diese Entwicklung wurde durch das Aufkommen eines damals als »Unternehmergeschäft« bezeichneten neuen Geschäftsmodells zusätzlich gefördert. Ähnlich wie heute die global agierenden Unternehmen der Elektrobranche ihr internationales Anlagengeschäft immer mehr im Rahmen sogenannter BOO- oder BOT-Modelle betreiben, weil die Infrastruktur – früher eine Domäne des Staates – in vielen Ländern zunehmend privatwirtschaftlich beziehungsweise in Partnerschaft von öffentlicher Hand und Privatwirtschaft bereitgestellt wird, gewann das Unternehmergeschäft bei der Elektrifizierung des Landes stark an Bedeutung.

Als die technischen Voraussetzungen geschaffen waren, ganze Städte mit Hilfe von Block- oder Zentralstationen zu elektrifizieren, bemühte sich Carl von Siemens um den Erwerb entsprechender Konzessionen. Bedingt durch die zögerliche Haltung der Stadt, Aufträge zur Elektrifizierung Petersburgs zu erteilen, sah sich der Entrepreneur gezwungen, im großen Stil ins Unternehmergeschäft einzusteigen. Mit mehreren einheimischen Geschäftspartnern gründete er 1886 die »St. Petersburger Gesellschaft für elektrische Beleuchtung«, die gleichzeitig als Hersteller von elektrischen Einrichtungen, als Elektrizitätslieferant und als Finanzierungsgesellschaft fungierte. Das Unternehmen, das eine Monopolstellung hatte, erhielt von der russischen Regierung das Recht, landesweit Kabel zu verlegen und Zentralstationen einzurichten.

Beleuchtung des Newskiprospekts, 1884

Carl von Siemens an seinen Bruder Werner, Ende 1881

Das Beleuchtungsgeschäft kann nur durch mächtige Beleuchtungsgesellschaften gehoben werden, die in ähnlicher Weise wie Tschikoleff prozedieren, das heißt selbst Anlagen machen und für diese, wenn sie in gutem Gange sind, Spezialgesellschaften formieren, die die Anlage dann übernehmen und weiter betreiben.

Blick in den Maschinenraum der Moskauer Gesellschaft für elektrische Beleuchtung

Bei der Elektrifizierung Rußlands übernahm die sogenannte Lichtgesellschaft wiederholt die Rolle eines Generalunternehmens, das den Kommunen sowohl als Produktions- wie auch als Finanzierungs- und Betreibergesellschaft gegenübertrat. Die einzelnen Unternehmen waren rechtlich selbständig. Die Finanzgesellschaft wurde Bauherr und beauftragte die Produktionsgesellschaft mit dem Bau des Elektrizitätswerks zu den in den Konzessionsbedingungen festgelegten Preisen. Die fertige Anlage wurde dann von einer Betreibergesellschaft – einer Tochtergesellschaft der Produktionsfirma – übernommen. Das zunächst nicht als Aktiengesellschaft geführte Elektrizitätswerk wurde nach Erreichen hoher Einnahmen »emissionsreif« und an die Börse gebracht, das liquide Kapital in neue Projekte investiert. Mit diesem Vorgehen orientierte sich die Gesellschaft für elektrische Beleuchtung an der im Unternehmergeschäft gängigen Geschäftspraxis. Außer in Petersburg betrieb die Firma, die ihre Elektrogeräte von Siemens in Berlin bezog, in Moskau und Lodz eigene Elektrizitätswerke.

Beflügelt vom Erfolg der Gesellschaft für elektrische Beleuchtung und überzeugt, daß die Rechtsform einer Aktiengesellschaft auch dem Gesamtgeschäft interessante Wachstumsperspektiven eröffnen würde, schrieb Carl von Siemens im Dezember 1888 an seinen Bruder Werner: »Ist es [Siemens & Halske] erst eine Actiengesellschaft, dann kann das Kapital immer den Bedürfnissen entsprechend vergrößert werden und man kann sich auf alle Geschäfte einlassen, die vorteilhaft erscheinen.« Doch der Begründer des »Weltgeschäfts à la Fugger« lehnte die Reform der Unternehmensverfassung mit dem Ziel, weitere Gesellschafter aufzunehmen und damit die Eigenkapitalbasis zu erweitern, bis zu seinem Tod ab. Er fürchtete, daß mit der Umwandlung des Geschäfts in eine Aktiengesellschaft der beherrschende Einfluß der Familie schwinden könnte.

Seniorchef in Berlin

Werner von Siemens zog sich 1890 offiziell aus dem von ihm begründeten Familienunternehmen zurück. Nach seinem Ausscheiden wurde die bisherige offene Handelsgesellschaft Siemens & Halske in eine Kommanditgesellschaft umgewandelt, deren Gesellschaftsvermögen mit 14 Millionen Mark beziffert wurde. Persönlich haftende Gesellschafter, also Geschäftsinhaber, waren Carl von Siemens und Werners Söhne Arnold und Wilhelm. Werner von Siemens blieb als Kommanditist mit einer Einlage von 6,2 Millionen Mark beteiligt. Insgesamt zählte die Kommanditgesellschaft außer den drei persönlich haftenden Gesellschaftern fünf Kommanditisten mit einer Gesamteinlage von 12 Millionen Mark. Das in der Firma arbeitende Kapital der Geschäftsinhaber wird man mindestens ebenso hoch wie das Kommanditkapital ansetzen dürfen, so daß die Firma insgesamt über ein Kapital von mindestens 24 Millionen Mark verfügte. Der Kapitalbedarf in der Elektroindustrie ging aber gerade in den 1890er Jahren, in denen sich Gründungs- und Unternehmergeschäfte zur weitverbreiteten Branchenlösung entwickelten, rasch in die Höhe. Dementsprechend sah sich Siemens & Halske noch im Oktober 1890 veranlaßt, eine hypothekarisch gesicherte Anleihe von 10 Millionen Mark zu 4,5 Prozent aufzunehmen – das erste fremde Geld seit Gründung der Firma.

Nach Werners Tod im Dezember 1892 übernahm Carl von Siemens die Position des Seniorchefs. In dieser Funktion war er seinem Neffen Wilhelm, dem designierten Nachfolger Werners an der Spitze des Familienunternehmens, ein unverzichtbarer Berater. Vor allem während der Anfangsjahre profitierte Wilhelm entschieden von Carls Fachwissen und Erfahrung, die dieser in über 40 Jahren als Geschäftsführer, eigenverantwortlicher Unternehmer und Projektleiter erworben hatte. Auch als Seniorchef wurde Carl von Siemens nicht müde, die Reform der Unternehmensverfassung und -struktur zu fordern. In seinen Briefen an Wilhelm verlieh er seiner Ansicht, daß das Gesamtgeschäft mittelfristig nur auf einer breiteren finanziellen Basis wachsen und damit konkurrenzfähig bleiben könne, wiederholt Ausdruck und drängte auf eine zeitgemäße Interpretation der konservativen Finanzpolitik des Hauses. Nachdem Carl von Siemens wiederholt auf die Vorzüge einer Aktiengesellschaft hingewiesen hatte, konstatierte er im Oktober 1896 voller Befriedigung, daß Wilhelm »jetzt durch eigene Anschauung zu der Ueberzeugung gekommen« sei, daß es mit der »Geschäftsorganisation so nicht weiter gehen« könne. Die Gründung der Siemens & Halske AG erfolgte formell am 3. Juni 1897 mit Wirkung vom 1. August 1896.

Bis der herausragende Unternehmer aus gesundheitlichen Gründen 1904 den Vorsitz im Aufsichtsrat von Siemens & Halske niederlegte, sollte er seinem Neffen noch viele wertvolle Ratschläge geben. Seine Hinweise beschränkten sich nicht allein auf finanzielle Themen, sondern berücksichtigten alle Kernelemente der Unternehmenskultur. Um die Rolle des Seniorchefs bestmöglich wahrnehmen zu können, verlagerte Carl von Siemens seinen Wohnsitz 1894 nach Berlin. Die Leitung des russischen Geschäfts übertrug er Hermann Görz, einem ehemaligen Vorstandsmitglied der Allgemeinen Elektricitäts-Gesellschaft (AEG). Als krönenden Abschluß seines Rußlandengagements realisierte Carl von Siemens zum 1. Juni 1898 seinen langgehegten Plan, die Rechtsform des Petersburger Geschäfts zu wechseln; die Filiale wurde in die neu gegründete »Russische Elektrotechnische Werke Siemens & Halske A. G., St. Petersburg« eingebracht. Für seine Verdienste um die Industrialisierung Rußlands war Carl von Siemens bereits 1895 von Zar Nikolaus II. in den Adelsstand erhoben worden.

Mitteilung über die handelsgerichtliche Eintragung der Siemens & Halske Aktiengesellschaft zum 3. Juli 1897

Russische Elektrotechnische Werke Siemens & Halske A. G., St. Petersburg, Aktie von 1898

Wilhelm von Siemens (1855–1919), der zweite Sohn des Firmengründers, trat nach einem naturwissenschaftlichen Studium 1879 bei Siemens & Halske ein. 1884 wurde er Mitinhaber, ab 1890 persönlich haftender Gesellschafter. Da sein Bruder Arnold sich stärker sozialen und repräsentativen Aufgaben widmete, übernahm Wilhelm bald eine dominierende Rolle in der Leitung der expandierenden Firma. Während seiner 30 jährigen Amtszeit hat Wilhelm die Entwicklung von Siemens durch zukunftsorientierte unternehmerische Entscheidungen maßgeblich geprägt. Auf seine Initiative erfolgte die Gründung der Siemens-Schuckertwerke GmbH, und auch an der auf Wunsch des Kaisers erfolgten Gründung der Telefunken-Gesellschaft war der erfolgreiche Geschäftsmann maßgeblich beteiligt. Neben seiner unternehmerischen Tätigkeit hat Wilhelm von Siemens der Industrieforschung wichtige Impulse gegeben und die Entwicklung technischer Innovationen mit hohem persönlichen Einsatz gefördert. Zu den Meilensteinen zählen die Entwicklung der ersten Metallfaden-Glühlampe, die Durchführung von Schnellbahnversuchen und die Konstruktion des ersten Schnelltelegraphen.

Wilhelm von Siemens
Beginn einer systematischen F & E

Wilhelm von Siemens, um 1913

Die »Telegraphen-Bauanstalt von Siemens & Halske« konnte ihre unangefochtene Vormachtstellung auf dem deutschen Elektromarkt fast 40 Jahre behaupten. Erst ab den 1880er Jahren entwickelten sich neue Elektrounternehmen zu einer ernsthaften Konkurrenz. Unter ihnen war die 1883 von Emil Rathenau gegründete »Deutsche Edison-Gesellschaft für angewandte Elektricität« (DEG), 1887 als »Allgemeine Elektricitäts-Gesellschaft« (AEG) umgegründet. Auch der Firma »Schuckert & Co.«, 1873 von Sigmund Schuckert (1846–1895) errichtet, gelang es, innerhalb weniger Jahre von einer kleinen Spezialfirma für den Bau elektrischer Maschinen und Scheinwerfer zu einem starkstromtechnischen Unternehmen von Weltniveau aufzusteigen. Neben Siemens & Halske zählte Schuckert & Co. bereits Anfang der 1880er Jahre zu den herausragenden Großunternehmen der Branche.

In dieser verschärften Wettbewerbssituation stieß die konservative, vornehmlich an den Interessen der Familie orientierte Unternehmens- und Finanzpolitik Werner von Siemens' an ihre Grenzen – das Unternehmen verlor seine eindeutige Marktführerposition. An dieser Tatsache konnten auch der technische Vorsprung von Siemens & Halske gegenüber der Konkurrenz und Werner von Siemens' hohes Renommee als Autorität in der Elektrotechnik nichts ändern.

Die Expansion der neu gegründeten risikobereiten Unternehmen wurde vor allem durch das Unternehmergeschäft begünstigt. Bedingt durch die zögerliche Haltung der Behörden, Aufträge zur Elektrifizierung einzelner Städte oder Bezirke zu erteilen, sahen sich viele Firmen gezwungen, die Rolle eines Generalunternehmens zu übernehmen und langfristig größere Summen in den Bau von Infrastrukturprojekten zu investieren. Entsprechend stieg die Zahl der Elektrizitätswerke in Deutschland von 180 im Jahr 1895 auf 774 im Jahr 1900, von denen sich nur 19,5 Prozent im Besitz der öffentlichen Hand befanden. Im gleichen Zeitraum erhöhte sich die Zahl der elektrischen Bahnen von 47 auf 156.

Angesichts dieser einschneidenden Strukturveränderungen am Markt war die zweite Unternehmergeneration mit der Herausforderung konfrontiert, Tradition, Philosophie und Selbstverständnis der »Telegraphen-Bauanstalt von Siemens & Halske« fortzuführen und zeitgemäß weiterzuentwickeln.

Großer Vater – kleiner Sohn

Wilhelm von Siemens wurde am 30. Juli 1855 als zweiter Sohn des Erfinders und Unternehmers Werner von Siemens geboren. Wie sein älterer Bruder Arnold stammte er aus der ersten Ehe seines Vaters mit Mathilde Drumann (1824–1865). Zu diesem Zeitpunkt existierte die »Telegraphen-Bauanstalt von Siemens & Halske« acht Jahre, Unternehmen und Familie waren gerade von der ersten Werkstatt in Berlin-Kreuzberg in die Markgrafenstraße 94 umgezogen.

Getreu seiner Vision von einem weltweit arbeitenden, eng verknüpften Familienunternehmen hegte Werner von Siemens die Hoffnung, daß seine Söhne eines Tages die Nachfolge in der Firmenleitung antreten würden. Entsprechend sorgfältig wurde Wilhelm auf diese verantwortungsvolle Aufgabe vorbereitet. Zunächst besuchte er das Gymnasium in Berlin, 1872 wechselte er in die Obersekunda des Lyceums in Straßburg. Doch schon ein Jahr später mußte »Willy«, wie er von seinem Vater liebevoll genannt wurde, die Schule aus gesundheitlichen Gründen ohne Abschlußzeugnis verlassen. Zur Erholung und persönlichen Weiterbildung fuhr er in Begleitung des jungen Philologen Erich Schmidt nach Italien. Im Anschluß an diese Studienreise bereitete sich Wilhelm auf sein Abitur vor, indem er an der Berliner Universität unter anderem Vorlesungen über Experimentalphysik, Magnetismus und Elektrizität sowie Nationalökonomie besuchte. Stolz kommentierte Werner von Siemens den Ehrgeiz und Lernwillen des damals 18jährigen: »Der Junge macht mir durch seine Tüchtigkeit und ernstes Streben viel Freude.«

Bei aller Anerkennung lastete die Erwartung, einmal in die Fußstapfen des überragenden Vaters zu treten, bisweilen schwer auf Wilhelms Schultern. Dann plagte ihn die »Furcht, einmal untüchtig und großen Vaters kleiner Sohn zu sein«, wie er in seinem Tagebuch 1873 bekannte. Diese Bedenken sollten sich im Laufe der kommenden Jahre ins genaue Gegenteil verkehren. Nur wenige Monate bevor er 1884 Teilhaber von Siemens & Halske wurde, schrieb Wilhelm voller Tatendrang an seinen Vater: »Ich glaube, daß meine Schultern ziemlich viel tragen können, und ich sehne mich nach einem verantwortungsvollen Posten.«

Im Sommer 1875 begann Wilhelm von Siemens – ohne Abitur – seine akademische Ausbildung. Zunächst studierte er an der Heidelberger Universität Physik, Chemie und Philosophie. Im Wintersemester 1876/77 wechselte er nach Leipzig, um die Vorlesungen des bedeutenden Physikers Gustav Wiedemann zu besuchen; darüber hinaus belegte er Mathematik und Chemie. Letzte Station seiner Universitätsausbildung war Berlin: Hier studierte er bei den bekannten Wissenschaftlern Hermann von Helmholtz, Gustav Kirchhoff und Emil Du Bois-Reymond. Wie sein Vater waren die meisten seiner akademischen Lehrer Mitglieder der Berliner Physikalischen Gesellschaft – jenes Forums, in dem die führenden Wissenschaftler der damaligen Zeit ihre Arbeiten vorstellten. Neben den naturwissenschaftlichen Grundlagenfächern beschäftigte sich der vielseitig interessierte Wilhelm von Siemens auch mit Philosophie und Ökonomie.

Werner von Siemens mit seiner ersten Frau Mathilde und seinen Söhnen Arnold (rechts) und Wilhelm (links), um 1858

Wilhelm von Siemens an seinen Vater Werner, Februar 1884

Ich habe mich in der letzten Zeit möglichst beeilt, um hier fertig zu werden, da es mich drängt, wieder in Berlin zu sein, um mir einiges »aufbürden« zu lassen. Ich glaube, daß meine Schultern ziemlich viel tragen können, und ich sehne mich nach einem verantwortungsvollen Posten.

Unabhängig vom Diktat formaler Abschlüsse strebte Wilhelm sein Leben lang nach Weiterbildung. Dieser Philosophie entsprechend war ihm weder das sture Abarbeiten eines Vorlesungsplans noch das Absolvieren eines Universitätsexamens besonders wichtig. Statt dessen zog er es vor, sein theoretisches Wissen in der Praxis anzuwenden, und tauschte am 1. September 1879 die Hörsäle und Laboratorien der Berliner Humboldt-Universität gegen das Forschungslabor von Siemens & Halske ein. Damit nahm Wilhelm ein Jahr nach seinem älteren Bruder Arnold die Tätigkeit im väterlichen Betrieb auf. Zu seinen ersten Aufgaben gehörten »Kabelstudien am neuen Russchreiber« – so der Eintrag in seinem Tagebuch. Darüber hinaus wurde Wilhelm mit physikalischen Messungen beauftragt. Mehrfach reiste er in den süddeutschen Raum, um Fehler an Telegraphenkabeln aufzuspüren.

»Kohlenversuche« oder die Ökonomie des Glühlichts

Am Beispiel des Glühlampengeschäfts zeigte sich schnell Wilhelm von Siemens' überragende Fähigkeit, zukunftsträchtige Geschäftsfelder zu identifizieren und dem Unternehmen durch technische Innovationen neue Absatzmärkte zu erschließen.

Die ersten brauchbaren Glühlampen waren bereits 1854 von Heinrich Goebel, einem deutschen Einwanderer, in New York gebaut worden, doch erst Thomas Alva Edisons Idee, verkohlte Bambusfasern als Glühfaden zu verwenden, verhalf dem Leuchtmittel zum Durchbruch. Auf der Pariser Elektrizitätsausstellung 1881 war Edisons Beleuchtungssystem die Sensation. Wahre Menschenmassen warteten geduldig darauf, den Schalter zu betätigen, der die 1000 Lampen aufflammen ließ.

»Ein Besuch bei Siemens & Halske in Berlin«, zu sehen ist unter anderem die Glühlichtprobe (rechts oben). Aus *Deutsche Illustrierte Zeitung*, 3. Jg. 1886, Nr. 19

Während sich Werner von Siemens zunächst abwertend über das Glühlicht äußerte – 1878 resümierte er in einem Brief: »Wenn Edisons Sache weiter nichts ist, so ist es nicht viel« –, erkannte Wilhelm frühzeitig, in welchem Umfang die Glühlampe den Alltag der Menschen verändern würde. Mit dem Ziel, Leuchtkraft und Lebensdauer der Edison-Lampen nachhaltig zu verbessern, unternahm er gemeinsam mit seinem Vater zahlreiche »Kohlenversuche«, um die Leitfähigkeit des fossilen Brennstoffs zu erforschen. Ab Januar 1880 war Wilhelm ständiger Gast im »Lichtsaale« der Markgrafenstraße – dem Raum, in dem alle technischen Neuerungen auf dem Gebiet des Beleuchtungswesens getestet wurden. Schließlich wurde der junge Forscher für seine Zielstrebigkeit und Hartnäckigkeit belohnt: 1882 errichtete Siemens & Halske die erste Glühlampenfabrik Deutschlands und brachte im Frühjahr die ersten eigenen Kohlefadenlampen auf den Markt; der Jahresumsatz mit diesem Produkt betrug 4000 Mark. Bereits im Geschäftsjahr 1890 sollte der Umsatz in diesem Geschäftsfeld die Millionengrenze übersteigen.

Auch jenseits der operativen Geschäftstätigkeit war und blieb die Glühlampe eines der Hauptarbeitsgebiete von Wilhelm. Am 27. Februar 1883 hielt der 28jährige seinen ersten wissenschaftlichen Vortrag »Über die Beleuchtung durch Glühlicht«. Voller Anerkennung berichtete Werner von Siemens an seinen Bruder William in England vom Erfolg des Sohnes: »Gestern hielt Willy im elektrotechn. Verein seinen maiden speech mit sehr großem Erfolg [...] Willy ist dadurch mit einem Sprunge zur Fach-Autorität geworden!« Nach diesem vielbeachteten Vortrag, in dem Wilhelm von Siemens zahlreiche neue Erkenntnisse auf dem Gebiet der Glühlampentechnik und deren Einfluß auf die Wirtschaftlichkeit der Lampen formulierte, begann er zunehmend, sich von der dominierenden Persönlichkeit seines Vaters zu emanzipieren und sich als Wissenschaftler einen eigenen Namen zu machen. Auch während der Folgejahre fand der vielbeschäftigte Forscher immer wieder Gelegenheit, die Ergebnisse seiner Experimente und Untersuchungen anläßlich von Vortragsveranstaltungen vorzustellen und zu diskutieren. Bei dieser Tätigkeit ging es dem häufig als »zurückhaltend« charakterisierten Wilhelm nicht in erster Linie um die Befriedigung seiner persönlichen Eitelkeit. Vielmehr fühlte er sich verpflichtet, die Früchte seiner Arbeit mit anderen zu teilen.

Außer Wilhelm von Siemens erkannte auch Emil Rathenau das Potential der Glühlampen, hatte allerdings keinen Ehrgeiz, selbst Forschung zu betreiben und eigene Lösungen für technische Probleme und Fragen zu entwickeln. Statt dessen begnügte sich Rathenau damit, innovative Produkte und Lösungen anderer nachzuahmen. Im Anschluß an die Internationale Elektrizitätsausstellung in Paris engagierte er sich mit Nachdruck für die Gründung einer Gesellschaft zur Verwertung der Edison-Patente in Deutschland. Mit Unterstützung verschiedener Bankhäuser gelang es ihm 1882, eine Studiengesellschaft zu gründen, die sich in der Anfangsphase auf die Erforschung und Entwicklung der elektrischen Beleuchtung konzentrierte. Doch bereits ein Jahr später wurde die Studiengesellschaft in ein neu zu gründendes Unternehmen zur Nutzung der Edison-Lizenzen in Deutschland überführt. In der Folgezeit wuchs die »Deutsche Edison-Gesellschaft für angewandte Electricität« zu einem ernstzunehmenden Wettbewerber heran, mit dem die Unternehmensführung von Siemens & Halske zunächst zusammenarbeitete. Ein Kooperationsvertrag vom März 1883 räumte Siemens & Halske gegen Zahlung von Lizenzgebühren einen Teil der Produktionsrechte von Maschinen und Material nach dem Edison-System ein. Außerdem verpflichtete sich das Unternehmen, die Deutsche Edison-Gesellschaft zu Vorzugskonditionen mit exklusiv von Siemens hergestellten Dynamomaschinen, Motoren, Kabeln und Geräten zu beliefern. Im Gegenzug verzichtete Siemens & Halske zugunsten der DEG auf das Recht, Zentralstationen oder elektrische Zentralen, wie man die

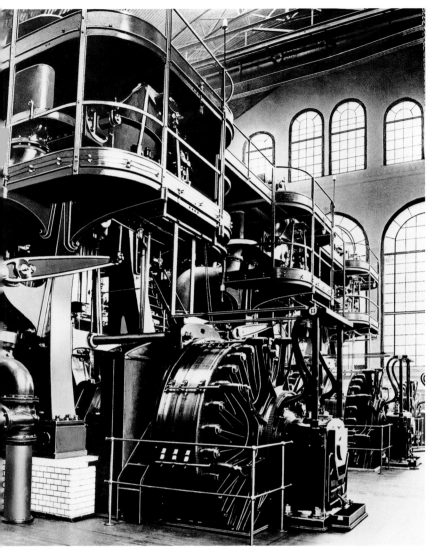

Elektrische Zentrale in Berlin, Mauerstraße, mit Gleichstromgeneratoren von Siemens ausgerüstet, 1886

Elektrizitätswerke damals nannte, zu bauen. Mit dieser Regelung hatten die beiden Elektrounternehmen den deutschen Energie- und Beleuchtungsmarkt weitgehend unter sich aufgeteilt. Darüber hinaus hatte der Existenzgründer Rathenau mit Siemens & Halske einen äußerst leistungsfähigen und renommierten Geschäftspartner gewonnen.

Im Verlauf der 1880er Jahre fokussierte sich die Geschäftstätigkeit von Siemens & Halske im Bereich der Starkstromtechnik nur noch auf die Ausrüstung von Zentralanlagen, was die Entwicklungsmöglichkeiten des Unternehmens immer stärker behinderte. Und auch die Geschäftsleitung der DEG war schon bald mit der Situation unzufrieden. Beide Parteien strebten danach, ihre Zusammenarbeit auf eine neue Grundlage zu stellen: Nach langwierigen und schwierigen Verhandlungen zwischen den beteiligten Firmen und Banken wurde der bestehende Vertrag zwischen der DEG und Siemens & Halske im März 1887 modifiziert. In den zähen Auseinandersetzungen um eine für beide Seiten tragfähige, möglichst vorteilhafte Vertragsgestaltung erwies sich Wilhelm von Siemens als kluger Stratege, der die Interessen des Familienunternehmens umfassend und mit Nachdruck zu wahren wußte. Dennoch bildete auch das neue Dokument keine solide Basis für eine Zusammenarbeit der konkurrierenden Firmen: Bereits 1888 kam es zu ersten Verhandlungen über die Konditionen eines Auflösungsvertrags, bei denen der Direktor der Deutschen Bank Georg von Siemens (1839–1901), Wilhelms Vetter zweiten Grades und Aufsichtsratsvorsitzender der AEG, als Vermittler hinzugezogen wurde. Letztendlich einigten sich die Geschäftsführer beider Elektrounternehmen erst im April 1894 darauf, von nun an unabhängig voneinander am Markt zu agieren. Bis zu diesem Zeitpunkt waren die Geschäftsbeziehungen der ehemaligen Kooperationspartner allerdings durch persönliche Vorwürfe, Angriffe und gegenseitige Klageandrohungen vergiftet, und der Konflikt hatte sich zu einem Preiskampf in allen Geschäftsbereichen ausgeweitet.

Kontinuität im Wandel – Die Nachfolgeregelung

Als weitsichtige Führungspersönlichkeit wußte Werner von Siemens um die Vorzüge eines sorgfältig vorbereiteten Wechsels an der Unternehmensspitze.

Entsprechend frühzeitig setzte er sich mit der Frage der Nachfolgeregelung auseinander und stellte so die Weichen für die langfristige Sicherung des von ihm aufgebauten Familienunternehmens: Im Bestreben, Wilhelm und Arnold als Mitinhaber möglichst schnell an Verantwortung und Gewinn zu beteiligen, hatten sich Werner, William und Carl bereits im Gesellschaftsvertrag vom 28. Dezember 1880 darüber verständigt, die Vertreter der nächsten Generation zu einem späteren Zeitpunkt in das »Weltgeschäft à la Fugger« aufzunehmen. Ein genauer Termin wurde allerdings noch nicht festgelegt.

Als Sir William im November 1883 starb, verstärkte dies den Wunsch des 67 jährigen Firmengründers, die Verantwortung für das operative Geschäft an seine Söhne abgeben zu können: »Ich selbst fühle mich abgenutzt, und ich sehne mich danach, Euch die Last mehr oder auch ganz aufzubürden«, äußerte er in einem Brief an seinen Sohn Wilhelm, der sich auf einer ausgedehnten Geschäfts- und Studienreise befand. Kurz nach seiner Rückkehr aus den Vereinigten Staaten von Amerika wurde Wilhelm Teilhaber von Siemens & Halske. Sein Bruder Arnold war bereits zum 1. Januar 1882 als Mitinhaber aufgenommen worden und verantwortete erfolgreich die Geschäfte der 1879 errichteten Wiener Filiale.

Die nächste Etappe des von langer Hand geplanten Führungswechsels wurde mit Beginn des Jahres 1890 vollzogen, als die bisherige offene Handelsgesellschaft Siemens & Halske in eine Kommanditgesellschaft umgewandelt wurde. Persönlich haftende Gesellschafter waren Carl, Arnold und Wilhelm von Siemens; Werner von Siemens blieb als Kommanditist am Unternehmen beteiligt. Neben der Gesamtgeschäftsführung übernahm Wilhelm von Siemens auch die Direktion des Charlottenburger Starkstromwerks.

Zu seiner neuen Funktion als Kommanditist hatte Werner von Siemens ein gespaltenes Verhältnis. Auf der einen Seite war er mit den Geschäftsaktivitäten und der Leistungsfähigkeit der beiden Juniorchefs mehr als zufrieden. In den *Lebenserinnerungen* konstatierte er: »Es geht eben den Geschäftshäusern wie den Staaten, sie bedürfen von Zeit zu Zeit einer Verjüngung ihrer Leitung, um selbst jung zu bleiben.« Auf der anderen Seite behielt er sich in seiner Eigenschaft als Familienoberhaupt und Firmengründer auch nach seinem Rückzug aus der Unternehmensleitung vor, bei wichtigen Geschäfts- und Personalentscheidungen konsultiert zu werden. Er war weiterhin berechtigt, an Konferenzen teilzunehmen, und hatte uneingeschränkte Einsicht in Akten und Korrespondenz. Wirklich freie Hand für umfassende operative und strategische Neuerungen erhielten seine Nachfolger erst nach Werner von Siemens' Tod im Dezember 1892.

Da Carl von Siemens sich dem Geschäft aus gesundheitlichen Gründen nicht mehr so intensiv widmen konnte – er konzentrierte sich auf die Rolle eines strategischen Beraters – und Arnold von Siemens, von dem sein Vater behauptete, daß er »die geschäftlichen und personellen Verbindungen« gut beherrsche und »sich innerhalb und außerhalb des Geschäftes in Ansehen zu setzen« wisse, sich seinen Fähigkeiten entsprechend eher sozialen und repräsentativen Aufgaben

Wilhelm von Siemens wird Teilhaber bei Siemens & Halske, 1884

Werner von Siemens an seinen Bruder Carl, 13. 12. 1884

Da hat nun Willy so ganz allmählich die Zügel in die Hand genommen, organisiert ganz neu und so, daß wir die großen Herren immer weniger notwendig haben!

widmete, übernahm Wilhelm rasch eine dominierende Rolle innerhalb der Unternehmensleitung, ohne formal zum »Chef des Hauses« ernannt worden zu sein. Schnell ergriff er die geeigneten Maßnahmen, um das gegenüber der Konkurrenz etwas zurückgefallene Unternehmen neu aufzustellen und wieder an die Spitze zu bringen.

Vorreiter im Kampf zwischen Gleich- und Wechselstrom

Seit Ende der 1880er Jahre hatte sich die Wechselstromtechnik zu einem alle Anwendungsgebiete der Elektrizität abdeckenden System entwickelt und die bis dato unangefochtene Position des Gleichstroms erschüttert. Aufgrund der hohen Verluste, war die Übertragung von Gleichstrom niedriger Spannung zu Beginn der Stromversorgung auf wenige 100 Meter beschränkt. Demgegenüber bot das Wechselstromsystem den Vorteil, hochgespannte Ströme mit vergleichsweise dünnen Leitungen über größere Distanzen wirtschaftlich, das heißt mit geringem Verlust, zu leiten. Über die Frage, welches der beiden konkurrierenden Systeme für die Verteilung und Anwendung elektrischer Energie sich mittelfristig am Markt durchsetzen würde, herrschte sowohl in Fachkreisen als auch bei den Elektrounternehmen selbst Uneinigkeit – die Diskussion um Vor- und Nachteile der beiden Systeme wurde nicht immer sachlich geführt. In dieser emotional aufgeladenen Situation hielt Wilhelm von Siemens, der als einziger bei Siemens & Halske die große Tragweite des Wechselstroms erkannt hatte, 1888 im Elektrotechnischen Verein einen Vortrag über die Stromarten für Zentralen, der sich wegen seiner Sachlichkeit und Differenziertheit positiv von den sonstigen Äußerungen zur Frage »Gleichstrom oder Wechselstrom« abhob.

Im Bemühen um kontinuierliche Weiterentwicklung der Siemens-Produkte hatte sich Wilhelm bald nach seinem Eintritt bei Siemens & Halske mit den Möglichkeiten zur Verbesserung der Gleichstromtechnologie befaßt. Parallel zu seinen »Kohlenversuchen« entwickelte er das sogenannte Dreileitersystem, dessen Potential von der zuständigen Abteilung nicht rechtzeitig erkannt wurde, so daß die Erfindung erst im Frühjahr 1883 als Patent angemeldet wurde. Dank dieses technisch-physikalischen Systems gelang es, die Effizienz von Gleichstromgeneratoren deutlich zu steigern. Obwohl die Schaltung in späteren Jahren ein großartiger Erfolg für Siemens & Halske war, blieb die Erinnerung an seine erste Patentanmeldung für Wilhelm von Siemens zeitlebens mit einem Wermutstropfen behaftet. Denn unabhängig von ihm hatte auch der physikalische Berater der englischen Edison-Gesell-

Ansicht des Charlottenburger Werkes, um 1900

schaft, John Hopkinson, ein Dreileitersystem entwickelt und nur fünf Wochen vor Wilhelm von Siemens ein Patent für den deutschen Markt beantragt.

Durch diesen Mißerfolg ließ sich der leidenschaftliche Forscher mit dem »bemerkenswerten Erfindertalent« – so Werner von Siemens über seinen Sohn – nicht entmutigen. Vielmehr veranlaßte diese Erfahrung Wilhelm von Siemens, den firmeninternen Prozessen rund um die Anmeldung und Vermarktung in- und ausländischer Patente größere Aufmerksamkeit zu schenken. Im Laufe der Jahre entwickelte er sich zum Experten in allen Patentfragen. Dank seines umfassenden Wissens unterstützte er die Weiterentwicklung des Patentwesens auch außerhalb des eigenen Unternehmens. Darüber hinaus sollten dem gescheiterten ersten Versuch etwa 20 erfolgreiche Patentanmeldungen in Deutschland und den USA folgen.

Erste städtische Drehstromzentrale in Erding, 1892

Nach Erfindung des Drehstrommotors durch den Ingenieur Michael von Dolivo-Dobrowolsky gab Wilhelm von Siemens im Herbst 1892 den Anstoß für Versuche, in denen die Eignung des als »Drehstrom« bezeichneten Dreiphasen-Wechselstromsystems für den Betrieb elektrischer Bahnen getestet wurde. Die Fahrten auf dem Fabrikhof des Charlottenburger Kabelwerks, bei denen das Versuchsfahrzeug eine Geschwindigkeit von 25 Stundenkilometern erreichte, gelten noch heute als Meilenstein in der Entwicklung elektrischer Bahnen: Das Experiment bewies allen Skeptikern eindrucksvoll, daß ein Drehstrommotor gut als Antrieb für Bahnen zum Transport von Menschen oder schwereren Lasten geeignet war. Es bedurfte allerdings noch einiger Verbesserungen, bevor der Motor in überarbeiteter Form auf der Chicagoer Weltausstellung von 1893 präsentiert werden konnte.

Ebenfalls 1892 errichtete Siemens & Halske im oberbayerischen Erding die erste städtische Drehstromzentrale Deutschlands. Die Anlage galt als so vorbildlich, daß Fachzeitschriften ausführlich darüber berichteten. In den folgenden fünf Jahren wurde das Unternehmen mit dem Bau von mehr als der Hälfte aller in Deutschland projektierten Drehstromanlagen beauftragt. Dank Wilhelm von Siemens' Weitsicht entwickelten sich die Geschäftsaktivitäten im Starkstrommarkt zu einer tragenden Säule des Unternehmenserfolgs – »Kraftübertragung und Block«, wie Werner von Siemens einmal formuliert hatte, wurden zu wichtigen Arbeitsfeldern der Firma.

Going Public

Gründeraktie der
Siemens & Halske AG, 1897

Wilhelm von Siemens war nicht nur in technischer Hinsicht aufgeschlossen und offen gegenüber neuen Ideen. Auch in seinem unternehmerischen Handeln traf er zukunftsorientierte Entscheidungen mit einem sicheren Gespür für kommende Entwicklungen. Nachdem sich sein Vater aus der Unternehmensleitung zurückgezogen hatte, folgte Wilhelm dem nachdrücklichen Rat seines Onkels und wandelte das Familienunternehmen 1897 in eine Aktiengesellschaft um. Das rasche Anwachsen der Firma und der Aufstieg anderer Elektrofirmen wie der AEG machten eine Erweiterung der Kapitalbasis dringend erforderlich, um auch weiterhin konkurrenzfähig zu bleiben und in zukünftige Technologien investieren zu können.

Den entscheidenden Anstoß zur Reform der Unternehmensverfassung gaben die Pläne Rathenaus, die AEG und die 1892 gegründete »Union Elektricitäts-Gesellschaft« zu verschmelzen, wodurch Siemens & Halske die Unterstützung sämtlicher Berliner Großbanken verloren hätte. Formell erfolgte die Gründung der Siemens & Halske AG am 3. Juni 1897 mit Wirkung vom 1. August 1896. Die Aktiva und Passiva der Kommanditgesellschaft Siemens & Halske wurden auf die neue Aktiengesellschaft gegen 28 Millionen Mark in Aktien übertragen. Einzelne Mitglieder der Siemens-Familie übernahmen weitere Aktien im Nennwert von 7 Millionen Mark, so daß sich das gesamte Aktienkapital im Familienbesitz befand. Am 2. Juli 1897 fand die erste Aufsichtsratssitzung statt – »einzige Mitglieder: Onkel Carl, Arnold [Carls Sohn], Werner, ich«, wie Wilhelm von Siemens in seinem Tagebuch notierte. Zum ersten Aufsichtsratsvorsitzenden wurde der erfahrene Seniorchef des Hauses, Carl von Siemens, bestimmt.

Um den Familieneinfluß zu wahren, wurde das Gesellschaftsstatut gegen den Widerstand der Deutschen Bank und ihres Direktors Georg von Siemens so formuliert, daß ein größerer Fremdeinfluß jederzeit verhindert werden konnte. Dem Aufsichtsrat wurden weitgehende Vollmachten eingeräumt, und der Aufsichtsratsvorsitzende wurde ermächtigt, »die gesamte Geschäftsführung des Vorstandes zu überwachen und demgemäß alle Bücher und Schriften der Gesellschaft einzusehen«. Nach Paragraph 27 der Statuten konnte der Aufsichtsrat die Ausführung seiner Befugnisse auf einzelne Aufsichtsratsmitglieder übertragen. In der unternehmerischen Praxis fungierte der Aufsichtsratsvorsitzende jahrzehntelang als »Chef des Hauses« und garantierte die einheitliche Führung des Hauses Siemens. In Kombination mit anderen Festlegungen sorgte diese Regelung dafür, daß der bisherige Einfluß der persönlich haftenden Gesellschafter auch über den Wechsel der Rechtsform hinaus erhalten blieb.

Das Statut behielt bis zur Neufassung der Satzung, die infolge der Aktienrechtsreform des Jahres 1937 nötig wurde, Gültigkeit. Die Regelungen trugen den Interessen der Familie Rechnung. Die Abneigung, familienfremde Anteilseigner zu beteiligen, erschwerte jedoch eine raschere Aufstockung des Aktienkapitals. Gegenüber der häufig auf den Kapitalmarkt zurückgreifenden AEG behielt Siemens auch nach der Umwandlung in eine Aktiengesellschaft die für Familienunternehmen typische Form der Selbstfinanzierung bei.

Reform der Führungs- und Organisationsstruktur

Doch nicht nur die Rechtsform von Siemens & Halske bedurfte einer grundlegenden Reform. Wilhelm von Siemens war schnell klar, daß auch die Führungs- und Organisationsstruktur des Unternehmens zeitgemäß weiterentwickelt werden mußte. Geleitet von der Erkenntnis, daß zur dynamischen Expansion überall »neues tüchtiges Blut« nötig sei, brach Wilhelm mit der Tradition seines Vaters, ausschließlich altgediente »Privatbeamte« – wie Werner von Siemens seine leitenden Angestellten nannte – in Leitungs- und Verwaltungsfunktionen zu berufen. Statt dessen zielte die Personalpolitik des Juniorchefs darauf ab, Schlüsselpositionen mit hochqualifizierten jungen Leuten aus dem Hochschulbereich oder von anderen Firmen zu besetzen.

Bei der Auswahl seiner engsten Mitarbeiter bewies Wilhelm von Siemens viel Geschick und Menschenkenntnis. Er legte größten Wert darauf, daß seine Führungskräfte eine wissenschaftliche Ausbildung sowie organisatorische und kaufmännische Qualitäten vorweisen konnten. Zu den Männern, die diese Einstellungskriterien erfüllten, gehörte unter anderem der Physiker August Raps (1865 – 1920). Wilhelm von Siemens gelang es, den begabten Helmholtz-Schüler 1893 für das Unternehmen zu gewinnen. Von 1896 bis 1920 leitete Raps mit großem Erfolg das Berliner Werk; außerdem engagierte er sich stark für die Forschung. Zu Raps' Stellvertreter ernannte von Siemens den Physiker und Elektrotechniker Adolf Franke (1865 – 1940), der bereits Berufserfahrungen bei der Reichspost und in der Privatwirtschaft gesammelt hatte. Zunächst als Mitdirektor, ab 1895 als alleiniger Leiter des Charlottenburger Starkstromwerks fungierte der bereits 50jährige Emil Budde (1842 – 1920). Der Privatdozent der Physik, den der Firmenchef als »sehr tüchtige Kapazität« schätzte, verfügte über ausgezeichnete Kontakte zu den Berliner Behörden.

Wie die drei bereits Genannten entpuppte sich auch Alfred Berliner (1861 – 1943) als Gewinn für Siemens & Halske. Der studierte Ingenieur und Physiker kam 1888 durch Vermittlung von Hermann von Helmholtz zu Siemens & Halske. Als eines seiner ersten Projekte erhielt Berliner den Auftrag, Arnold von Siemens beim Aufbau eines USA-Geschäfts zu unterstützen. Nachdem 1891 zunächst ein Büro für die Chicagoer Weltausstellung eröffnet worden war, bereitete der talentierte »Manager und Elektriker« die Gründung der »Siemens & Halske Electric Company of America« vor, die im Frühjahr 1892 zusammen mit zwei einheimischen Partnern, O. W. Meysenburg und A. W. Wright, erfolgte. Bis 1893 verantwortete Berliner die Leitung des Unternehmens, das für den amerikanischen Markt Dynamomaschinen und Eisenbahnmotoren nebst Zubehör produzierte. Und auch zehn Jahre später, bei der Fusion der Starkstromabteilung

---

Wilhelm von Siemens, zitiert nach Richard Fellinger, Nachruf für Wilhelm von Siemens, 1920

... die Aufgabe der Oberleitung einer Firma ist, darüber zu wachen und die nötigen Direktiven dafür zu geben, daß eine gesunde und fruchtbare Weiterentwicklung der Technik in ihrem Hause stattfindet, daß neue Vorstöße unternommen werden und daß etwas zurückgebliebene Gebiete neue Impulse erhalten ...

der Siemens & Halske AG mit der Elektrizitäts-Aktiengesellschaft vorm. Schuckert & Co., sollte Berliner eine entscheidende Rolle spielen.

Zusätzlich zur Einstellung externer Nachwuchsführungskräfte setzte sich der weitsichtige Wilhelm von Siemens von Anfang an konsequent für die innerbetriebliche Führungskräfterekrutierung ein. Entsprechend seinen Vorgaben waren alle leitenden Angestellten angehalten, kompetente und hochmotivierte Mitarbeiter zu identifizieren und deren Entwicklung durch gezielte Maßnahmen zu fördern.

Dieser Strategiewechsel in der Personalpolitik war integraler Bestandteil eines von Wilhelm von Siemens initiierten Reorganisationsprozesses. Ausgehend von der Tatsache, daß Siemens & Halske »gewissermaßen aus einer Anzahl von Fabriken und Unternehmungen zusammengesetzt ist, welche zum großen Teil auch in ganz selbständiger Form existieren könnten«, hatte er bereits 1890 eine »Allgemeine Geschäftsordnung« für Siemens & Halske verabschiedet, in der den Direktoren der einzelnen Werke und Abteilungen ein Mindestmaß an Selbständigkeit zugestanden wurde. Um Mißverständnissen und Konflikten vorzubeugen, wurden die jeweiligen Kompetenz- und Verantwortungsbereiche klar definiert. Parallel etablierte er eine Zentralstelle, die als Organ der Unternehmensleitung die einzelnen Bereiche koordinierte und die Finanz- und Vermögensverwaltung übernahm. Daneben waren die neuen Zentralabteilungen zuständig für das Patentwesen und fungierten als Rechts- und Personalabteilung für leitende Angestellte sowie Arbeiter mit mehr als fünf Jahren Betriebszugehörigkeit. Auch Ausbau und Pflege der Beziehungen zu befreundeten Häusern, der Abschluß wichtiger Verträge sowie die Einführung von innovativen Produkten lagen im Zuständigkeitsbereich der Verwaltungsangestellten.

Ansicht des Werkes der Siemens & Halske Electric Company of America in Chicago, um 1892

Die neue Organisationsstruktur markiert den Beginn einer – noch vorsichtigen – Dezentralisierungspolitik. Wilhelm von Siemens begriff intuitiv, daß seine Unternehmensführung auf lange Sicht wesentlich erfolgreicher sein würde, wenn er einen Teil der operativen Aufgaben und Funktionen delegierte, ohne die strategische Kontrolle aus der Hand zu geben. Das breite Aufgabenspektrum der Zentralstelle beweist, daß Wilhelm bei aller Reformfreude noch weit davon entfernt war, sich auf die Rolle eines Generaldirektors zu beschränken. Nach wie vor sahen die Direktoren in ihm die eigentliche Entscheidungsinstanz, die sie eher zu akzeptieren bereit waren als eine Zentralstelle, die vornehmlich aus Nichttechnikern bestand.

Auch im Bereich der Absatzorganisation zog Siemens & Halske Konsequenzen aus den veränderten Rahmenbedingungen: Im Interesse einer größeren Kundenorientierung entschied die Unternehmensleitung 1885, die Vertriebsorganisation nach und nach von den geschäftsvermittelnden, im In- und Ausland tätigen Vertreterfirmen auf firmeneigene Technische Büros umzustellen, um den Markt der kleineren Kunden besser zu erschließen. Die Aufgabe dieser mit Ingenieuren besetzten neuen Außendienststellen bestand darin, den Absatzmarkt sorgfältig zu beobachten und Aufträge so weit vorzubereiten, daß die Projekte im Stammhaus bearbeitet werden konnten. Im Laufe der Zeit gingen die fachkundigen Mitarbeiter der Technischen Büros dazu über, einfachere Angebote auch selbsttätig auszuarbeiten.

Am 20. Januar 1890 wurde das erste sogenannte Technische Büro von Siemens & Halske in München eröffnet. Kurz darauf folgten die Zweigniederlassungen in Mülhausen im Elsaß, Köln, Hagen, Frankfurt am Main und Dresden. Ab 1894 wurde der »Verkehrsabteilung« der gesamte Vertrieb des Starkstromgeschäfts übertragen. Noch vor der Jahrhundertwende entschloß sich auch das Wiener Werk der Siemens & Halske AG, den Vertriebsapparat auf Technische Büros umzustellen. Bis 1914 entstanden insgesamt 21 Vertretungen, mit deren Hilfe es gelang, die wachsenden Herausforderungen auf den Gebieten Vertrieb sowie Kundenbindung und Kundenzufriedenheit erfolgreich zu bewältigen.

Das erste Technische Büro von Siemens & Halske in München, 1890

Aufbruch nach Siemensstadt

In Kombination mit seiner vorausschauenden Unternehmens- und Finanzpolitik führten die von Wilhelm von Siemens eingeleiteten Konsolidierungsmaßnahmen schnell zu positiven Ergebnissen – Siemens & Halske konnte ein stürmisches Wachstum verzeichnen. Im Herbst 1899 kommentierte der ehrgeizige Unternehmer die Leistungsbilanz seiner ersten Jahre folgendermaßen: »Aus dem Stadium der wirklichen geschäftlichen Sorgen und Beschränkungen sind wir also durch alle die nunmehr durchgeführten Organisationen und Konsolidierungen herausgetreten.«

Der Wachstumstrend wurde durch den Aufschwung der weitgehend in Berlin ansässigen Elektroindustrie insgesamt noch verstärkt. Innerhalb weniger Jahre erhöhte sich die Zahl der Arbeiter und Angestellten des Hauses Siemens von 4300 im Jahr 1890 auf 14500 Mitarbeiter im Jahr 1902, der Umsatz wuchs von 23,7 Millionen Mark auf 76,5 Millionen Mark. Wegen der Produktionssteigerungen stießen die Fabrikräume der Schwachstromfertigung in der Markgrafenstraße und die der Starkstrom- und Kabelfertigung in Charlottenburg an ihre

Blick auf das Kabelwerk am Rohrdamm, um 1900

Kapazitätsgrenzen. Wiederholt findet sich in Wilhelm von Siemens' Tagebuch der Eintrag, es fehle »stark an Raum«.

Um die Expansion am Traditionsstandort langfristig sicherstellen zu können, suchte die Unternehmensführung dringend nach einem geeigneten Gelände. 1897 fand Wilhelm von Siemens an den Nonnenwiesen ein 210 000 Quadratmeter großes unerschlossenes Gelände an der Spree. Das zwischen Spandau und Charlottenburg gelegene Areal war groß genug, den Ausbau der Firma auf Jahre zu sichern. Noch im selben Jahr entschloß sich Wilhelm von Siemens zum Kauf des Geländes und beauftragte den erfahrenen Bauingenieur Carl Dihlmann (1857–1920) mit der Projektierung der Bauarbeiten. Ausschlaggebend für diese weitsichtige Entscheidung waren weniger die niedrigen Bodenpreise als vielmehr die gute verkehrstechnische Anbindung an das nahe gelegene Berlin und das große Arbeitskräftepotential in der Stadt. Darüber hinaus bot Berlin den für ein Ballungszentrum typischen Vorteil einer großen räumlichen Nähe zu privaten und öffentlichen Auftraggebern. Nach und nach entstand unter der Leitung von Dihlmann und Karl Janisch (1870–1946) nordwestlich von Berlin ein völlig neuer Stadtteil, der sich bis zum Zweiten Weltkrieg zum größten Unternehmensstandort entwickeln sollte.

Bereits am 1. August 1899 konnte die Produktion im neuen Kabelwerk am Rohrdamm aufgenommen werden. Bedingt durch die gute Firmenkonjunktur und die hohe Nachfrage nach Siemens-Produkten, entstanden auf dem großzügig dimensionierten Fabrikgelände innerhalb weniger Jahre zahlreiche neue Gebäude. Mit Hinblick auf eine effektive und effiziente Ablauforganisation wurden die Produktionsräume und -prozesse in den Neu- und Erweiterungsbauten möglichst optimal gestaltet. Indem die Fabrikation gleichartiger Erzeugnisse räumlich zusammengefaßt wurde, gelang es, die Kosten zu senken und die Produktivität zu steigern. Im Jahr 1905 wurde die zu Ehren des Firmengründers als »Wernerwerk« bezeichnete Fabrik für die Produktion von Fernmeldeeinrichtungen auf dem Gelände am Nonnendamm in Betrieb genommen. 1906 errichtete Siemens das Kleinbauwerk zur Produktion von Installations- und Schaltmaterial. Bald darauf entstand mit einer geräumigen Halle für den Großmaschinenbau die Keimzelle des Dynamowerks, das 1910 ausgebaut und anschließend noch zweimal erweitert wurde. In den ausgedehnten Werksanlagen wurden elektrische Sonderbaumotoren und leistungsfähige Dynamomaschinen, Leistungsgeneratoren sowie An-

Das Dynamowerk, errichtet 1906

triebe für Aufzüge, Förderanlagen, Walzstraßen, Elektroschmelzöfen, Lokomotiven und Schiffe hergestellt.

Da die Nachfrage nach Leitungen und Kabeln für die Nachrichten- und Energietechnik seit der Jahrhundertwende ständig gestiegen war, hatte sich Wilhelm von Siemens bereits im Dezember 1910 entschlossen, das am Hohenzollernkanal gelegene Gut Gartenfeld zu erwerben, um dort ein neues Kabelwerk errichten zu lassen. Bis zum Beginn des Jahres 1912 entstand auf dem westlichen Teil der gleichnamigen Insel bei Saatwinkel der damals größte Hallenfabrikbau Europas, dessen Grundfläche 81 216 Quadratmeter einnahm. Nach Produktionsbeginn wurde das freiwerdende alte Kabelwerk in Siemensstadt für die Fabrikation von Kleinmotoren und kleineren Maschinen genutzt. Das Gebäude wurde fortan als »Elmowerk« (Elektromotorenwerk) bezeichnet.

Das Wernerwerk für Meßtechnik, errichtet ab 1914

Nachdem alle wichtigen Fertigungsstätten am Nonnendamm zusammengefaßt worden waren, zog 1914 auch die Verwaltungszentrale der Berliner und Charlottenburger Werke an den neuen Standort um.

Im Sinne einer nachhaltigen Unternehmenspolitik investierte Siemens beträchtliche Summen in den Auf- und Ausbau der Infrastruktur des ländlichen Gebiets. Eine der zentralen Herausforderungen bestand darin, den neuen Stadtteil verkehrstechnisch zu erschließen. Zusätzlich zur Anbindung an das Berliner Nahverkehrssystem förderte das Unternehmen auf eigene Kosten den Straßenbau rund um den Nonnendamm. Daneben errichtete Siemens & Halske eine erste Brücke über die Spree, baute ein Kraftwerk, das auch die ersten sich am Nonnendamm ansiedelnden privaten Wohnungsbauten, die öffentlichen Straßen und später die Straßenbahn mit Strom versorgte, sowie eine Kläranlage, die bald auch die Haushaltsabwässer reinigte. Im Wettbewerb um die qualifiziertesten Arbeitskräfte Berlins beteiligte sich Siemens seit 1904 am Bau von Wohnungen und unterstützte die Etablierung der für ein funktionierendes Gemeinwesen notwendigen technischen, sozialen, kulturellen und kommunalen Einrichtungen. 1914 zählte die wachsende Gemeinde bereits 7000 Einwohner. Weitere 23000 Mitarbeiter waren in den Fabriken und in der Verwaltung tätig. In Anerkennung um die Verdienste bei der Stadtteilentwicklung benannte der Stadtrat von Spandau den bisherigen Ortsteil Nonnendamm mit Wirkung vom 1. Januar 1914 in Siemensstadt um.

Der Erste Weltkrieg unterbrach jede nichtkriegswichtige Bautätigkeit, und die Fertigung der Siemenswerke wurde auf die Erfordernisse der Rüstung umgestellt; es entstanden ein Munitionslager und eine Pulverfabrik. Die Belegschaft wuchs auf über 40000 Mitarbeiter, die Einwohnerzahl von Siemensstadt erhöhte sich auf 8000 Menschen. Erst 1918 konnte der bereits vor dem Krieg begonnene

Bau des Wernerwerks für Meßtechnik mit dem bis heute unverändert erhaltenen 75 Meter hohen Uhrenturm – dem Wahrzeichen von Siemensstadt – fertiggestellt werden.

Wachstum durch Konzentration und Kooperation

Um die Wende vom 19. zum 20. Jahrhundert war die Elektroindustrie, die vor allem in den 1890er Jahren wegen der Elektrifizierung der großen Städte enorm gewachsen war, von Überkapazitäten und einem ruinösen Preiswettbewerb gekennzeichnet. In der stürmischen, oft spekulativen, durch die vielfache Überzeichnung von Aktien charakterisierten Entwicklung der 1890er Jahre entstanden mit der Union Elektricitäts-Gesellschaft, einem Ableger der Thomson-Houston Company, der Helios AG für elektrisches Licht und Telegraphenbau, der Actiengesellschaft vorm. O. L. Kummer und der Electricitäts-Actien-Gesellschaft W. Lahmeyer & Co. weitere Großunternehmen in der Elektroindustrie. Zweifellos hatte sich der Kundenkreis im Laufe der Zeit erheblich erweitert, doch wäre für eine auf Dauer ausreichende Beschäftigung der intern und extern wachsenden Großfirmen eine langfristige Fortsetzung des Elektrobooms der 1890er Jahre erforderlich gewesen. Gegen Ende des Jahrzehnts wurde der Wettbewerb um die vorhandenen oder nur über das risikoreiche Unternehmergeschäft zu beschaffenden Aufträge immer härter. Da der Markt innerhalb weniger Jahre eine erste Sättigungsgrenze erreicht hatte und die Preise durch die Großunternehmen gedrückt wurden, die den Vorteil sinkender Grenzkosten bei Massenproduktion ausnutzten, traten für die Elektrounternehmen an die Stelle der inzwischen weitgehend beherrschbaren technischen Aufgaben wirtschaftliche und speziell finanzielle Probleme. Der Kosten- und Konkurrenzdruck wurde zusätzlich durch die allgemeine Konjunkturkrise der Jahre 1901/02 verschärft. Erschwerend kam hinzu, daß in der Elektroindustrie die damals gesetzlich erlaubten und zur Stärkung der internationalen Wettbewerbsfähigkeit sogar zum Teil staatlich geförderten Absprachen in Form von Kartellen und Syndikaten im Unterschied zu anderen Wirtschaftszweigen aufgrund der Heterogenität der Produkte nur in Teilbereichen möglich waren. Nüchtern diagnostizierte der Branchenkenner Wilhelm von Siemens: »Die unvernünftige Expansion und das gegenseitige Überbieten und Unterbieten der elektrischen Industrie hat dem ganzen Gebiet sehr geschadet.«

Selbst seriöse und anerkannte Unternehmen, die während der Hochkonjunkturphase ab 1894/95 stark expandiert und sich übermäßig im Unternehmergeschäft engagiert hatten, brachen zusammen oder gerieten in ernsthafte Liquiditätsschwierigkeiten. Angesichts der drohenden Insolvenz sahen sich viele Firmen gezwungen, die Sanierung ihrer überschuldeten Unternehmen durch Bankkredite zu finanzieren – um den Preis, daß der Einfluß der Banken auf die Unternehmenspolitik entsprechend wuchs. Die Alternative zu dieser Überlebensstrategie bestand darin, sich einen wirtschaftlich gesunden und leistungsfähigen Partner zu suchen. In dieser Situation waren Siemens & Halske wie auch die AEG, deren Vorstände die Risiken des Unternehmergeschäfts richtig eingeschätzt hatten, eindeutig im Vorteil. Die in Schwierigkeiten geratenen Gesellschaften wurden entweder dem einen oder dem anderen Unternehmen angegliedert beziehungsweise zum Zweck der Marktbereinigung gemeinsam liquidiert: Wenige Jahre nach der Jahrhundertwende gingen Siemens und die AEG als beherrschende Konzerne der deutschen Elektroindustrie aus dem Konzentrationsprozeß hervor.

1902 steckten unter anderem die von der amerikanischen Thomson-Houston-Gruppe 1892 in Deutschland gegründete »Union Elektricitäts-Gesellschaft« (UEG) und die eingangs erwähnte »Elektrizitäts-Aktiengesellschaft vorm. Schuckert & Co.« (EAG) in der Krise. Bereits zum Jahresende wurde die UEG von der AEG übernommen. Entschlossen, den Expansionsdrang seines Konkurrenten Rathenau mit aller Macht zu bekämpfen, notierte Wilhelm von Siemens in seinem Tagebuch: »Gelang es uns, Schuckert an uns anzugliedern, dann wurden wir dem Umfange nach so stark, daß uns die Annektierungsbestrebungen der AEG nicht weiter gefährden konnten.« Seine Übernahmestrategie basierte auf folgenden Überlegungen: »Die Operation wird ohne Vermehrung des Aktienkapitals von S&H durchgeführt. Es wird eine Gesellschaft mit beschränkter Haftung gebildet, in welche S&H und Schuckert ihre Starkstromfabrikations- und Verkaufsgeschäfte zu ihren Buchwerten und soliden Sätzen einbringen. Unterrechnungen, Effekten, Garantien, unklare Werte etc. bleiben ausgeschlossen. S&H erhalten die Majoritäten in Kapital und in Aufsichtsrat und den Vorsitz. S&H behalten selbständig das Schwachstromwerk, Block-, Glühlampen- und Kohlenwerk.«

Diesem Plan folgend, wurde die Fusion der beiden Elektrounternehmen schnell und reibungslos abgewickelt. Zunächst verständigte sich Wilhelm von Siemens in einem vertraulichen Gespräch mit Anton von Rieppl, der in seiner Funktion als Generaldirektor der »Maschinenfabrik Augsburg-Nürnberg AG« (MAN) Mitglied im Aufsichtsrat der EAG vorm. Schuckert & Co. war, grundsätzlich über die Ziele der Unternehmensverbindung. Als Ergebnis der nachfolgenden Verhandlungen lag keine vier Wochen später der Gründungsvertrag für die »Siemens-Schuckertwerke GmbH« (SSW) vor, dessen Entwurf die Generalversammlungen beider Unternehmen am 9. März 1903 billigten. Der Vertrag trat am 21. März 1903 in Kraft. Mit der Fusion durch Neubildung sicherte sich das Haus Siemens, das seit Firmengründung eine führende Position auf dem Schwachstrommarkt einnahm, auch im Kerngebiet der AEG eine starke, dem Unternehmen Emil Rathenaus fast ebenbürtige Stellung. Gleichzeitig wurde der Finanzspielraum von Siemens erheblich erweitert, die bestehenden Finanzierungsgesellschaften wurden um die der EAG vorm. Schuckert & Co. ergänzt. Hochzufrieden mit dieser Entwicklung, schrieb Carl von Siemens, Seniorchef des Hauses, an seinen Neffen: »Gratuliere zum Abschluß mit Schuckert, den der Himmel mit Segen überschütten möge.«

Innerhalb des Siemens-Konzerns fungierten die Siemens & Halske AG und die Siemens-Schuckertwerke GmbH als Stammgesellschaften. Den Vorsitz der je-

Titelseite des Gesellschaftsvertrags für die Siemens-Schuckertwerke GmbH, 1903

weiligen Aufsichtsräte übernahmen Arnold und Wilhelm von Siemens, dessen Einfluß auf das Gesamtunternehmen jedoch bestimmend blieb. Zum ersten Vorstandsvorsitzenden der neuen Firma wurde Alfred Berliner bestimmt, der Wilhelm während der Vertragsverhandlungen qualifiziert beraten hatte. Das Stammkapital der SSW betrug 90 Millionen Mark, beide Gesellschaften waren in fast gleicher Höhe beteiligt. Der Mehrbetrag von 100 000 Mark sicherte Siemens bei Auseinandersetzungen die unternehmerische Führung. Auch wenn beide Stammgesellschaften rechtlich selbständig blieben, unterstanden sie de facto einer gemeinsamen Leitung.

Durch die Gründung der Siemens-Schuckertwerke GmbH und die damit verbundene Ausgliederung der Starkstromaktivitäten fungierte die Siemens & Halske AG als eine Mischung aus Fabrikations- und Beteiligungsgesellschaft – nach eigenem Empfinden sah sich das Unternehmen allerdings eher in der Rolle einer »technischen Holdinggesellschaft«. Die EAG vorm. Schuckert & Co. hingegen nahm verstärkt den Charakter einer Finanzierungsgesellschaft an, zu deren Kerngeschäft sich die Finanzierung größerer Elektrizitätswerke und Straßenbahnprojekte entwickelte.

Parallel zu dem Beschluß, mit der EAG vorm. Schuckert & Co. zu fusionieren, verhandelte Wilhelm von Siemens mit der AEG über die Gründung eines Gemeinschaftsunternehmens auf dem Gebiet der Funkentelegraphie. Die Gespräche wurden auf Druck Kaiser Wilhelms II. geführt, der großes Interesse an der militärischen Nutzung der noch jungen Technik hatte. Im Mai 1903 einigten sich beide Elektrokonzerne, die bis dato nach unterschiedlichen Patenten gearbeitet und sich harte Konkurrenzkämpfe geliefert hatten, ihre Aktivitäten im Geschäftsfeld drahtlose Nachrichtenübertragung in der »Gesellschaft für drahtlose Telegraphie mbH, System Telefunken« – kurz Telefunken – zu bündeln. Das Grundkapital der Firma wurde auf 300 000 Mark festgesetzt und je zur Hälfte von den beiden Gründergesellschaften übernommen. Zum Geschäftsführer und technischen Direktor des Joint-venture wurde der Leiter der Funkentelegraphischen Abteilung der AEG, Georg Graf von Arco, ernannt.

Dank der Kooperation konnten wesentliche Synergieeffekte in Forschung und Entwicklung, in der Produktion und im Vertrieb der neuen Technik erzielt werden. Doch trotz einiger spektakulärer Einzelerfolge auf den wichtigsten Gebieten der Funktechnik – dem Militär-, dem Welt- und dem Schiffsfunkverkehr – blieben die Leistungen bis Kriegsausbruch 1914 zum Teil erheblich hinter dem internationalen, vor allem dem britischen Standard zurück.

Als sich Siemens zur Beteiligung an Telefunken entschloß, hatte die Firmenleitung innerhalb eines Jahres zwei gegensätzliche Entscheidungen von langfristiger Bedeutung getroffen: einerseits die von der Wettbewerbssituation diktierte strategische Entscheidung, die Siemens-Schuckertwerke GmbH zu gründen, andererseits die durch politische und militärische Einflüsse mitbestimmte, im Haus von Beginn an umstrittene Entscheidung, mit dem auf dem Schwachstromgebiet deutlich unterlegenen Konkurrenten AEG gleichberechtigt

---

Wilhelm von Siemens. Tagebucheintrag 26.12.1902

Bisher haben wir unsere 35 Millionen S&H-Aktien zusammengehalten und ich widme dieser Politik meine ganze Lebensarbeit, damit die jüngere Generation wenigstens die Chance vorfindet. Von diesem Kernpunkte aus muß unsere Politik und Entwicklung im letzten Jahrzehnt aufgefaßt werden.

zusammenzuarbeiten – selbst wenn dadurch die Entfaltungsmöglichkeiten der Stammfirma eingeschränkt wurden. In den Kapitalverhältnissen der beiden Gesellschaften kommen jedoch deren unterschiedliche Bedeutung und Tragweite klar zum Ausdruck.

Keine zehn Jahre nach den für die langfristige Unternehmensentwicklung so entscheidenden Ereignissen des Frühsommers 1903 wußte Wilhelm von Siemens die Situation der in finanzielle Bedrängnis geratenen Bergmann-Elektricitäts-Werke AG zum Vorteil des Hauses Siemens zu nutzen. Dank seines entschlossenen Handelns gelang es der Siemens-Schuckertwerke GmbH 1911 im Zusammenwirken mit der Deutschen Bank, sich mit über 16 Prozent am potentiellen Übernahmekandidaten Bergmann zu beteiligen und so eventuellen Akquisitions- und Fusionsplänen der Wettbewerber zuvorzukommen. Indem die Siemens-Schuckertwerke je einen Vertreter in Aufsichtsrat und Vorstand der Gesellschaft entsandten, konnte Siemens die Geschäftspolitik des einstigen Konkurrenzunternehmens im eigenen Interesse mitgestalten. Der Bergmann-Anteil wurde später auf insgesamt 19 Prozent aufgestockt.

Druckschrift der Bergmann Elektricitäts-Werke AG, 1910

Mit dieser Entwicklung war das von Wilhelm von Siemens formulierte Ziel einer »Konsolidierung im Sinne der Auswüchse der Konkurrenz und Verhinderung des Preisruins« erreicht. Innerhalb von nur 15 Jahren hatte sich die Zahl der großen deutschen Elektrounternehmen von insgesamt acht scharf konkurrierenden Firmen auf zwei Unternehmensgruppen reduziert – Siemens und die AEG. Unter dem Leitmotiv, die Zukunft der gesamten Elektrotechnik weltweit entscheidend mitzugestalten, war es Wilhelm von Siemens gelungen, den väterlichen Betrieb zu einem multinationalen Unternehmen weiterzuentwickeln, das 1914 einen Umsatz von etwa 410 Millionen Mark erzielte und insgesamt 82 000 Mitarbeiter beschäftigte, davon rund ein Viertel im Ausland. Mit seinen in- und ausländischen Produktionsstätten und einer über die ganze Welt ausgedehnten Vertriebsorganisation gehörte das Haus Siemens weltweit zu den größten Unternehmen der Branche. 47 Prozent des Weltelektroaußenhandels entfielen damals auf Deutschland, mit Siemens in führender Position.

Die wissenschaftliche Seele des Geschäfts

Getreu der Devise »Gut ist nie gut genug« strebte Wilhelm von Siemens zeitlebens danach, die Leistungsfähigkeit seines Unternehmens in allen Funktionsbereichen zu steigern. Neben seiner erfolgreichen unternehmerischen Arbeit fand er immer wieder Zeit, sich »der eigentlich technischen Produktion zuzuwenden«. Der leidenschaftliche Forscher verfügte über das Talent, jeweils im richtigen Moment den entscheidenden Impuls für bahnbrechende Innovationen zu geben und seine Mitarbeiter zu Höchstleistungen zu motivieren. Auf seine Anregung gelang es den hochkarätigen Forschern und Entwicklern des Hauses Siemens, das Geschäftsportfolio des Elektrokonzerns kontinuierlich um visionäre Neuent-

Wilhelm von Siemens, Tagebucheintrag 17. 9. 1899

Aus dem Stadium der wirklichen geschäftlichen Sorgen und Beschränkungen sind wir also durch alle die nunmehr durchgeführten Organisationen und Konsolidierungen herausgetreten. Meinerseits bin ich in der Lage, mich mehr der eigentlich technischen Produktion zu widmen.

wicklungen zu bereichern und bewährte Produkte und Technologien mit Fokus auf die Kundenbedürfnisse zu verbessern.

Wilhelm von Siemens' besonderes Interesse galt dem Bau elektrischer Bahnen. Mit dem Ziel, die Überlegenheit der elektrischen gegenüber den dampfgetriebenen Eisenbahnen zu demonstrieren und das technische wie wirtschaftliche Potential des Verkehrsmittels zu erschließen, regte er im November 1897 an, die Drehstromversuche des Jahres 1892 wiederaufzunehmen. Als Ergebnis eines umfangreichen Versuchsprogramms gelangte das Team um den Siemens-Chef zu der Erkenntnis, daß elektrischen Lokomotiven die Hochspannungsenergie entweder direkt oder über Transformatoren zugeführt werden konnte. Da die Experimente zur Elektrifizierung der Eisenbahn hohe Entwicklungskosten verursachten, einigten sich Siemens & Halske und die AEG darauf, eine strategische Allianz einzugehen. Außer den beiden Elektrounternehmen beteiligten sich im Herbst 1899 auch andere Firmen, Banken und das Reichseisenbahnamt an der Gründung der »Studiengesellschaft für elektrische Bahnen GmbH«, die dem elektrischen Bahnsystem zum Durchbruch verhelfen sollte. Siemens & Halske und die AEG wurden mit der Lieferung von je einem Drehstromtriebwagen beauftragt – als Versuchsgleis stand die 23 Kilometer lange Strecke der Militäreisenbahn Marienfelde–Zossen südlich von Berlin zur Verfügung. Zufrieden mit dem Verlauf der ersten Versuchsreihen, notierte Wilhelm von Siemens in seinem Tagebuch: »Die Zuführung des Stromes geschah nach der von uns auf meinen Vorschlag in Lichterfelde erprobten Hochspannungsmethode und hat sich glänzend bewährt, obschon Schwieger es für eisenbahntechnisch unmöglich erklärt hatte.« 1903 war es dann soweit: Mit einer Geschwindigkeit von rund 210 Kilometern pro Stunde erreichte die Schnellbahn einen sensationellen Weltrekord, der knapp 50 Jahre bestehen sollte.

Ein weiterer Prestigeauftrag war der Bau der Berliner Hoch- und Untergrundbahn, den Wilhelm von Siemens gemeinsam mit Georg von Siemens von der Deutschen Bank seit 1896 vorantrieb. Das aufwendige Projekt war in organisatorischer, technischer und wirtschaftlicher Hinsicht ein voller Erfolg – ein erstes Teilstück konnte bereits im September 1901 in Betrieb genommen werden. In den Folgejahren erhielt Siemens zahlreiche Folgeaufträge zum Ausbau des U-Bahn-Netzes. Bei ihren Arbeiten wurden die Mitglieder der Siemens-Familie von Heinrich Schwieger (1846–1911) unterstützt, der bereits bei der Projektierung von Straßenbahnstrecken im europäischen Ausland wertvolle Erfahrungen gesammelt hatte. Der Ingenieur war auch am Bau der ersten U-Bahn auf dem europäischen Kontinent maßgeblich beteiligt gewesen, die Siemens & Halske nach nur zweijähriger Bauzeit im Mai 1896 in Budapest eröffnen konnte.

Der Drehstrom-Schnelltriebwagen Marienfelde–Zossen von Siemens, 1903

Zeitgleich engagierte sich Wilhelm von Siemens für die Weiterentwicklung der Glühlampentechnik, indem er Werner Bolton (1868–1912), Leiter des Laboratoriums im Charlottenburger Glühlampenwerk, vor die ehrgeizige Aufgabe stellte, den Kohlefaden der Lampe durch einen metallischen Glühfaden zu ersetzen. Bolton zeigt sich der Herausforderung gewachsen – im Tantal fand er ein Material, das geeignet war, die Leuchtqualität entscheidend zu verbessern. 1905 wurde mit der Auslieferung der ersten Metallfadenglühlampe begonnen. In den folgenden Jahren entwickelte sich das Geschäft mit der Tantallampe nach eigener Aussage zum »wesentlichen Rentabilitätsbringer der Firma«. Die Produktion stieg von Jahr zu Jahr, bis 1914 wurden weltweit über 50 Millionen Lampen nach Boltons Verfahren hergestellt.

Schließlich setzte der hochtalentierte Entrepreneur auch auf dem Gebiet der Nachrichten- und Fernsprechtechnik Meilensteine: Mit großem persönlichen Engagement entwickelte er den nach ihm benannten »Wilhelm von Siemensschen Schnelltelegraphen«, der mit einem Leistungsvermögen von ursprünglich 2000 Zeichen pro Minute alle früheren Apparate in den Schatten stellte. In überarbeiteter Form wurde der Schnelltelegraph seit 1912 in den politischen und wirtschaftlichen Zentren Europas auf mehr als 200 Ämtern eingesetzt.

Zu einer der bedeutendsten Leistungen seiner Erfolgsbilanz zählt die Weiterentwicklung der Selbstwählautomatik. Dank der Optimierung des ursprünglich in Amerika entwickelten Systems gelang es, die manuelle Gesprächsvermittlung zu automatisieren und 1909 das erste deutsche Großstadt-Fernsprechamt mit Selbstwählbetrieb für zunächst 2500 Anschlüsse in Betrieb zu nehmen. Mit dieser Innovation legte Wilhelm von Siemens den Grundstein für die Automatisierung des europäischen Fernsprechverkehrs.

Modernen Entwicklungen am Rande der Elektrotechnik wie dem Automobil und dem Flugzeug stand der vielseitig interessierte Wilhelm von Siemens ebenfalls aufgeschlossen gegenüber: In Erwartung einer großen Nachfrage nach elektrisch angetriebenen Automobilen hatten die Siemens-Schuckertwerke 1906 ein neues Werk für die Fahrzeugproduktion errichtet. Durch die Zusammenarbeit mit der »Accumulatoren-Fabrik Actien-Gesellschaft« (AFA) glaubte man, über das nötige technische Know-how zu verfügen. Da die Batterien jedoch zu schwer und wenig leistungsfähig waren, übernahmen die Siemens-Schuckertwerke auf Initiative Wilhelm von Siemens' den Automobilhersteller »Protos«. Ab 1908 wurden in Berlin-Reinickendorf »Protos-Wagen der Siemens-Schuckertwerke« gebaut – so die offizielle Bezeichnung aller Fahrzeugmodelle. Das Produktionsprogramm umfaßte Vier- und Sechszylinder-Benzin-Motorenwagen mit unterschiedlicher Lei-

Werbung von Siemens Brothers, um 1909

Das erste automatische Fernsprechamt mit Hebdrehwählern in München-Schwabing, 1909

Blick in die Fertigmacherei des Automobilwerks der Siemens-Schuckertwerke in Berlin, 1913

stung; 1910 waren sieben verschiedene Benzin- und drei Elektrowagen im Angebot. Mit Hinblick auf Wettbewerbsfähigkeit und Rentabilität des Unternehmens entschloß sich die Unternehmensleitung drei Jahre später, die Typenvielfalt auf ein einziges Grundmodell zu reduzieren. Gleichzeitig wurde mit dem Bau von Lastwagen begonnen.

Lange Jahre war die Automobilproduktion der Siemens-Schuckertwerke mit hohen Investitionskosten belastet. Der Turnaround gelang erst in den Kriegsjahren, als, bedingt durch die starke Nachfrage des Heeres, bessere Preise erzielt werden konnten.

Um die Technologieführerschaft und Innovationsfähigkeit des Elektrokonzerns mittel- und langfristig aufrechtzuerhalten und ausbauen zu können, traf Wilhelm von Siemens eine unternehmerische Entscheidung von großer Tragweite: 1907 richtete er auf dem Areal des Dynamowerks in Siemensstadt das »Chemisch-Physikalische Laboratorium« ein. In dieser übergeordneten Abteilung wurden die bis dato dezentral durchgeführten Entwicklungsarbeiten unter der Leitung von Werner Bolton zusammengefaßt und koordiniert. Mit dieser Entscheidung legte der weitsichtige Unternehmer ein solides Fundament für die planmäßige und systematische Entwicklung wichtiger Pionierleistungen der folgenden Jahrzehnte.

Das chemisch-physikalische Laboratorium, auch »Charlotte« genannt

Schlüsselfaktor Human Resources

Werner von Siemens hatte seinen Sohn spätestens nach dessen Eintritt bei Siemens & Halske systematisch auf die Rolle als Nachfolger vorbereitet. Die Einarbeitung in seine künftige Funktion als Führungskraft ging weit über die Vermittlung reinen Fach- und Methodenwissens hinaus. Überzeugt davon, daß an der Spitze des von ihm aufgebauten Unternehmens nur ein visionärer und verantwortungsbewußter Manager langfristig erfolgreich sein würde, war es Werner von Siemens besonders wichtig, auch seine wirtschafts- und unternehmensethischen Grundsätze an die nachfolgende Generation weiterzugeben. Entsprechend handelte Wilhelm ganz im Sinne seines Vaters, als er sich im Bereich der betrieblichen Sozialpolitik vor allem für die gesundheitliche Versorgung seiner Mitarbeiter engagierte.

Bald nach der Firmengründung waren alle Mitarbeiter von Siemens & Halske in der gemeinsam mit anderen Berliner Unternehmen gegründeten Kranken- und Sterbekasse für Maschinenbauarbeiter pflichtversichert. Auf Initiative von Wilhelm von Siemens wurde 1908 eine eigene Betriebskrankenkasse eingerichtet, deren Organisation und Leitung in die Zuständigkeit der Kommission für soziale

Angelegenheiten fiel. Versichert waren zunächst nur die Mitarbeiter selbst. Erst in späteren Jahren stand die Kasse auch den Familienmitgliedern der Siemens-Beschäftigten offen.

Außerdem hatte der kluge Unternehmer richtig erkannt, daß eine zielgerichtete Gesundheitspolitik eine den Geschäftsinteressen dienende prophylaktische Wirkung besaß. 1906 etablierten die Verantwortlichen am Standort Berlin einen umfassenden fabrikärztlichen Bereitschaftsdienst. Die medizinische Versorgung der Belegschaft wurde durch Rahmenverträge mit frei praktizierenden Ärzten sichergestellt. Um über die Versorgung akuter Fälle hinaus krankheitsbedingte Arbeitsausfälle zu reduzieren und die Leistungsfähigkeit der Mitarbeiter zu steigern, wurde schon frühzeitig in Betriebshygiene und Gesundheitsprävention investiert. Der Maßnahmenkatalog reichte von der Heimpflege von Mitarbeiterinnen in den ersten beiden Wochen nach der Geburt über firmeneigene Erholungsheime an der Ostsee bis zur Entscheidung, den Mitarbeitern bezahlte Urlaubstage zu gewähren. Nach Beschluß vom 29. Juni 1908 hatten männliche Beschäftigte, die mindestens 25 Jahre alt und über fünf Jahre im Unternehmen tätig waren, Anspruch auf eine Woche bezahlten Jahresurlaub. Diese sehr fortschrittliche Vereinbarung fand allgemein erst nach dem Ersten Weltkrieg Eingang in die Tarifregelungen.

Da die traditionelle handwerkliche Ausbildung den hohen Qualitätsanforderungen des expandierenden Unternehmens nicht mehr genügte, investierte der wachstumsorientierte Wilhelm von Siemens zusätzlich in die Aus- und Weiterbildung seiner Mitarbeiter. Angesichts des noch unterentwickelten öffentlichen Berufsschulwesens wurde die praktische Lehrlingsausbildung um einen berufsbegleitenden theoretischen, auf die spezifischen Bedürfnisse des Unternehmens zugeschnittenen Unterricht erweitert. Neben der qualifizierten Lehrlingsausbildung setzte sich der verantwortungsvolle Unternehmer auch für die Qualifizierung der ungelernten Arbeitskräfte ein. Unter dem Oberbegriff »Anlernung« wurde 1915 ein spezielles Programm entwickelt, nach dessen erfolgreichem Abschluß Nichtfacharbeitern auch höherwertige Tätigkeiten übertragen werden konnten. Dank dieser Qualifizierungsmaßnahme konnte der während des Krieges auftretende Facharbeitermangel zumindest teilweise ausgeglichen werden.

Blick in das ärztliche Behandlungszimmer des Dynamowerks, um 1914

Überleben in schwierigen Zeiten

Der Ausbruch des Ersten Weltkriegs traf Siemens wie die gesamte deutsche Elektroindustrie unvorbereitet und schädigte die Weltmarktstellung des Unternehmens nachhaltig. In dieser Ausnahmesituation waren vor allem die Weitsicht und das Organisationstalent Wilhelm von Siemens' gefordert – galt es doch, das Überleben der Firma zu sichern.

Während des Krieges kam es zu erheblichen Veränderungen in den Bereichen Produktion und Absatz. Den Aufträgen der Heeresverwaltung standen beträchtliche Auftragseinbrüche in den Kernbereichen des Unternehmens und eine deutliche Reduzierung des bisherigen Produktionsprogramms gegenüber. Da niemand Dauer und Umfang der militärischen Auseinandersetzungen auch nur annähernd voraussehen konnte, kam es zu erheblichen Engpässen bei der Rohstoffversorgung.

Der proportional mit dem Kriegsverlauf zunehmende Rohstoffmangel wirkte sich in vielfacher Hinsicht nachteilig auf die Unternehmensentwicklung aus: Zum einen gingen ausländische Märkte an noch lieferfähige Wettbewerber verloren, zum anderen wurde die Entstehung einer einheimischen Elektroindustrie in den ehemaligen Abnehmerländern gefördert. Und auch in Deutschland selbst machte sich der Auftragsrückgang negativ bemerkbar. Obwohl die Belegschaft durch die Einberufungen zum Militär bereits reduziert worden war, sahen sich die Vorstände der Siemens-Stammgesellschaften gezwungen, Mitarbeiter freizusetzen und die Wochenarbeitszeit zu reduzieren. Nach und nach wurden alle in der Elektrotechnik benötigten Rohstoffe für Kriegszwecke beschlagnahmt mit der Folge, daß sich die Rohstoffpreise kontinuierlich erhöhten und der Konzentrationsprozeß innerhalb der Elektrobranche in vertikaler Richtung intensiviert wurde. Mit dem Ziel, den Nachschub von Rohstoffen und Halbzeugen zu gewährleisten, gliederten Siemens und vor allem die AEG Unternehmen in den Bereichen Maschinenbau, Gummi, Kabel, Draht, Kupfer, Aluminium und schließlich auch Automobilbau an. Um die Versorgung mit Industrieporzellan sicherzustellen, war bereits 1913 die Porzellanfabrik Neuhaus bei Sonneberg in Thüringen gekauft worden. Im Jahr 1919 wurde ein Pachtvertrag mit der Porzellanfabrik Schweig in Weißwasser, Niederlausitz, abgeschlossen.

Der Kriegsverlauf und die Bedingungen des Versailler Vertrags hatten einschneidende Auswirkungen auf das Unternehmen. Schon während des Krieges wurde der Zugang zu den eigenen ausländischen Tochtergesellschaften oder Vertriebsstellen unterbrochen; die meisten von ihnen wurden enteignet

Die Porzellanfabrik in Neuhaus bei Sonneberg, undatiert

oder zumindest unter Sequester gestellt. Mit Produktionsstätten in England und Rußland war Siemens besonders stark von den Maßnahmen der Alliierten betroffen. Die Aktien von Siemens Brothers & Co. Ltd. gingen in englische Hände über, die Siemens Brothers Dynamo Works Ltd. wurden an die English Electric Co. verkauft. Auch in Rußland wurden Anlagen im Wert von 50 Millionen Goldrubel enteignet; ebenso gingen in Frankreich, Belgien und Italien beträchtliche Werte verloren.

Die Zuversicht und der Optimismus Wilhelm von Siemens', die ihn sein Leben lang zu Höchstleistungen motiviert hatten, wurden durch den Ausgang des Krieges aufs tiefste erschüttert. Als der Unternehmer am 14. Oktober 1919 in Arosa starb, war die Ausgangslage für seinen Nachfolger Carl Friedrich von Siemens (1872–1941) denkbar ungünstig.

Carl Friedrich von Siemens (1872–1941), der dritte und jüngste Sohn des Firmengründers Werner von Siemens, trat nach der Zäsur des Ersten Weltkriegs und dem Tod der beiden älteren Brüder Arnold und Wilhelm an die Spitze des Unternehmens. Als »Chef des Hauses« gestaltete er die Entwicklung des Konzerns während der Weimarer Republik und des Nationalsozialismus unter schwierigen politischen und wirtschaftlichen Rahmenbedingungen. Seine strategischen Entscheidungen orientierten sich an dem Leitbild, die »Einheit des Hauses« zu wahren und zu festigen. Seine Unternehmenspolitik zielte darauf ab, weiterhin ein Universalunternehmen der Elektroindustrie zu sein. Innerhalb der Branche engagierte sich Siemens als einziges Unternehmen sowohl in der Schwach- als auch in der Starkstromtechnik, wie man damals die Nachrichten- bzw. Energietechnik nannte. Carl Friedrich von Siemens' Weitsicht trug wesentlich dazu bei, daß Siemens trotz der Kriegsverluste Mitte der 1920er Jahre wieder zu den weltweit führenden Elektrokonzernen zählte. Neben seiner Tätigkeit im Unternehmen war Carl Friedrich von Siemens als Reichstagsabgeordneter der Deutschen Demokratischen Partei politisch aktiv. Außerdem engagierte er sich durch die Übernahme zahlreicher Ämter und Ehrenämter in Wirtschaft, Wissenschaft und Gesellschaft.

Carl Friedrich von Siemens
Rückkehr auf den Weltmarkt und Einheit des Hauses

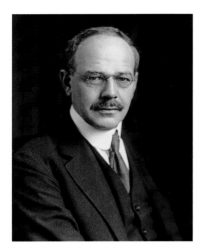

Carl Friedrich von Siemens, 1924

Werner von Siemens an seinen Bruder William, 7.9.1872

Triumpfe im Leben werde ich zwar schwerlich noch erleben, doch ich vertraue, dass seine älteren Brüder der Familientradition entsprechend Vaterstelle an ihm vertreten werden, wenn ich es nicht mehr kann, mache mir also deshalb keine weiteren Sorgen.

Die gesamtwirtschaftliche Entwicklung Deutschlands während der Jahre 1918 bis 1945 läßt sich als eine Bewegung von Tiefpunkt zu Tiefpunkt charakterisieren. Die kurzfristigen Konjunkturzyklen innerhalb dieses Zeitraums sind mit den Stichworten unmittelbare Nachkriegszeit, Inflation, Stabilisierung und Konsolidierung, Weltwirtschaftskrise, nationalsozialistische Aufrüstung und Kriegswirtschaft treffend beschrieben.

Verglichen mit den relativ liberalen Vorkriegsverhältnissen, hatten sich die wirtschaftlichen Rahmenbedingungen mit Ende des Ersten Weltkriegs eindeutig verschlechtert. Der Welthandel erreichte während der gesamten Zwischenkriegszeit nicht mehr den Umfang des Jahres 1913. In zahlreichen Ländern war während des Krieges aufgrund der mangelnden Lieferfähigkeit der Kriegsteilnehmer eine eigene Elektroindustrie entstanden, die nach 1918 durch Schutzzölle gefördert wurde. Der ökonomische Wiederaufbau in Deutschland wurde durch die Gebiets- und Bevölkerungsverluste sowie hohe Reparationsauflagen stark behindert. Die Entwicklung der deutschen Elektroindustrie wurde durch den weitgehenden Verlust der Auslandsbesitzungen und -patente und die Abschottung ausländischer Märkte gegenüber deutschen Waren erschwert. Zusätzlich erwiesen sich die Benachteiligungen, denen der deutsche Außenhandel insgesamt aufgrund des Versailler Vertrags ausgesetzt war, als Hindernis. Real, das heißt unter Berücksichtigung der Preisveränderungen, wurde die Vorkriegserzeugung erst Mitte der 1920er Jahre übertroffen. Bis 1944 stieg die Produktion dann bei beträchtlichen kurzfristigen Schwankungen und strukturellen Veränderungen an, ehe sie gegen Kriegsende dramatisch sank.

Bei anhaltend hoher Konzentration wurde der deutsche Elektromarkt weiterhin von Siemens und der AEG beherrscht. Da ausländische Elektrofirmen jedoch verstärkt auf den Markt drängten, büßten die beiden Unternehmen gegenüber der Vorkriegszeit Marktanteile ein.

Ein Unternehmer wächst heran

Carl Friedrich von Siemens wurde am 5. September 1872 in Charlottenburg geboren. Der dritte und jüngste Sohn Werner von Siemens' stammte aus dessen Ehe mit einer entfernten Cousine, die der Firmengründer nach dem frühen Tod seiner ersten Frau im Juli 1869 geheiratet hatte. Einer Anekdote zufolge soll die

Geburt Antonie von Siemens so geschwächt haben, daß sie sich außerstande sah, an den Feierlichkeiten zum 25jährigen Jubiläum der »Telegraphen-Bauanstalt von Siemens & Halske« teilzunehmen. Mit Rücksicht auf den Gesundheitszustand der jungen Mutter sei das Unternehmensjubiläum mit Blick auf die Betriebsaufnahme kurzerhand verlegt worden. Seitdem wird der Firmengründung traditionell am 12. und nicht am 1. Oktober – wie es dem Gründungsvertrag entspräche – gedacht.

Carl Friedrich von Siemens wuchs innerhalb der Familie behütet und ohne finanzielle Sorgen auf. Er konnte sich darauf verlassen, daß ihm seine älteren Brüder und Schwestern bei Bedarf mit Rat und Tat zur Seite standen. Neben dem Vater war ihm vor allem der 17 Jahre ältere Bruder Wilhelm ein Vorbild; der große Bruder sollte ihn auch auf seine künftige Rolle als Firmenchef vorbereiten.

Nach Ansicht Werner von Siemens' war eine fundierte Ausbildung Voraussetzung für die Übernahme eines verantwortungsvollen Postens innerhalb des Familienunternehmens. Doch »Carly«, wie Carl Friedrich von den Mitgliedern der Siemens-Familie liebevoll genannt wurde, hatte nach eigener Aussage »absolut keine Begabung für [...] Schulkram«. Seit Frühjahr 1884 besuchte Carl Friedrich das Gymnasium in Wilmersdorf. Seine Leistungen, insbesondere auf dem Gebiet der alten Sprachen, ließen den Firmengründer gelegentlich an der Eignung seines Jüngsten als Führungskraft an der Spitze der inzwischen international agierenden Telegraphen-Bauanstalt zweifeln. Im Laufe der Zeit entwickelte Carl Friedrich jedoch Talente, die seine schulischen Leistungen zunächst nicht erwarten ließen. Im nachhinein erwiesen sich alle Bedenken als unbegründet.

Werner von Siemens mit seiner zweiten Frau Antonie und ihren Kindern Hertha und Carl Friedrich, um 1878

Werner von Siemens war es nicht vergönnt, den Aufstieg seines jüngsten Sohnes zu einem der erfolgreichsten Unternehmer Deutschlands mitzuerleben. Als der Firmengründer im Dezember 1892 starb, war Carl Friedrich von Siemens gerade 20 Jahre alt. Nach dem Tod des Vaters übernahmen Arnold, Wilhelm und Carl von Siemens die Unternehmensleitung, während Carl Friedrich seine Ausbildung fortsetzte. Ab Herbst 1893 besuchte er Vorlesungen in den von ihm favorisierten technischen und naturwissenschaftlichen Fächern sowie Mathematik an der Universität Straßburg und an den Technischen Hochschulen München und Charlottenburg. 1895 siedelte er nach London über, wo er bereits zwei Jahre zuvor im physikalischen Laboratorium des King's College und bei Siemens Brothers & Co. ein Praktikum absolviert hatte. Bei seiner Tätigkeit für Siemens Brothers zeigte sich deutlich, daß Carl Friedrich von Siemens ein Mann der Praxis war, der weitaus besser aus eigenen praktischen Erfahrungen als aus Büchern und Theorievorträgen lernte. Darüber hinaus schufen

Die Fabrikanlagen in Woolwich von Siemens Brothers & Co., undatiert

ausgedehnte Reisen in die USA und nach Frankreich die Grundlage für seine Fähigkeit, in internationalen Dimensionen zu denken und zu handeln.

Erste unternehmerische Erfahrungen

Seit 1899 arbeitete Carl Friedrich von Siemens mit Energie und Erfolg für das Berliner Geschäft von Siemens & Halske. Gemäß den testamentarischen Bestimmungen seines Vaters war er inzwischen Mitinhaber des Unternehmens. Nach einer eineinhalbjährigen Stammhauslehre in der Markgrafenstraße ging er auf Veranlassung seiner Brüder im Jahr 1901 nach England und trat dort in das Board of Directors der Siemens Brothers & Co. in London ein. In dieser Funktion stand er vor der Herausforderung, das vernachlässigte Geschäftsfeld Starkstromtechnik wiederzubeleben. Als Leiter des Electric Light and Power Department von Siemens Brothers bekleidete Carl Friedrich erstmals eine Führungsposition, deren komplexe Aufgaben geeignet waren, seine Persönlichkeit und Leistungsfähigkeit unter Beweis zu stellen. 1906 wurde er zum Managing Director der neu gegründeten Gesellschaft »Siemens Brothers Dynamo Works Ltd.« ernannt und bewährte sich als effizienz- und zielorientierter Geschäftsführer.

Nachdem Carl Friedrich von Siemens einige Reisen in den Fernen Osten unternommen hatte, um sich vor Ort über neue Geschäftsmöglichkeiten für Siemens zu informieren, kehrte er 1908 nach Deutschland zurück. Im Verlauf seiner Auslandsaufenthalte gelangte er zu der Erkenntnis, daß Siemens sich noch stärker international orientieren müsse, um auf lange Sicht konkurrenzfähig zu bleiben. Nach seiner Rückkehr nach Berlin übernahm er umgehend die Organisation und Leitung der Berliner Central-Verwaltung Übersee (CVU), die als übergeordnete Abteilung für die Überseevertretungen der Siemens & Halske AG, der Siemens-Schuckertwerke GmbH sowie der beiden englischen Siemens-Brothers-Firmen zuständig war. Inzwischen besaß Siemens ein ausgedehntes Netz an ausländischen Produktionsstätten und Vertretungen, das unter der Führung Carl Friedrich von Siemens' erfolgreich expandierte.

Bereits seit 1904 war Carl Friedrich von Siemens Aufsichtsratsmitglied der Siemens & Halske AG. 1909 wurde er Vorstandsmitglied, drei Jahre später folgte das Amt des Vorstandsvorsitzenden der Siemens-Schuckertwerke GmbH. Eine der Aufgaben, die Carl Friedrich von Siemens in dieser Funktion mit außerordentlichem Erfolg realisierte, war die organisatorische Neuordnung der Siemens-Schuckertwerke im Sommer 1913, als die Zentral-Werksver-

Geschäftshaus der Siemens China Co. in Shanghai

waltung eingerichtet wurde, »die die gemeinschaftlichen Interessen [...] sämtlicher Werke der SSW einheitlich wahrnehmen« sollte.

Unter der Maxime, die Entwicklung der Elektrotechnik weltweit entscheidend mitzugestalten, war Siemens bei Ausbruch des Ersten Weltkriegs zu einem multinationalen Unternehmen herangewachsen, das weltweit über 80 000 Mitarbeiter beschäftigte und 414 Millionen Mark umsetzte. In zehn Ländern existierten Auslandsgesellschaften mit leistungsfähigen Werken, in fast 50 Ländern unterhielt man Vertretungen, Zweigniederlassungen und Technische Büros. Neben der AEG war Siemens allen anderen deutschen Elektrofirmen weit überlegen und zählte zu den größten Elektrounternehmen der Welt. Nach Ende des Ersten Weltkriegs galt es, diese Spitzenposition unter dramatisch verschlechterten Rahmenbedingungen wieder zu erreichen – eine Herausforderung, die höchste Ansprüche an das unternehmerische Talent Carl Friedrich von Siemens' stellen sollte.

»Schlechtwetterkapitän« auf Erfolgskurs

Das Jahr 1919 markiert einen entscheidenden Einschnitt im Leben des Siemens-Unternehmers: Nach dem Tod seiner Brüder Arnold und Wilhelm wurde der 47 jährige Aufsichtsratsvorsitzender der Siemens & Halske AG und der Siemens-Schuckertwerke GmbH. Bei seinem Amtsantritt als »Chef des Hauses« sah sich Carl Friedrich von Siemens mit den politischen, wirtschaftlichen und sozialen Auswirkungen des Ersten Weltkriegs konfrontiert. Siemens hatte einen Großteil des ausländischen Besitzes und fast alle Patentrechte im Ausland verloren. Außer den Bestimmungen des Versailler Vertrags, die die Voraussetzungen für einen Wiederaufbau des Landes verschlechterten, verzögerten politische Unruhen in Deutschland die Wiederbelebung der Wirtschaft. Landesweit kam es zu Auseinandersetzungen zwischen Unternehmensleitungen und Belegschaften. Auch bei Siemens wurde die Fertigung durch niedrige Produktivität und eine Vielzahl von Arbeitsniederlegungen und Streiks beeinträchtigt. In dieser Krisensituation räumte Carl Friedrich von Siemens der Umstellung des Hauses von der Kriegs- auf die Friedenswirtschaft, der dauerhaften Wiederherstellung des Betriebsfriedens sowie der Beschaffung der für die Produktion erforderlichen Rohstoffe oberste Priorität ein. Vor dem Hintergrund einer rasch fortschreitenden Inflation galt es außerdem, die finanzielle Solidität des Unternehmens zu sichern.

Im Unterschied zu seinem Vater, der seinem Selbstverständnis als Firmen- und Familienoberhaupt entsprechend einen patriarchalischen Führungsstil gepflegt hatte, bevorzugte Carl Friedrich von Siemens die Rolle des Entrepreneurs im Chandlerschen Sinne. Im Mittelpunkt seines »entrepreneurial enterprise« stand die koordinierte, abgestimmte Vorgehensweise aller Organisationseinheiten und Führungskräfte. Zu diesem Zweck etablierte er eine neue Leitungsorganisation, innerhalb derer den klar voneinander getrennten einzelnen operativen

Einheiten weitreichende Autonomie zugestanden wurde. In seiner Eigenschaft als Aufsichtsratsvorsitzender behielt sich Carl Friedrich von Siemens deren unternehmerische Führung und Kontrolle vor, um jenseits der Belange des Tagesgeschäfts die langfristige Kontinuität in der Unternehmens- und Finanzpolitik zu gewährleisten. Wichtige Entscheidungen traf der Topmanager in der Regel nach intensiven Beratungen mit seinen engsten Mitarbeitern – als Chef des Hauses behielt er jedoch stets das letzte Wort und übernahm die Verantwortung für alle Beschlüsse. Mit der Neugestaltung und Erweiterung der Führungs- und Organisationsstruktur war eine der grundlegenden Voraussetzungen geschaffen, daß das Haus Siemens auch im schwierigen Umfeld seinen Vorsprung gegenüber den wichtigsten deutschen Wettbewerbern ausbauen konnte. Mit universellem Weitblick und seiner Fähigkeit, komplexe Zusammenhänge zu analysieren, entwickelte Carl Friedrich von Siemens zukunftsfähige Geschäftsstrategien, die den Fortbestand des Unternehmens sicherten. Da der kluge Stratege das Wachstumspotential konsequent auszuschöpfen wußte, gehörte das Unternehmen bereits Mitte der 1920er Jahre wieder zu den fünf weltweit führenden Elektrokonzernen.

Carl Friedrich von Siemens, der sich selbst einmal als »Schlechtwetterkapitän« bezeichnet hat, stellte sich den unternehmerischen Herausforderungen der Zwischenkriegszeit mit klaren Zielvorstellungen: Seine Vision und Führung orientierte sich stark an den unternehmenspolitischen Grundsätzen seines Vaters, die sich in Krisenzeiten bereits bewährt hatten. Er legte die Kernelemente der – wie man heute sagen würde – Unternehmenskultur den Zeiterfordernissen gemäß aus und entwickelte sie weiter. Nie wurde Carl Friedrich von Siemens müde, darauf hinzuweisen, wie wichtig der sogenannte Geist des Hauses für den Unternehmenserfolg ist. Voller Stolz führte er im Herbst 1928 aus: »Wenn der Name unseres Hauses mit hoher Achtung auf der ganzen Welt genannt wird, wenn ihm von allen Seiten ein so großes Vertrauen entgegengebracht wird, so geschieht es, weil man weiß, daß der Geist, der in ihm herrscht, auf einer alten Tradition aufgebaut ist, die auch für die Zukunft die Leitschnur sein wird.« Anläßlich einer Sitzung des Verwaltungsrats der Deutschen Reichsbahn-Gesellschaft im September 1932 bemerkte er in durchaus moderner Weise: »Der Erfolg wirtschaftlich-technischer Betätigung hängt nach meinen Erfahrungen in erster Linie von dem Geist ab, der die erfüllt, die in gemeinsamer Tätigkeit ein gestecktes Ziel erreichen wollen. Dies beschränkt sich nicht etwa auf eine kleine Zahl von Führenden, sondern auf alle, die dem Körper angehören.« Bis heute basieren viele »core values« auf der Philosophie Carl Friedrich von Siemens', der wie kein anderer Manager an der Spitze des Elektrokonzerns die Einheit und Identität des weltweit agierenden Unternehmens gefördert hat.

Architekt der Einheit des Hauses

Die strategische Unternehmensführung Carl Friedrich von Siemens' orientierte sich an dem Ziel, die »Einheit des Hauses« zu wahren und zu festigen. Dieses Leitbild hatte bestimmenden Einfluß auf alle langfristigen Entscheidungen. Form und Ausmaß des Unternehmenswachstums, Art und Umfang der Finanzierung sowie alle mit den Stichworten Konzentration, Rationalisierung, internationale Verflechtung und Funktionalisierung der Organisation zusammenhängenden Aspekte der Geschäftsführung folgten dieser Grundüberzeugung.

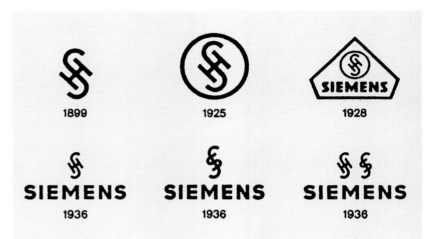

Entwicklung des Siemens-Firmenlogos von 1899 bis 1936

Mit dem Aufbau rechtlich selbständiger, aber wirtschaftlich, technisch und organisatorisch eng kooperierender Stammgesellschaften, Tochterunternehmen und Beteiligungen, die unter einem Dach zusammengefaßt waren, prägte Carl Friedrich von Siemens entscheidend eine Kultur, die mit der begrifflichen Hilfskonstruktion des »Hauses Siemens« die Einheit des Ganzen trotz der Vielfalt der Einzelfirmen symbolisierte. Um die Corporate Identity des Unternehmens stärker zum Ausdruck zu bringen, verwendete Carl Friedrich von Siemens diesen Begriff ganz bewußt in Abgrenzung zur Bezeichnung »Siemens-Konzern« und knüpfte so an die Vorstellung seines Vaters vom »Gesamtgeschäft« an. Seine nachhaltigen Bemühungen um die vollständige organisatorische Einheit des Hauses waren unmittelbar vor Ausbruch des Zweiten Weltkriegs erfolgreich. Das Ziel, die Siemens-Schuckertwerke – 1927 umgewandelt in die Siemens-Schuckertwerke AG – in den Siemens-Konzern einzugliedern, führte 1939 zur Übernahme aller SSW-Aktien durch die Siemens & Halske AG. Für Carl Friedrich von Siemens war dieses Ereignis die »Krönung« seines Lebenswerks. Der Ausbruch des Zweiten Weltkriegs verhinderte jedoch weitere Maßnahmen zur vollständigen Integration der Siemens-Stammgesellschaften. Dieser Prozeß sollte erst unter der Führung seines Sohnes Ernst von Siemens (1903–1990) mit der Gründung der Siemens AG im Jahr 1966 zum Abschluß kommen.

Carl Friedrich von Siemens' unternehmerische Vision spiegelt sich auch in der von ihm angestoßenen Dachmarkenstrategie wider. Die Anfänge des Brandings bei Siemens gehen auf seine Initiative zurück. Der erfahrene Manager hatte ganz richtig erkannt, daß die organisatorische »Einheit des Hauses« auch nach außen dokumentiert werden mußte. Bis dato war die Unternehmenskommunikation nicht zentral organisiert, die einzelnen Werbestellen und Bereiche agierten unabhängig voneinander. 1935 wurde eine zentrale Hauptwerbeabteilung eingerichtet, für deren Leitung Carl Friedrich von Siemens den in Fachkreisen als Erfinder der deutschen Markenartikelwerbung bekannten Hans Domizlaff (1892–1971) gewinnen konnte. Domizlaff hatte bereits mit großem Erfolg die

Zigarettenmarken »R6« und »Ernte 23« geschaffen und am Markt etabliert. Das Aufgabenspektrum der hauseigenen Corporate-Design-Abteilung umfaßte den gesamten Bereich der Marktpsychologie und Markentechnik, die Stilbildung und -überwachung aller Werbemittel, die Behandlung des Reklamationswesens sowie die Gestaltung und Präsentation der Produkte. Auf diese Weise sollte die einheitliche Darstellung von Siemens in der Werbung, im Produktdesign und im gesamten Erscheinungsbild gewährleistet werden. Bestehende Wort- und Bildmarken wie etwa »Protos« für Haushaltsgeräte wurden durch die einheitliche Marke »Siemens« ersetzt. Das von Domizlaff umgestaltete Firmenzeichen bestach durch seine Einfachheit und Klarheit. Es war gut geeignet, das Vertrauen der Kunden in die Qualität und Leistungsfähigkeit der Siemens-Produkte zu gewinnen beziehungsweise zu fördern.

»... nur die Elektrotechnik, aber die ganze Elektrotechnik«

> Carl Friedrich von Siemens an Dr. v. Buol, 22.5.1933
>
> *Wir haben es immer entschieden abgelehnt, das Stammhaus auch nur zum Teil zu einer finanziellen Holding-Gesellschaft degradieren zu lassen. An Gliedern, an denen wir nicht durch unsere Erfahrung durch Förderung des technischen und fabrikatorischen Austauschens mitarbeiten können, nehmen wir kein Interesse.*

Anhaltender Geschäftserfolg basiert in erster Linie auf einer klaren Unternehmensidentität in Kombination mit aktivem Portfoliomanagement. Diesem Prinzip folgend hatte Werner von Siemens den Grundsatz aufgestellt, alle Gebiete der Elektrotechnik zu bearbeiten. Auch Carl Friedrich von Siemens verfolgte bei der Gestaltung seiner Portfoliopolitik das Ziel, ein Universalunternehmen der Elektroindustrie zu sein, dessen Wachstum »nicht aus einer planlosen Aneinanderreihung untereinander fremdartiger Arbeitsgebiete« resultierte. Trotz zeitweise erheblicher finanzieller Belastungen gab Carl Friedrich den Anspruch nie auf, erfolgreich in allen Geschäftsfeldern der Branche vertreten zu sein.

Im Laufe seiner Amtszeit förderte der ambitionierte Unternehmer die Weiterentwicklung des Hauses Siemens zu einer »technischen Holding«-Gesellschaft, indem er einzelne Arbeitsgebiete spezialisierten Tochter- und Beteiligungsgesellschaften übertrug. In den 1920er Jahren entstanden rund um die Siemens & Halske AG Produktionsunternehmen der Elektrotechnik, Gesellschaften zur Absatzförderung sowie Finanzierungs- und Patentgesellschaften. Bei allen Ausgliederungen und Neugründungen achtete Carl Friedrich von Siemens stets darauf, daß deren Geschäftsaktivitäten in direkter Beziehung zu den traditionellen Kerngebieten des Unternehmens standen. Seinen Vorstellungen entsprechend war die Holding keine Finanz-, sondern eine Mischform aus Management- und Strategieholding. Die neue Organisationsstruktur sollte vor allem dazu beitragen, Kosten zu reduzieren und Ressourcen optimal einzusetzen. Ausgehend von dem Grundsatz, daß technische Innovationen das Lebenselixier von Siemens sind, versprach sich der Unternehmenslenker vor allem im Bereich Forschung und Entwicklung deutliche Synergieeffekte. Sein Kalkül ging auf. Voller Zufriedenheit äußerte er 1933, daß »in unserem Hause – einzig auf der Welt – alle Gebiete der Elektrotechnik gepflegt werden, so daß die auf dem einen gewonnenen Erkenntnisse ohne Zeitverlust nutzbringend in den anderen verwendet werden können«.

Einheit und Vielfalt

Mit klarem Blick für die Marktchancen definierte der weitsichtige Siemens-Chef schnell diejenigen Bereiche, die als selbständige Tochter- und Schwestergesellschaften flexibler am Markt agieren und ihr Geschäftspotential besser ausnutzen konnten.

Noch bevor er 1919 die unternehmerische Gesamtverantwortung übernahm, hatte Carl Friedrich von Siemens die Neuorientierung des traditionsreichen Glühlampensektors in Angriff genommen. Kriegsbedingt war es in diesem stark exportorientierten Geschäftszweig zu erheblichen Umsatzeinbußen gekommen. Die Wiederbelebung drohte an den politischen und wirtschaftlichen Folgen des Ersten Weltkriegs zu scheitern. Um der ausländischen Konkurrenz auf dem deutschen Markt wirkungsvoll entgegentreten zu können und mittelfristig wieder international wettbewerbsfähig zu werden, beschlossen die Verantwortlichen der führenden Glühlampenhersteller Deutschlands, in Zukunft zusammenzuarbeiten. Nur durch Kooperation und Koordination ihrer Geschäftsinteressen hatten Siemens & Halske, die AEG und die Deutsche Gasglühlicht AG (Auer-Gesellschaft) eine Chance, sich erfolgreich im internationalen Wettbewerb zu behaupten. Diese Entscheidung wurde durch die Tatsache begünstigt, daß sich die Unternehmen bereits 1911 in einem Patent- und Erfahrungsaustauschvertrag darauf verständigt hatten, ihre Lampenformen und -typen weitgehend zu vereinheitlichen. Nachdem zunächst die AEG mit der Auer-Gesellschaft ein Abkommen geschlossen hatte, trat auch Siemens & Halske mit Wirkung vom 5. Februar 1920 der neu gegründeten Osram GmbH KG bei. Das Kommanditkapital in Höhe von 30 Millionen Mark stammte zu je 40 Prozent von Siemens & Halske und der AEG, die ihre Glühlampenfabriken und Beteiligungen in die neue Firma einbrachten; die restlichen 20 Prozent kamen von der Auer-Gesellschaft. Die Osram GmbH KG gehörte als größte Glühlampenproduzentin Europas gemeinsam mit der amerikanischen General Electric und dem niederländischen Glühlampenhersteller Philips zu den weltweit bedeutenden Produzenten.

Zur Weiterentwicklung militärischer Ausrüstungsgegenstände wie Scheinwerfer, Rechenmaschinen für die Artillerie und Kommandogeräte für die Marine gründete Carl Friedrich von Siemens 1920 die »Gesellschaft für elektrische Apparate« (Gelap), die 1933 in die »Siemens Apparate und Maschinen GmbH« (SAM) umgewandelt wurde. 1921 wurden auch die elektro- und bautechnischen Aktivitäten der Elektrischen Bahn-Abteilung der Siemens & Halske AG ausgelagert und unter dem Dach der »Siemens-Bauunion GmbH KG« (SBU) vereinigt. Die

Das 1925 eingeweihte Osram-Lichthaus am Warschauer Platz in Berlin

Tochtergesellschaft der Siemens & Halske AG und der Siemens-Schuckertwerke GmbH behielt ihr ursprüngliches Arbeitsgebiet – den Bau von Untergrundbahnen – als zentralen Aufgabenbereich bei. Darüber hinaus führte die SBU in den 1920er Jahren die Tiefbauarbeiten für zahlreiche Untergrundbahnen und Wasserkraftanlagen aus. Die Kraftwerke wurden meist mit den Siemens-Schuckertwerken projektiert und zum Teil gemeinsam ausgeführt.

Auch die Medizintechnik – ein Geschäftsfeld, in dem Siemens bereits seit Gründertagen aktiv war – sparte Carl Friedrich von Siemens bei der konsequenten Verfolgung seiner Portfoliopolitik nicht aus. 1925 begründete er mit der renommierten Erlanger Firma Reiniger, Gebbert & Schall AG eine Vertriebsgesellschaft, die »Siemens-Reiniger-Veifa Gesellschaft für medizinische Technik mbH«. Dieses Unternehmen wurde 1932 in die »Siemens-Reiniger-Werke AG« (SRW) überführt, die zahlreiche diagnostische und therapeutische Geräte – vor allem auf dem Gebiet der Röntgentechnik – für den internationalen Markt produzierte und vor dem Zweiten Weltkrieg als größte elektromedizinische Spezialfirma der Welt galt.

In der Eisenbahnsignaltechnik, einem der ältesten Arbeitsgebiete des Unternehmens, gelang es Carl Friedrich von Siemens ebenfalls, geeignete Kooperationspartner zur weiteren Markterschließung zu identifizieren. Im Januar 1928 unterzeichnete er einen Gemeinschaftsvertrag mit der AEG und der 1917 gegründeten Deutsche Eisenbahnsignalwerke AG. Auf Basis dieses Dokuments entstand die »Vereinigte Eisenbahn-Signalwerke GmbH« (VES), deren Aktivitäten sich auf das Eisenbahnsicherungswesen konzentrierten. Noch im selben Jahr wurde die »Siemens-Planiawerke AG für Kohlefabrikate« (Sipla) gegründet. Das aus der Fusion der Firma Gebrüder Siemens & Co. (Gesco) mit den Planiawerken der Rütgerswerke AG hervorgegangene Unternehmen verzeichnete einen stetigen Aufwärtstrend, der auch durch die Weltwirtschaftskrise nicht gestoppt wurde. Bis zum Ausbruch des Zweiten Weltkriegs war die Gesellschaft der bedeutendste europäische Hersteller von großen amorphen Elektroden, Beleuchtungskohlen und Graphitelektroden.

Um die Entwicklung der Tonbildtechnik voranzutreiben, gründete Carl Friedrich von Siemens gemeinsam mit der AEG die »Klangfilm GmbH«. In diese Fusion brachte Siemens seine Verstärkerpatente ein, die für den aufkommenden Tonfilm von zentraler Bedeutung waren. Als Siemens & Halske nach langwierigen Verhandlungen im September 1941 seine Anteile an der Telefunken-Gesellschaft auf die AEG übertrug, gingen im Gegenzug neben den Aktien mehrerer kleiner Gesellschaften die AEG-Anteile an der Klangfilm GmbH, der Deutschen Grammophon GmbH, der Bergmann-Elektricitäts-Werke AG sowie der Vereinigten Eisenbahn-Signalwerke GmbH an Siemens. Gleichzeitig erhielt Siemens das Recht, auf dem gesamten Funkgebiet zu forschen und technische Innovationen unter eigenem Namen auf den Markt zu bringen. Aufgrund der Vereinbarung eines Erfahrungs- und Patentaustauschs konnte Siemens & Halske die Telefunken-Patente weiterhin nutzen. Mit Unterzeichnung dieser als »Telefunken-Trans-

Mitteilung der Gebrüder Siemens & Co. über die Gründung der Siemens-Planiawerke, 1928

aktion« in die Geschichte eingegangenen Verträge endete die seit 38 Jahren bestehende enge Verbindung von Telefunken mit den beiden Gründerfirmen rückwirkend zum 1. Januar 1941.

Carl Friedrich von Siemens' Drang zur ständigen Weiterentwicklung des Unternehmens beschränkte sich jedoch nicht auf die Gründung von Tochter- und Beteiligungsgesellschaften. Als visionärer Firmenchef war ihm bewußt, daß es für die kontinuierliche Optimierung des Portfolios mindestens genauso wichtig war, geschäftliche Mißerfolge rechtzeitig zu erkennen und Fehlentscheidungen zügig zu revidieren. So trennte er sich 1927 vom Automobilbau, der 1908 durch die Übernahme der Motorenfabrik Protos GmbH forciert worden war. Die Erfahrung, daß jegliches unternehmerisches Handeln die Gefahr des Scheiterns birgt, mußte Carl Friedrich von Siemens auch im Zusammenhang mit der Siemens-Rheinelbe-Schuckert-Union machen. Angesichts der schwierigen wirtschaftspolitischen Rahmenbedingungen der Nachkriegszeit hatte die Führungsspitze 1920 der von Hugo Stinnes angeregten Interessengemeinschaft zwischen Unternehmen der Montanindustrie und Siemens als Repräsentanten der weiterverarbeitenden Elektroindustrie zugestimmt. Spätestens nach der Währungsstabilisierung Ende 1923 mußte Carl Friedrich von Siemens erkennen, daß dieser vertikale Zusammenschluß wegen der vertraglich festgelegten Gewinnverteilung höchst ungünstig für Siemens war. Im Sommer 1925 zog sich das Unternehmen aus der Interessengemeinschaft zurück.

Mit seiner Vision von der Einheit und Vielfalt des Hauses Siemens, das sich auf die Elektrotechnik beschränkte, dafür aber in allen Geschäftsfeldern der Branche aktiv war und bewußt auf ein laterales Wachstum verzichtete, trug Carl Friedrich von Siemens während der Inflation und Weltwirtschaftskrise zweifellos dazu bei, daß das Unternehmen in weit geringerem Ausmaß als seine Konkurrenten durch exogene Krisen erschüttert wurde und seine Wettbewerbsposition stärken konnte. Vor der Generalversammlung von Siemens & Halske im März 1927 begründete er seine strategischen Entscheidungen mit folgenden Worten: »Wir glauben, daß das Gesamtgebiet der Elektrotechnik, dessen Zweige in ihrer Mehrzahl in unserem Haus ihren Ausgangspunkt genommen haben, ein so umfangreiches und entwicklungsfähiges ist, daß die Leitung mehr als genug zu tun hat, um es zu meistern und weiterzuentwickeln.«

Carl Friedrich von Siemens auf der Generalversammlung der Siemens & Halske AG, 11.3.1927

Unser Haus hat während der Kriegs- und Inflationszeit keine Politik der Ausdehnung und Erweiterung seines Arbeitsgebietes betrieben, sich nicht an außerhalb der Elektrotechnik stehenden Industrien beteiligt. Wir glauben, daß das Gesamtgebiet der Elektrotechnik, dessen Zweige in ihrer Mehrzahl in unserem Hause ihren Ausgangspunkt gehabt haben, ein so umfangreiches und entwicklungsfähiges ist, daß die Leitung mehr als genug zu tun hat, um es zu meistern und weiterzuentwickeln. Dieser Zurückhaltung verdanken wir auch, daß wir neben dem schweren Schaden, den Krieg und Inflation uns wie jedem industriellen Unternehmen gebracht haben, von außergewöhnlichen Verlusten verschont geblieben sind.

Förderer innovativer Ideen

Carl Friedrich von Siemens folgte zielstrebig der von seinem Vater vorgezeichneten Linie, das Unternehmen durch zukunftsweisende Innovationen kontinuierlich weiterzuentwickeln. Auch wenn er sich selbst nicht unmittelbar als Erfinder betätigte, besaß er doch ein ausgeprägtes technisches Verständnis und die Gabe, das wirtschaftliche Potential von Innovationen zu erkennen. Durch seine Offenheit und Aufgeschlossenheit gegenüber neuen Ideen und Lösungen trug er

Ansicht des 1922 in Betrieb genommenen Forschungslaboratoriums in Siemensstadt

Rundfunkgeräte-Werbung, 1925

wesentlich dazu bei, den technisch-wissenschaftlichen Fortschritt voranzutreiben, den er als zentrale Voraussetzung für die ökonomische Unternehmensentwicklung ansah. Um die technische Leistungsfähigkeit des Konzerns zu verbessern, intensivierte er die Forschungs- und Entwicklungstätigkeit in dem von seinem Bruder Wilhelm begründeten Forschungslaboratorium. Jenseits reiner Gewinnmaximierung betrachtete er dieses Engagement als wichtige Investition in die Zukunft. »Das Streben nach Gewinn darf nicht das treibende Motiv für die Arbeit sein, sondern allein der Wille nach Verbesserung der Technik, verbunden mit höchster Wirtschaftlichkeit der Ausführung bei Vermeidung aller unproduktiven Reibungsarbeit«, formulierte Carl Friedrich von Siemens im Sommer 1939 auf der außerordentlichen Hauptversammlung der Siemens & Halske AG.

War die Aufbauphase der »Telegraphen-Bauanstalt von Siemens & Halske« geprägt durch grundlegende Erfindungen wie den Zeigertelegraphen oder die Dynamomaschine, standen in den 1920er und 1930er Jahren die Verbesserung und Rationalisierung vorhandener Technologien im Mittelpunkt der unternehmerischen Tätigkeit. Darüber hinaus galt es, der Stark- und Schwachstromtechnik neue Anwendungsmöglichkeiten zu erschließen. Vor allem die Nachrichtentechnik erlebte einen enormen Aufschwung, da grundlegende Innovationen umgesetzt und bestehende Techniken verbessert und einem breiten Publikum erschlossen werden konnten. Fernschreiber, Bild- und Pressetelegraphie, Rundfunk und Fernsehen sind technische Entwicklungen, an deren Realisierung Siemens wesentlichen Anteil hatte. Mehr Sicherheit, mehr Wirtschaftlichkeit und immer höhere Geschwindigkeiten – so lauteten die Anforderungen an die Verkehrstechnik der 1920 Jahre. Der »fliegende Hamburger«, der die Ära der Schnelltriebwagen in Deutschland einleitete, die Mehrzweckelektrolokomotive E 44, die induktive Zugsicherung »Indusi« und die erste automatische Ampelschaltung auf dem Potsdamer Platz in Berlin bezeugen eindrucksvoll das Leistungsvermögen und Innovationspotential des Siemens-Konzerns. Auch die Energietechnik machte nach dem Ersten Weltkrieg sowohl in der Kraftwerkstechnik als auch in der Übertragung, Verteilung und Anwendung elektrischer Energie große Fortschritte. Darüber hinaus trug die Entwicklung von Staubsaugern, Bügel-, Wasch- und Küchenmaschinen sowie Kühlschränken dazu bei, die körperlich anstrengende und zeitraubende Hausarbeit zu mechanisieren und Siemens im B-to-C-Geschäft zu etablieren. Der Alltag zahlreicher Hausfrauen wurde durch Siemens-Innovationen wesentlich erleichtert.

Darüber hinaus trug die Elektromedizin erheblich zu Umsatz und Gewinn bei.

Das Produktionsspektrum erstreckte sich auf Diagnostik und Therapie, es reichte von Hilfsgeräten wie Verstärker- und Durchleuchtungsbildschirmen über zahnmedizinische Apparate und Hörgeräte bis hin zu sogenannten Elektronenschleudern, die ab Mitte der 1930er Jahre entwickelt wurden.

Rationalisierung und neue Produktionsmethoden

In den gesamtwirtschaftlich schwierigen 1920er Jahren wurde offenkundig, daß Erfolg und Wachstum eines Unternehmens nicht allein auf technischen Innovationen basieren. Entsprechend waren immer mehr deutsche Führungskräfte bestrebt, Wettbewerbsfähigkeit und Rentabilität ihrer Produktionsbetriebe durch arbeitsorganisatorische und produktionstechnische Verbesserungen zu steigern. Als neutrales Treuhand-Institut für Wirtschaftsforschung, Wirtschaftsprüfung, Wirtschaftsberatung und Betriebsorganisation wurde im Juni 1921 das »Reichskuratorium für Wirtschaftlichkeit« (RKW) gegründet. Im RKW sollten alle am wirtschaftlichen Leben Beteiligten – Unternehmer, Wissenschaftler, Verbände und Ministerien – kooperieren und Konzepte zur Vereinheitlichung und Vereinfachung der Produktion entwickeln. Vorstandsvorsitzender des Kuratoriums wurde Carl Friedrich von Siemens, der sich während seiner neunjährigen Amtszeit aktiv für die industrielle Rationalisierung und Normung einsetzte. Zu seinem Stellvertreter wurde der Generaldirektor der Siemens-Schuckertwerke Carl Köttgen (1871–1945) ernannt. Daß diese beiden Posten mit Siemens-Managern besetzt wurden, trägt der Tatsache Rechnung, daß Siemens schnell eine führende Position bei der technischen, wirtschaftlichen und organisatorischen Rationalisierung der deutschen Industrie einnahm.

Lange vor der Jahrhundertwende hatte es bereits erste Ansätze zur Rationalisierung gegeben. Der sogenannte amerikanische Saal, den Werner von Siemens auf dem Berliner Fabrikgelände 1872 mit amerikanischen Fräs-, Bohr- und Hobelmaschinen sowie Drehbänken ausstatten ließ, ist ein frühes Beispiel moderner und rationeller »Massen«-Fertigung. Das wirtschaftliche Potential der schnellen, billigen und zuverlässigen Produktionsweise, die die aus Amerika importierten Arbeitstechniken und -methoden boten, hatte den Unternehmensgründer in seiner Überzeugung bestärkt, daß nur die Massenfabrikation künftige Bedürfnisse befriedigen und langfristig die Konkurrenzfähigkeit sichern könne.

Carl Friedrich von Siemens, der die Rationalisierung als einen Schlüsselfaktor erfolgreichen betriebswirtschaftlichen Handelns betrachtete, führte Anfang der 1920er Jahre umfassende Rationalisierungsmaßnahmen bei den Siemens-Schuckertwerken durch. Die von ihm initiierten Verbesserungen basierten auf Eindrücken, die Vertreter der Siemens-Führungsriege im Verlauf ausgedehnter USA-Reisen gewonnen hatten. Gemeinsames Ziel aller Rationalisierungsmaßnahmen war, die Produkte durch Standardisierung und Serienfertigung zu ver-

Werbung für Hausgeräte, um 1930

Carl Friedrich von Siemens vor dem Reichskuratorium für Wirtschaftlichkeit in Industrie und Handwerk, 21.6.1924

Zwei Aufgaben sehe ich vor allem in der Verfolgung unserer Bestrebungen: Die erste ist sachliche Arbeit durch berufene Fachleute [...] Sie bringt uns als Ergebnis zweckmäßige Hilfsmittel und Maßnahmen zur Verbesserung des Produktionsprozesses. Die andere Aufgabe ist weitgehende Verbreitung des Wirtschaftlichkeitsgedankens unter allen denjenigen, die bestimmenden Einfluß auf den Ablauf des Produktionsprozesses haben.

Fließbandfertigung von Staubsaugern im Berliner Elmowerk, 1935

billigen sowie die Prozesse zu vereinheitlichen und zu beschleunigen. In diesem Zusammenhang hatte die Einführung von Fließbandarbeit, die in amerikanischen Automobilfabriken bereits vor dem Ersten Weltkrieg eingesetzt wurde, grundlegende Bedeutung für die Reduktion von Fertigungszeiten und -kosten. Seit 1924 gingen nach und nach immer mehr Siemens-Werke dazu über, ihre Produktionsprozesse in Richtung Fließfertigung zu reorganisieren. Vor allem auf dem Gebiet der Haushaltstechnik war die neue Methode weit verbreitet. Lange Zeit galt die für den Staubsauger »Protos« eingerichtete Montagestraße als »Fließarbeit in höchster Vollendung«. Verglichen mit der herkömmlichen Werkstattproduktion, brachte das neue Produktionssystem eine Flexibilisierung der Planungs-, Steuerungs- und Kontrollprozesse. Außerdem war das Unternehmen in der Lage, schneller auf Veränderungen der Produktions- und Nachfragestruktur zu reagieren.

Ausbau des internationalen Geschäfts

Siemens hatte im Ersten Weltkrieg über 45 Prozent seiner Substanz verloren. Besonders schwer wog der Verlust der Gesellschaften in England und Rußland. Dennoch setzte der auslandserfahrene Carl Friedrich von Siemens alles daran, den Wiederaufbau des Unternehmens auf den Weltmarkt auszurichten. Dieser Entscheidung lag seine feste Überzeugung zugrunde, daß der Heimatmarkt für eine Beschäftigung der vorhandenen Kapazitäten keineswegs ausreiche und die Konkurrenzfähigkeit des Hauses Siemens langfristig nur im internationalen Wettbewerb gesichert werden könnte. Entsprechend war die Verfolgung internationaler Geschäftsziele integraler Bestandteil seiner Unternehmenspolitik. Trotz schwieriger Rahmenbedingungen und mancher Rückschläge appellierte er immer wieder an seine Führungskräfte, sich um alte und neue Exportmärkte zu bemühen und im Ausland auch wieder neue Vertriebsgesellschaften und Fertigungsstätten zu errichten.

In einer Rede über »Die elektrische Industrie und die gegenwärtige wirtschaftliche Lage« vor Angehörigen der Columbia-Universität faßte er die strategische Bedeutung des Auslandsgeschäfts 1931 zusammen: »Die Zeit der nationalen Abgeschlossenheit ist vorüber. Wir müssen erkennen, daß wir heute in der Welt voneinander abhängig geworden sind.« In diesen Worten spiegelt sich der große analytische Sachverstand Carl Friedrich von Siemens' wider. Schon damals sah er voraus, welche Bedeutung die Globalisierung der Märkte einmal erlangen würde.

Die Rückkehr auf die im Ersten Weltkrieg verlorengegangenen Märkte war ein schwieriges Unterfangen; zunächst lag das ehrgeizige Ziel, wieder eine Spitzenposition im Weltmarkt einnehmen zu wollen, in weiter Ferne. Im Ausland bestanden erhebliche Vorbehalte gegenüber deutschen Waren. Gleichzeitig mußte sich Siemens gegen eine während der Kriegsjahre entstandene oder erstarkte ausländische Konkurrenz behaupten. Das Exportgeschäft wurde zusätzlich durch die im Versailler Vertrag begründeten Handelsbeschränkungen erschwert. Darüber hinaus machten sich die Probleme bei der Finanzierung von Auslandsgeschäften und der Verlust der Technologiekompetenz in der unmittelbaren Nachkriegszeit negativ bemerkbar. Wie die gesamte deutsche Elektroindustrie war auch Siemens hinter die wichtigsten Konkurrenten aus Amerika zurückgefallen. Um den Anschluß an die internationale Entwicklung nicht zu verlieren, nahm Carl Friedrich von Siemens unter anderem die aus der Vorkriegszeit stammenden Kontakte zur amerikanischen Firma Westinghouse wieder auf. Die Geschäftsbeziehungen mündeten 1924 in einem Vertrag über den gegenseitigen Austausch von Patenten und Erfahrungen. Parallel bemühte sich der dynamische Siemens-Chef auch um die Zusammenarbeit mit anderen ausländischen Großunternehmen. Während seiner Amtszeit wurden zahlreiche Joint-ventures mit ausländischen Partnern gegründet.

Der erste große Auslandsauftrag, den Siemens während der Zwischenkriegszeit im Bereich des Kraftwerkbaus akquirierte, war die Elektrifizierung des Irischen Freistaats. Dieses Großprojekt stand in unmittelbarem Zusammenhang mit der skizzierten Internationalisierungsstrategie von Siemens. Als Referenzprojekt sollte es die Weltmarktfähigkeit und internationale Wettbewerbsfähigkeit des Unternehmens eindrucksvoll unter Beweis stellen. Der Shannon-Auftrag war der größte Auslandsauftrag, den ein deutsches Unternehmen seit dem Bau der Bagdad-Bahn um die Jahrhundertwende erhalten hatte. Zu Beginn der 1920er Jahre war Irland, abgesehen von einigen größeren Städten, elektrotechnisch völlig unterentwickelt. Da der Freistaat selbst nur über geringe Kohlevorkommen verfügte, sollte die einheimische Wasserkraft für die landesweite Elektrifizierung genutzt werden.

Nach langwierigen Verhandlungen und trotz ungünstiger Bedingungen wurde der Vertrag zwischen Siemens und den irischen Regierungsvertretern im August 1925 unterzeichnet. Allen Siemens-Verantwortlichen war klar, wie nahe Chancen und Risiken des Shannon-Auftrags beieinander lagen. Carl Friedrich von Siemens selbst bemerkte, daß »Experimente [...] nicht gemacht werden« dürften.

Obwohl die Siemens-Firmen bereits im In- und Ausland erfolgreich Wasserkraftprojekte durchgeführt und einschlägige Erfahrungen gesammelt hatten, erwies sich die Realisierung des Shannon-Projekts für alle Beteiligten als organisatorische, logistische und technische Herausforderung ungekannter Größenordnung, als BHAG. Dies galt vor allem für die Siemens-Bauunion, die die äußerst anspruchsvollen und aufwendigen Tiefbauarbeiten durchführte: Insgesamt wurden 7,65 Millionen Kubikmeter Erde ausgehoben und bewegt. So gut wie alle Ma-

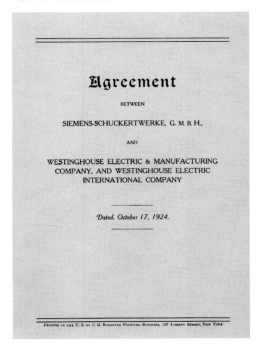

Titelblatt des Patent- und Erfahrungsaustausch-Vertrags vom 17. Oktober 1924

schinen und Materialien mußten mit gecharterten Dampfern von Deutschland nach Irland geschafft werden – an Baumaschinen und Geräten allein etwa 30 000 Tonnen. Zusätzlich behinderten mangelnde Erfahrung der irischen Arbeitskräfte, das feuchte Klima, die problematischen Bodenverhältnisse und geologische Formationen, deren wirkliche Schwierigkeiten im Vorfeld nicht erkannt worden waren, den Fortschritt der Bauarbeiten. Entsprechend entwickelten sich die Tiefbaukosten zum größten Kostentreiber und trugen maßgeblich dazu bei, daß das Shannon-Projekt in finanzieller Hinsicht zu einem Verlustgeschäft wurde.

Doch Carl Friedrich von Siemens' Plan, mit dem Projekt die Akquisition umsatzintensiver Auslandsgeschäfte voranzutreiben, ging auf. Bereits nach Errichtung der ersten Bauten wirkte sich der aus dem technischen Erfolg resultierende Imagegewinn positiv auf die Auftragslage aus. So waren Siemens-Firmen unter anderem am Bau des Dnjeprostroj-Kraftwerks in der Sowjetunion beteiligt. 1938 erhielten die Siemens-Schuckertwerke den Auftrag, vier der weltweit größten Wasserkraftgeneratoren für das Kraftwerk Yalu (heute Nordkorea) zu liefern. Bereits ein Jahr zuvor waren die Siemens-Bauunion und die Siemens-Schuckertwerke als Mitglieder eines deutschen Firmenkonsortiums mit dem Ausbau der Elektrizitätsversorgung Uruguays beauftragt worden.

Carl Friedrich von Siemens trieb die Erschließung der Auslandsmärkte systematisch voran – vor allem in Asien sah er große Wachstums- und Gewinnchancen. Allerdings war die Konkurrenz groß. Amerikanische Elektrofirmen und von der Regierung geförderte leistungsfähige einheimische Anbieter drängten auf den asiatischen Markt. In Tokio hatte Siemens mit der Siemens-Schuckert Denki KK bereits 1905 eine eigene Handelsniederlassung gegründet; insgesamt reichten die Geschäftsbeziehungen mit Japan bis in die 1860er Jahre zurück. Um der steigenden internationalen Konkurrenz begegnen zu können, entschloß sich Carl Friedrich von Siemens, mit dem japanischen Furukawa-Konzern zu kooperieren, zu dem Siemens bereits seit drei Jahrzehnten geschäftliche Beziehungen unterhielt. Ursprünglich ein reiner Minenkonzern, hatte das Unternehmen mittlerweile in andere Branchen diversifiziert. Im August 1923 ließen Siemens und Furukawa & Co. die »Fusi Denki Seizo KK« offiziell als Gemeinschaftsgründung mit einem Kapital von 10 Millionen Yen eintragen. Die Entwicklung des neu gegründeten Unternehmens, dem Siemens die meisten seiner Japangeschäfte übertrug, verlief nach einigen Anlaufschwierigkeiten sehr positiv. Bis Ende der 1930er Jahre konnten weitere Fabriken gebaut und steigende Gewinne verzeichnet werden.

Wie in den Jahren vor dem Ersten Weltkrieg wurde der gesamte Auslandsabsatz auch in der

Bauarbeiten am Shannon-Kraftwerk, November 1928

Zwischenkriegszeit über eigene Geschäftsstellen abgewickelt. Mit Umsatz und Gewinn stieg auch der Anteil der ausländischen Siemens-Gesellschaften. Nur in einzelnen überseeischen Ländern, in denen der Aufbau einer eigenen Vertretung unrentabel oder wenig zweckmäßig erschien, setzte Siemens weiterhin auf die Unterstützung durch fremde Handelsfirmen. Parallel gelang es Carl Friedrich von Siemens, die Zahl der Produktionsstandorte im Ausland zu erhöhen. 1936 existierten 16 Fertigungsstätten in Europa sowie – mit einer Beteiligung von 50 Prozent – je eine in Tokio und Buenos Aires. In Österreich, der Tschechoslowakei, in Ungarn, Italien, der Schweiz und in Spanien war Siemens mit ausgedehnten Produktionsanlagen vertreten. 1939 arbeiteten 26 000 Menschen im europäischen Ausland und in Übersee für Siemens. Der Anteil des Auslandsgeschäfts am Gesamtumsatz betrug knapp zehn Prozent. Die Auslandsorganisation des Elektrokonzerns bestand aus 195 Gesellschaften: 109 in Europa, 13 in Afrika, 27 in Mittel- und Südamerika, 33 in Asien, zehn in Australien und Neuseeland und drei in den USA. Daß Siemens rund um den Globus präsent war und in den jeweiligen Ländern großes Ansehen genoß, zeigt sich auch in der Fülle der Staatsgäste, die Carl Friedrich von Siemens im Laufe seiner Amtszeit in Siemensstadt empfangen konnte.

Der einflußreiche Wirtschaftsführer verfolgte mit seiner Auslandsstrategie nicht nur siemensspezifische Geschäftsziele. Jenseits finanzieller Vorteile für das eigene Haus basierte seine international ausgerichtete Unternehmenspolitik auf der Überzeugung, daß die Wirtschaft eine wichtige Vorreiterfunktion für die Politik habe. »Ich glaube an die hohe Aufgabe der Wirtschaft, der Schrittmacher für die Politik zu sein, sie zu zwingen, die Bahnen zu verlassen, die die Völker voneinander trennen, und zu erkennen, daß sie nur dann im Interesse ihres Volkes tätig ist, wenn sie der wirtschaftlichen Verständigung die Wege ebnet«, so seine beachtenswerten Worte im Dezember 1928 vor dem Komitee für internationale Aussprache im Reichstag.

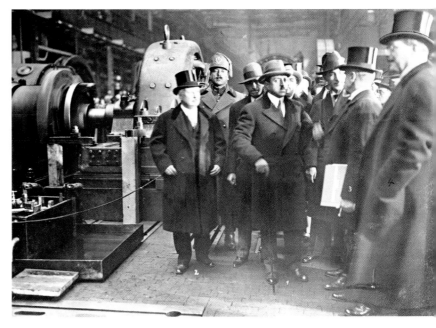

König Aman Ullah von Afghanistan (mit Spazierstock), begleitet von Carl Friedrich von Siemens (rechts außen), zu Besuch im Dynamowerk in Siemensstadt, 1928

Mehr als nur Gewinn

Seit den Gründertagen betrieben alle Siemens-Unternehmer eine sicherheitsorientierte, die Liquiditätsvorsorge und Bewahrung der unternehmerischen Unabhängigkeit betonende Finanz- und Beteiligungspolitik. Aus Überzeugung folgten sie dem durch Werner von Siemens vorgegebenen Leitmotiv, die Zukunft des Unternehmens nicht »für den augenblicklichen Gewinn« aufs Spiel zu setzen. 1934 brachten diese Prioritäten Siemens die leicht spöttische Bezeichnung »Bank mit angeschlossener Elektroabteilung« ein. Bei allem Spott kommt in dieser Bemerkung jedoch auch die Anerkennung für den verantwortungsvollen Umgang mit dem Geld der Kapitaleigner zum Ausdruck.

Carl Friedrich von Siemens betrieb eine in der deutschen Elektroindustrie nur mit Bosch vergleichbare zurückhaltende Ausschüttungspolitik, die letztlich dazu beitrug, daß Siemens die krisenbelastete Zwischenkriegszeit mit Inflation und Weltwirtschaftskrise überstehen sowie seine Vormachtstellung innerhalb der Branche nicht nur halten, sondern auch ausbauen konnte. Über eine reine Gewinnmaximierung hinaus ging es ihm vor allem darum, den Einfluß der Familie im Konzern zu bewahren und deren Geschäftsinteressen zu sichern. Ausmaß und Richtung des Unternehmenswachstums wurden stets durch die finanziellen Möglichkeiten der Familie und die Grenzen der Selbstfinanzierung bestimmt. Obwohl die Bilanzsummen des Hauses Siemens in der Zeit von 1918 bis 1945 um ein Mehrfaches anstiegen, änderte sich das Aktienkapital bei den Stammgesellschaften nur wenig, da die 1942 aufgrund gesetzlicher Vorgaben erfolgte Neubewertung des bestehenden Aktienkapitals keinen Kapitalzufluß bedeutete.

Wesentlicher Bestandteil der Finanzierungspolitik waren Rücklagenbildung und die Schaffung stiller Reserven, von denen letztere bereits im Geschäftsjahr 1926/27 wieder auf 200 Millionen Reichsmark geschätzt wurde. Nicht zuletzt mit Hilfe dieser Steuerungsinstrumente gelang es Siemens, das Unternehmen weitgehend unbeschadet durch die Weltwirtschaftskrise zu lenken, während der größte deutsche Wettbewerber AEG aufgrund seiner dramatisch verschlechterten finanziellen Situation endgültig unter den Einfluß von General Electric geriet.

Der mit der Weimarer Konjunktur der Jahre 1926 bis 1928 einhergehende Bedarf der Auftragsfinanzierung, die Notwendigkeit von Rationalisierungen und Restrukturierungen, der weitere Ausbau von Siemensstadt sowie die verstärkten Anstrengungen auf den Auslandsmärkten führten allerdings auch bei Siemens zu einem Finanzmittelbedarf, der allein mit den intern zur Verfügung stehenden Mitteln nicht gedeckt werden konnte. Daher stand Carl Friedrich von Siemens vor der Aufgabe, neue Kreditmittel zu beschaffen, die er wegen des wenig aufnahmefähigen deutschen Kapitalmarkts im Ausland suchen mußte. Nach einer ersten Anleihe in Höhe von 10 Millionen Dollar wurde im Jahr 1926 eine weitere Anleihe über 24 Millionen Dollar zuzüglich einer deutschen Tranche von 25 Millionen Reichsmark plaziert.

Wie gut der Siemens-Chef das ihm eigentlich fachfremde Gebiet der Finanzierung beherrschte, beweist auch die Aufnahme einer weiteren großen Anleihe vor der Weltwirtschaftskrise: die sogenannte 1000jährige Anleihe, die 1930 in den USA in der neuen Form von »participating debentures« ausgegeben wurde. Das waren sechsprozentige Beteiligungs-

Blick auf Berlin-Siemensstadt um 1930, im Hintergrund links Gartenfeld mit dem Siemens-Kabelwerk (idealisiertes Gemälde von Anton Scheuritzel)

schuldverschreibungen, deren Rückzahlungsfrist aus formalen Gründen auf das Jahr 2930 festgelegt wurde und die zum Teil von der General Electric gezeichnet wurden. Diese Transaktionen, die für Schlagzeilen sorgten, dokumentieren das große Vertrauen, das Carl Friedrich von Siemens und dem von ihm geleiteten Unternehmen in einer Zeit schwierigster gesamtwirtschaftlicher Rahmenbedingungen zu Recht entgegengebracht wurde: Denn am Ende des Geschäftsjahrs 1933/34 standen bei Siemens & Halske den Verbindlichkeiten in Höhe von 53 Millionen Reichsmark bereits wieder Bankguthaben von mehr als 30 Millionen Reichsmark sowie jederzeit realisierbare erstklassige Wertpapiere in Höhe von 82 Millionen Reichsmark gegenüber.

Carl Friedrich von Siemens verfolgte die »alte Regel bei Siemens, ein Drittel des Gewinns auszuschütten und zwei Drittel zur Verbesserung der Fabrikationseinrichtungen zu verwenden«. Diese auf die innere Stärkung des Hauses und seine finanzielle Absicherung ausgerichtete Politik setzte der Firmenchef auch während der Zeit der nationalsozialistischen Herrschaft fort. Mit seiner langfristigen und auf solide Finanzierung aufgebauten Unternehmenspolitik hatte er dafür gesorgt, die Position des Hauses über seinen Tod hinaus nachhaltig zu sichern.

Vorbildlicher Sozialpartner

Obwohl Carl Friedrich von Siemens selbst ein erfolgreicher Unternehmer war, äußerte er sich zeitlebens voller Bewunderung über das Lebenswerk seines Vaters. »Mit Stolz kann ich aussprechen, daß gerade mein Vater die besondere soziale Aufgabe des einzelnen Unternehmers in Deutschland mit als erster erkannt hat. Unternehmungen, denen sich Hunderttausende für ihre Lebensarbeit anvertraut haben, haben auch die Verpflichtung, für ihre Mitarbeiter, die sich ihnen so eng verbunden haben, zu sorgen, wobei nicht vergessen werden darf, daß alle solche Maßnahmen [...] letzten Endes auch der Förderung der Arbeitsfreude und Leistungsfähigkeit zugute kommen.« Mit diesen Worten formulierte Carl Friedrich von Siemens prägnant Ziel und Motivation seiner betrieblichen Sozialpolitik. Als liberal gesinnter Unternehmer fühlte er sich dem sozialpartnerschaftlich orientierten Führungsstil der Weimarer Republik verpflichtet. Ihm war besonders wichtig, daß es zu einem fairen Interessenausgleich zwischen Arbeitgebern und Arbeitnehmern kam. Letztere dürften keinesfalls zum »Spielball der Launen des Arbeitgebers« werden.

Im Unterschied zur Vorkriegszeit hatten sich die Voraussetzungen für eine aktive betriebliche Sozialpolitik verändert. Doch auch wenn Gesetze und tarifliche Regelungen den Gestaltungsspielraum der Firmen stark einschränkten, war die Unternehmensleitung daran interessiert, die verbleibenden Möglichkeiten voll auszuschöpfen. Die Neuorientierung der Sozial- und Personalpolitik manifestierte sich in der Gründung eines Per-

Veröffentlichung der Abschlußprämien für das Geschäftsjahr 1926/27 sonalreferats und einer eigenen Sozialpolitischen Abteilung. Letztere beschäftigte sich sowohl mit sozialpolitischen Fragen im engeren Sinne als auch mit gesellschafts- und bildungspolitischen Themen, die zunehmend an Bedeutung gewannen. Mit der Leitung der 1919 geschaffenen Organisationseinheiten betraute der Siemens-Chef Karl Burhenne (1882 – 1963).

Unterstützt von seinem Mitarbeiterstab, etablierte Carl Friedrich von Siemens ein ganzes Bündel sozialpolitischer Einzelmaßnahmen, die allesamt darauf ausgerichtet waren, qualifizierte und engagierte Mitarbeiter zu gewinnen und langfristig an das Unternehmen zu binden, gleichzeitig aber auch »das Gefühl des Stolzes auf dieses Unternehmen« zu fördern. Der Firmentradition folgend, lag der Schwerpunkt seiner Sozialpolitik auf der Altersversorgung – ein Gebiet, auf dem Werner von Siemens mit der Gründung der Pensionskasse 1872 Maßstäbe gesetzt hatte. Nach dem Ersten Weltkrieg war die Betriebspension weit mehr als nur ein Zuschuß zur staatlichen Versorgung. Mit einem Durchschnittsbetrag von 492 Mark übertrafen die freiwilligen Sozialleistungen die Sozialrenten um mehr als das Doppelte. 1927 belebte der verantwortungsvolle Chef des Hauses ein weiteres Element der betrieblichen Sozialpolitik neu, indem er eine vom Geschäftserfolg abhängige jährliche Abschlußprämie für Tarifangestellte und Arbeiter einführte. Als kluger Unternehmer förderte Carl Friedrich von Siemens auch den Ausbau des betrieblichen Gesundheitswesens. Während seiner Amtszeit investierte die Firma erhebliche Summen in die Gesundheitsprävention oder die Ausweitung der Betriebsfürsorge, in Erholungsreisen für Mitarbeiter und deren Familienangehörige. All diese Maßnahmen sollten die Gesundheit und damit auch die Arbeits- und Leistungsfähigkeit der Mitarbeiter erhalten.

Auch das kulturelle und sportliche Freizeitangebot wurde erheblich ausgeweitet. Auf Betreiben des Firmenchefs wurden in Siemensstadt neue Sportanlagen errichtet. 1928 unterstützte er den Zusammenschluß verschiedener betrieblicher Einzelsportgruppen zur »Sportvereinigung« Siemensstadt. Durch die gemeinsame sportliche Betätigung sollten der »Geist der Zusammengehörigkeit« unter den Mitarbeitern und ihre Loyalität gegenüber dem Unternehmen gestärkt werden. Zusätzlich wurde die Identifikation der Beschäftigten mit dem Unternehmen durch eine eigene Werkszeitschrift gefördert. Die erste Ausgabe der *Wissenschaftlichen Mitteilungen aus dem Siemens-Konzern* erschien im Frühjahr 1919. Die Berichte dienten der wirtschaftspolitischen und kulturellen Weiterbildung der Belegschaft, sie informierten über wichtige Geschäftsaktivitäten und Ereignisse aus dem Betriebsleben.

Mit Umfang und Gewinn des Unternehmens wuchs auch die Zahl der Mitarbeiter. Entsprechend gewann der betriebliche Wohnungsbau an Bedeutung. 1921

Die Siedlung »Siemensstadt«, Blick von der Rapsstraße zur Harriesstraße, 1929

legte Carl Friedrich von Siemens den Grundstein für den Bau einer Wohnsiedlung in Siemensstadt. Auf dem Gelände entstanden bis 1929 etwa 1500 Ein- und Mehrfamilienhäuser. Während der Weltwirtschaftskrise stellte Siemens Kurzarbeitern Landparzellen zur Verfügung. Im Gegenzug verpflichteten sich die Mitarbeiter, zur Entlastung des Arbeitsmarkts nicht mehr als drei Tage pro Woche zu arbeiten. Die übrige Arbeitszeit wurde für Eigenleistung beim Bau des Siedlungshauses und zur Bewirtschaftung der Anbauflächen verwendet. Das Wohnbauprojekt wurde durch Reichsdarlehen und Firmenzuschüsse finanziert.

Mit Anerkennung der Gewerkschaften durch Staat und Arbeitgeber wurde der Kreis der Interessenvertreter nach dem Ersten Weltkrieg um Gewerkschaftsangehörige ergänzt. Carl Friedrich von Siemens hatte selbst am Zustandekommen des Betriebsrätegesetzes mitgewirkt, das die Rahmenbedingungen für die Mitbestimmung regelte und bei Siemens konsequent in die Praxis umgesetzt wurde. Dementsprechend wurde vor allem in sozialpolitischen Fragen ein konstruktiver Dialog mit den Arbeitnehmervertretern gepflegt. Das Gesetz sah unter anderem vor, daß in den Aufsichtsräten beider Stammfirmen jeweils zwei Betriebsratsmitglieder vertreten sein sollten. Durch diese Regelung konnte das traditionell gute Verhältnis zwischen Unternehmensleitung und Belegschaft, an dem Carl Friedrich von Siemens persönlich gelegen war, noch verbessert werden. Eine Studie des Internationalen Arbeitsamts Genf attestierte dem Firmenchef ein ausgeprägtes Verantwortungsgefühl. In der 1929 durchgeführten Untersuchung wurden die Verhältnisse in Siemensstadt als »bemerkenswertes Beispiel der Aufrechterhaltung unmittelbarer persönlicher Beziehungen zwischen der Leitung und den Arbeitnehmern« gelobt.

Dieses Verantwortungsgefühl äußerte sich auch in der Bedeutung, die der Unternehmer der Fort- und Weiterbildung seiner Mitarbeiter zumaß. »Jeder, der Menschen unter sich hat und namentlich junge Menschen, muß doch dauernd im Auge behalten, daß er nicht nur eine Verantwortung dem Hause gegenüber hat, sondern auch eine große Verantwortung gegenüber den Menschen, die ihm unterstellt sind« – so seine Worte. Mitarbeiter entsprechend ihren Qualifikationen und Möglichkeiten zu fordern und zu fördern und dadurch ihre »employability« zu stärken war in seinen Augen eine wichtige Managementaufgabe. Seine Personalentwicklungspolitik basierte auf der Erkenntnis, daß der Unternehmenserfolg gerade in Zeiten zunehmenden Wettbewerbs wesentlich von gut qualifizierten Mitarbeitern abhängt. Eine solide Ausbildung durch das bei Siemens lang etablierte technische und kaufmännische Ausbildungswesen sowie zahlreiche Weiterbildungsmaßnahmen waren seiner Meinung nach Grundvoraussetzungen für Erhalt und Verbesserung der Wettbewerbsfähigkeit. Zusätzlich investierte der Siemens-Chef gezielt in die Nachwuchsförderung, indem er anläßlich des 75jährigen Firmenjubiläums 1922 eine Studienstipendieneinrichtung für ehemalige Lehrlinge begründete.

Personalpolitischen Entscheidungen – vor allem bei der Besetzung von Führungspositionen – maß Carl Friedrich von Siemens eine besondere Bedeutung zu.

Carl Friedrich von Siemens anläßlich der Vertrauensratswahlen, 1. 4. 1935

Dafür zu sorgen und die Grundlagen hierfür zu schaffen, der einen Seite ein immer besseres und klareres Verständnis von den Gefühlen und Bedürfnissen der anderen Seite zu geben, das ist die hohe Aufgabe, die der Zusammenarbeit zwischen Betriebsführer und Vertrauensrat gestellt ist [...] Wir müssen auch Mängel und Nachteile versuchen zu erkennen und uns nicht scheuen, sie zuzugeben, denn nur dann ist man in der Lage, Mittel zu ergreifen, um sie, wenn sie nicht abstellbar sind, doch so weit als möglich zu mildern.

> **Carl Friedrich von Siemens auf einer Tagung der Vorstände der deutschen S&H-Geschäftsstellen, 24.11.1938**
>
> *Dem Geschäft gegenüber ist es die Aufgabe des Vorgesetzten, dafür zu sorgen, daß wirklich tüchtige junge Leute das Gefühl haben können, daß sie in unserem Hause weiterkommen werden. Es darf also nicht vorkommen, daß aus Egoismus heraus ein tüchtiger junger Mann, der zu Höherem fähig ist, an seinem Posten belassen wird [...] Sie haben dann das Gefühl, daß sie nicht weiterkommen, und verlassen unser Haus. Es hängt sehr viel von den ersten Berufsjahren ab, ob aus einem Menschen etwas Tüchtiges wird und ob er weiterkommt oder ob er versauert und sich nicht entwickeln kann. An diese Verantwortung müssen wir immer denken. Denn es gibt keine größere Freude, als zu sehen, daß man einen jungen, tüchtigen Menschen herausgefunden hat, der sich weiterentwickelt.*

Seiner Meinung nach gehörte es zu den »verantwortungsreichsten und schwierigsten Aufgabe[n großer Unternehmen], die richtigen Menschen an die richtige Stelle zu setzen [...] Wir begrüßen es durchaus, wenn in unserer Beamtenschaft der Geist der sachlichen Kritik lebendig ist und aus ihren Reihen Anregungen für Vereinfachungen und Verbesserungen gegeben werden. Es ist auch für die Anregenden in keiner Weise mit Gefahr für seine Einschätzung oder sogar seine Stellung verbunden.« Bei der Auswahl seiner Mitarbeiter kamen ihm seine gute Menschenkenntnis und seine Fähigkeit zugute, qualifizierte Mitarbeiter und potentielle Führungskräfte langfristig an das Unternehmen zu binden. Für die Beurteilung und Förderung der Arbeitnehmer ließ er spezielle Formblätter entwickeln, die sich vor allem im Bereich der Führungskräfteentwicklung als wirkungsvolles Instrument bewähren sollten. Die meisten Führungspositionen konnten intern besetzt werden.

Carl Friedrich von Siemens war ein leistungsorientierter Chef, der von seinen Mitarbeitern Respekt, Loyalität und persönliches Engagement forderte. Dies galt im übrigen auch für die Mitglieder der Siemens-Familie. Nach Aussage seines Sohnes Ernst soll der Siemens-Chef einmal gesagt haben: »Ich freue mich über jedes Familienmitglied, das ins Haus kommt. Ich muß aber von ihm erwarten, daß es Überdurchschnittliches leistet.«

Politisch und gesellschaftlich engagiert

Gestaltungswille und Gestaltungsfähigkeit Carl Friedrich von Siemens' erschöpften sich nicht in seiner Unternehmerfunktion. Zeitlebens fand der vielbeschäftigte Topmanager die Zeit, sich in Politik und Gesellschaft zu engagieren. Seiner Ansicht nach genügte es nicht, sich als Geschäftsführer eines Wirtschaftsverbands am politischen Leben zu beteiligen. Vielmehr forderte er die »Männer der Praxis« auf, sich aktiv im Parlament zu engagieren. Seine politische Heimat fand von Siemens in der 1918 gegründeten liberalen Deutschen Demokratischen Partei (DDP). Als 1919 der Vorstand der Berliner DDP ihn bat, als Nachfolger des verstorbenen Friedrich Naumann für den Reichstag zu kandidieren, nahm er diese Herausforderung voller Überzeugung an: »Ich bin kein Politiker und habe mich um viele wichtige Fragen des politischen Lebens nicht gekümmert; ich glaube allerdings, besonders geschult durch vieljährigen Aufenthalt in politisch entwickelten Ländern, gewisse Kenntnisse der Erfordernisse des politischen Lebens gewonnen zu haben.«

Seine Tätigkeit als Reichstagsabgeordneter war jedoch nur von kurzer Dauer. Mit Übernahme des Präsidentenamts im Verwaltungsrat der 1924 gegründeten Deutschen Reichsbahn-Gesellschaft gab Carl Friedrich von Siemens sein politisches Mandat auf. Diese Entscheidung sollte ihm nicht allzu schwerfallen, hatte er doch in seiner Zeit als Politiker die Erfahrung machen müssen, daß ihm sinnvoll erscheinende wirtschaftspolitische Anliegen tages- oder parteipolitischen

Interessen geopfert wurden. Ernüchtert vom politischen Alltag, charakterisierte er sich 1931 als einen Mann, »dessen Leben dem wirtschaftlichen Fortschritt gewidmet ist und der deshalb die Politik als notwendiges Übel betrachtet, im Gegensatz zu einem Politiker, der das wirtschaftliche Leben als Instrument für seine politischen Ziele ansieht«.

Wegen seiner unternehmerischen Erfahrung, seines internationalen Ansehens und seiner persönlichen Integrität war von Siemens wie kein zweiter prädestiniert, den verantwortungsvollen Posten bei der Deutschen Reichsbahn-Gesellschaft zu übernehmen. Aufgrund der Bestimmungen des Dawes-Plans stand die Deutsche Reichsbahn-Gesellschaft zur Regelung der deutschen Reparationszahlungen unter strenger ausländischer Kontrolle. Dadurch sollte die vorschriftsmäßige Abführung der Reparationsbeträge aus den Einnahmen der Reichseisenbahnen garantiert werden. In dieser Situation war es Aufgabe des Verwaltungsrats, für die Leistungsfähigkeit und Wirtschaftlichkeit des Bahnbetriebs zu sorgen und die konstruktive Zusammenarbeit aller Beteiligten zu gewährleisten. Aus Pflichtbewußtsein und Verantwortungsgefühl übernahm Carl Friedrich von Siemens diese anspruchsvolle Aufgabe, die viel Fingerspitzengefühl und diplomatisches Geschick erforderte. Sein Engagement wurde allerdings nicht nur geschätzt. Aufgrund der geschäftlichen Beziehungen der Bahn zur Elektroindustrie mußte er sich auch mit dem Verdacht der Vorteilnahme für das Haus Siemens auseinandersetzen.

Darüber hinaus übernahm Carl Friedrich von Siemens zahlreiche Ämter und Ehrenämter. Da er den Erhalt des Arbeitsfriedens als wichtige Voraussetzung für den Wiederaufbau betrachtete, setzte er sich nachdrücklich für die Bildung der »Zentral-Arbeitsgemeinschaft der industriellen und gewerblichen Arbeitgeber und Arbeitnehmer Deutschlands« (ZAG) ein, die im November 1918 unter Leitung von Carl Legien und Hugo Stinnes zustande kam. Auch mit der Gründung eines sogenannten Reichswirtschaftsrats, der neben dem Parlament als wirtschaftspolitische zweite Kammer fungieren sollte, verband er große Hoffnungen. Von 1923 bis 1933 war von Siemens Präsident des Vorläufigen Reichswirtschaftsrats. In dieser Eigenschaft leitete er 1927 die deutsche Delegation bei der Weltwirtschaftskonferenz in Genf.

Im Rahmen der Elektroindustrie initiierte der Branchenkenner 1918 die Gründung des »Zentralverbands der Deutschen Elektrotechnischen Industrie« (ZVEI), eines zentralen Zusammenschlusses zur Wahrnehmung von gemeinsamen Interessen. Als erster Vorsitzender des ZVEI-Vorstands leitete er den Verband bis 1933. Darüber hinaus war der Siemens-Chef Präsidiumsmitglied des Reichsverbands der Deutschen Industrie und 14 Jahre lang Vorsitzender des Stifterverbands der Notgemeinschaft der deutschen Wis-

Der Verwaltungsrat der Deutschen Reichsbahn-Gesellschaft, in der Mitte (sitzend) Carl Friedrich von Siemens, 1924

senschaft, der Vorläuferin der Deutschen Forschungsgemeinschaft. Bei der Übernahme und Ausgestaltung seiner öffentlichen Ämter legte er größten Wert darauf, nur in Gremien mitzuwirken, »bei denen ich persönlich oder gesellschaftlich interessiert bin und in denen ich auch persönlich mitarbeiten kann«.

Angesichts dieser Fülle an Verpflichtungen überkam den unermüdlichen Unternehmer bisweilen die Sehnsucht nach einem ruhigeren Leben. Anfang der 1920er Jahre schrieb er kurz nach einem Erholungsurlaub in Tirol: »Wenn ich könnte, würde ich gerne hier alles hinter mir lassen und herausziehen auf ein Stückchen schöner Gotteserde, um dort als vernünftiger Mensch leben zu können. Aber das sind Träume, die nie zur Verwirklichung kommen werden. Jeder Tag bindet einen fester und in schwerer Zeit darf man erst recht keine Fahnenflucht begehen. So sitze ich denn mittendrin im geschäftlichen und leider auch öffentlichen Leben.«

Nationalsozialistische Kriegswirtschaft und Zerstörung

Am 30. Januar 1933 übernahmen die Nationalsozialisten in Deutschland die Macht. Grundlegende Voraussetzung für Entstehen und Aufstieg des Nationalsozialismus war die tiefgreifende geistige, wirtschaftlich-soziale und politische Krise nach dem Ersten Weltkrieg.

Carl Friedrich von Siemens hatte schnell die Gefahr erkannt, die der jungen Weimarer Republik durch das Aufkommen des Nationalsozialismus drohte. Als überzeugter Demokrat und liberal gesinnter Unternehmer brachte er seine Befürchtungen wiederholt zum Ausdruck. Anläßlich eines USA-Aufenthalts äußerte er 1931 in einer Rede über »Die gegenwärtige Lage Deutschlands« in New York: »Die deutsche Wirtschaft bedauert das Anwachsen des Radikalismus lebhaft und ist überzeugt, daß je mehr er wächst, desto mehr seine Macht zerstörend auf das wirtschaftliche Leben wirken muß.« Auch formulierte er sein Unbehagen über das öffentliche Auftreten der Nationalsozialisten. Er warf den Vertretern der Partei vor, Versprechungen zu machen, »von denen sie wissen, daß sie sie nicht erfüllen können; sie scheuen sich nicht, auf die niederen Eigenschaften der menschlichen Natur zu spekulieren, und bedenken nicht, welchen Schaden sie anrichten und welches Mißtrauen sie damit außerhalb ihres eigenen Landes hervorrufen.«

Die Grundzüge der nationalsozialistischen Wirtschaftspolitik waren spätestens mit Verkündung des Vierjahresplans von 1936 deutlich erkennbar. Doch der Staat hatte bereits vor diesem Zeitpunkt begonnen, regulierend in den Wirtschaftskreislauf einzugreifen. Durch Maßnahmen wie Rohstoffzuteilung, Investitionslenkung, Zwangskartellierung, Produktionsverbote oder Preis- und Lohnstopps wurden die üblichen Marktmechanismen weitgehend außer Kraft gesetzt, die Produktion zunehmend auf rüstungsrelevante Sparten umgestellt. Zusätzlich waren die Gestaltungsmöglichkeiten privatwirtschaftlicher Unternehmen durch staatliche Interventionsmaßnahmen auf dem Gebiet der Arbeitsmarkt- sowie der Im-

---

Carl Friedrich von Siemens an Georg Siemens, 25.1.1941

Wer stolz darauf war, daß die eigene Arbeit einer Aufgabe gewidmet war, die danach strebte, dem Aufbau und Fortschritt der Menschheit zu dienen, der kann nur traurigen Herzens sehen, daß die Erfolge der Arbeit nun einzig und allein der Zerstörung zugute kommen.

port- und Exportpolitik erheblich eingeschränkt. Gleichzeitig partizipierte die Elektroindustrie wie die deutsche Industrie insgesamt von öffentlichen Aufträgen. Dieses Wachstum hielt bis zum Ende des Zweiten Weltkriegs an; ab 1938 waren die Kapazitäten aller Unternehmen der deutschen Elektroindustrie voll ausgelastet. Nach Kriegsausbruch zeigten sich unüberwindbare Engpässe in der Rohstoffversorgung. Außerdem war die unternehmerische Entscheidungs- und Handlungsfreiheit durch Transportprobleme und Facharbeitermangel limitiert.

Auch Carl Friedrich von Siemens konnte sich der zunehmenden Einbindung des Unternehmens in Aufrüstung und Kriegswirtschaft nicht entziehen. Bereits 1933 hatte er die Rüstungsaktivitäten in personell, organisatorisch und räumlich von den Stammfirmen getrennten, ausgegliederten Bereichen konzentriert – in der Siemens Apparate und Maschinen GmbH und dem Luftfahrtgerätewerk Hakenfelde. Schließlich waren die einzelnen Unternehmensbereiche des Hauses bis zur Auslastung ihrer Kapazitäten damit beschäftigt, die Anforderungen der Kriegswirtschaft an die Elektrotechnik zu erfüllen. Wegen der im Verlauf des Zweiten Weltkriegs geforderten Produktionsausweitung war es unumgänglich, Verlagerungswerke zu errichten und ausländische Arbeitskräfte einzusetzen, die zur Zwangsarbeit in Siemens-Werken verpflichtet wurden.

Carl Friedrich von Siemens zog sich im Zuge der Gleichschaltung von Verbänden und Institutionen des öffentlichen Lebens ab 1933 aus allen öffentlichen Ämtern zurück. Er betrieb zwar keine offene Opposition gegenüber den Machthabern, machte aber aus seiner ablehnenden Haltung gegenüber dem Nationalsozialismus keinen Hehl, weshalb keiner der damaligen Machthaber an seiner Beerdigung teilnahm. Selbst die Trauerreden durften wegen ihres systemkritischen Inhalts nicht gedruckt werden.

Trauerfeier für Carl Friedrich von Siemens im Ehrenhof des Verwaltungsgebäudes in Siemensstadt

Die Abschiedsworte an einen leitenden jüdischen Mitarbeiter des Hauses zeigen, welchen Zwängen sich von Siemens ausgesetzt sah: »Es geht mir nahe, Mitarbeiter, die meinem Hause jahrzehntelang treu gedient haben, nur um ihrer Abstammung willen entlassen zu müssen. Ich bin zwar Arbeitgeber von mehr als 100000 Menschen, aber Deutschland wird heute von einer Horde politischer Abenteurer regiert, die mir nicht mehr die Macht lassen, im eigenen Hause nach eigenem Willen zu entscheiden. Das geht so weit, daß ich, wenn ich um einiger weniger willen Opposition triebe, damit die Existenz des ganzen Hauses Siemens aufs Spiel setzen würde.« Carl Friedrich von Siemens starb am 9. Juli 1941 in Berlin. Während seiner 22jährigen Amtszeit waren Aufgabengebiete, Umsatzvolumen und Beschäftigtenzahl des Unternehmens um ein Vielfaches gewachsen. Trotz der überdurchschnittlichen Expansion aller Unternehmensbereiche gelang es ihm, seine Leitidee von der »Einheit des Hauses« in Kombination mit der Konzentration auf die Elektrotechnik zu realisieren und das Unternehmen in Fortführung tradierter Grundsätze zeitgemäß weiterzuentwickeln. Damit schuf er die Grundlagen für einen raschen Wiederaufbau nach dem Ende des Zweiten Weltkriegs und garantierte als eine der großen deutschen Unternehmerpersönlichkeiten des 20. Jahrhunderts Kontinuität im Wandel der Zeit.

Hermann von Siemens (1885–1986), ein Enkel Werner von Siemens' und Hermann von Helmholtz', trat 1918 als technischer Angestellter in das Unternehmen ein. 1928 wurde er in den Vorstand der Siemens & Halske AG berufen, um ein Jahr später die Leitung des Zentrallaboratoriums zu übernehmen. Dort leistete er bedeutende Beiträge für die Entwicklung der Fernschreibtechnik. Als Leiter der zentralen Technikabteilung wurde er 1935 Mitglied des Vorstands der Siemens-Schuckertwerke AG und später als Aufsichtsratsvorsitzender der beiden Stammgesellschaften Siemens & Halske beziehungsweise Siemens-Schuckertwerke »Chef des Hauses«. In dieser Position, die er nach dem Tod seines Onkels Carl Friedrich von 1941 bis 1956 innehatte, gab Hermann von Siemens dem Unternehmen wichtige Impulse für den Wiederaufbau nach dem Zweiten Weltkrieg. Er engagierte sich besonders für die Förderung der naturwissenschaftlichen und technischen Forschung innerhalb und außerhalb des Unternehmens.

Hermann von Siemens
Krieg und Neubeginn

Hermann von Siemens, um 1950

In der zweiten Kriegsphase nahmen die Eingriffe des Staates in die Wirtschaft weiter zu. Die Regierung, die nach 1933 schnell zum wichtigsten Auftraggeber geworden war und die Produktionsstruktur entscheidend beeinflußt hatte, regelte durch staatliche Anordnungen und Lenkungsmaßnahmen in immer stärkerem Maße die Wirtschaft. Produktion, Absatz und Preisfestlegung orientierten sich schließlich nicht mehr an Angebot und Nachfrage, sondern nur noch nach rüstungswirtschaftlichen Erfordernissen. Bis zum Sommer 1944 gelang es trotz anhaltender Luftangriffe, unzureichender Rohstoffversorgung und eines zunehmenden Arbeitskräftemangels, mit Hilfe sogenannter Verlagerungswerke die Produktion zu steigern.

Der Zweite Weltkrieg in Europa endete mit der bedingungslosen Kapitulation des Deutschen Reiches am 8. Mai 1945. Zerstörung, allgemeine Auflösungserscheinungen und die Besetzung Deutschlands durch die Alliierten sorgten für nahezu chaotische Verhältnisse: Ein Drittel des deutschen Volksvermögens, zwei Fünftel der Verkehrsanlagen, ein Fünftel des Wohnraums und ein Fünftel aller Produktionseinheiten waren zerstört.

Im Rahmen der Potsdamer Konferenz trafen die Oberbefehlshaber der Siegermächte grundlegende Entscheidungen, wie Deutschland nach Kriegsende zu behandeln sei. Die ersten Planungen sahen vor, daß das Land auf dem Weltmarkt keine führende Position mehr einnehmen könne, seine Wirtschaft nur der bescheidenen Selbstversorgung dienen sollte. Die deutsche Industrieproduktion wurde so dimensioniert, daß ein – wie es hieß – »mittlerer europäischer Lebensstandard« ohne ausländische Zuschüsse garantiert war. Insgesamt war eine Verringerung der deutschen Industriekapazität um 50 bis 55 Prozent des Vorkriegsstands von 1938 vorgesehen. Dies hätte letztlich der Wirtschaftsleistung des Krisenjahrs 1932 entsprochen.

Gefördert durch die zunehmenden politischen Spannungen zwischen den Alliierten, änderten sich die wirtschaftlichen Planungen für die drei Westzonen schon bald. Noch vor Konstituierung der Bundesrepublik Deutschland waren die wesentlichen Eckpunkte ihrer künftigen wirtschaftlichen und politischen Entwicklung festgelegt. Der Marshallplan sowie die Wirtschafts- und Währungsreform gaben nicht allein durch ihre materielle, sondern auch durch ihre moralische Wirkung den Ausschlag für die Überwindung der kriegsbedingten Armut und jene wirtschaftliche Erholung Westdeutschlands, die von den Zeitgenossen als »Wirtschaftswunder« empfunden wurde.

Großen Ahnen verpflichtet

Hermann von Siemens wurde am 9. August 1885 als ältester Sohn Arnold von Siemens' geboren; seine Mutter Ellen (1864–1941) war die Tochter des berühmten Physikers Hermann von Helmholtz (1821–1894). Der Forscherdrang und die naturwissenschaftliche Begeisterung seiner Großväter hatten entscheidenden Einfluß auf die Berufswahl des Enkels, der am Ende seiner Schulzeit beschloß, in die Fußstapfen seiner »großen Ahnen« zu treten. Anläßlich seines 60. Geburtstags kommentierte der erfolgreiche Unternehmer seine Entscheidung, Chemie und physikalische Chemie zu studieren, mit folgenden Worten: »Meine beiden Großväter haben mir ein meine ganze Lebensrichtung bestimmendes Erbe hinterlassen. Die Liebe zur wissenschaftlichen Forschung.«

Mit viel Ehrgeiz und Zielstrebigkeit absolvierte von Siemens sein Studium an den Universitäten in Heidelberg, Jena und Berlin. Im Dezember 1913 wurde er von dem Physiker und späteren Nobelpreisträger für Chemie Walter Nernst mit seiner Dissertation *Ueber Dampf-Druck-Messungen und Thermometrie bei tiefen Temperaturen* promoviert.

Ein halbes Jahr nach dem Tod seines Vaters trat Hermann von Siemens im November 1918 in das Familienunternehmen ein. Seiner Qualifikation entsprechend begann seine Karriere im Physikalisch-Chemischen Laboratorium von Siemens & Halske, wo er als Chemiker beschäftigt war. Im Sinne einer integrierten Nachfolgeplanung durchlief der designierte Unternehmenschef die verschiedensten Stationen am Standort Berlin. 1920 war er für die Firma Gebr. Siemens & Co. tätig, die späteren Siemens-Planiawerke. Im Jahr darauf assistierte er dem Vorstand der Abteilung für Elektro-Chemie von Siemens & Halske. 1924 arbeitete Siemens in der Zentralabteilung des Wernerwerks. Indem er Berufserfahrung im operativen Geschäft verschiedener Siemens-Bereiche sammelte, wurde der ambitionierte Jungunternehmer sorgfältig auf seine späteren Managementaufgaben vorbereitet.

Hermann von Siemens wurde den in ihn gesetzten Erwartungen mehr als gerecht. Nach und nach dehnte Carl Friedrich von Siemens, der damalige »Chef des Hauses«, seinen Kompetenz- und Verantwortungsbereich aus. Seit Februar 1928 war Hermann von Siemens stellvertretendes Vorstandsmitglied der Siemens & Halske AG. Von 1929 bis 1933 übernahm er die Leitung des Zentral-Laboratoriums; eine Aufgabe, die seinen beruflichen Interessen und persönlichen Neigungen in besonderer Weise entsprach. Längst war dem jungen Unternehmer klar, daß Geschäftsstrategie und Technologieführerschaft des Hauses Siemens maßgeblich auf innovativen Entwicklungen basierten. Entsprechend anspruchs-

Blick in die analytisch-chemische Abteilung des Forschungslaboratoriums, um 1937

Erstes Telexamt in Berlin, 1933

voll war er bei der Auswahl seiner Mitarbeiter: Nach eigenen Aussagen stellte er »für das Forschungswesen [nur] junge und rührige Leute« ein, da man sich im Interesse des langfristigen Unternehmenserfolgs die Beschäftigung »mittelmäßiger Kräfte« nicht leisten könne. Unter der Führung von Hermann von Siemens wurden vor allem Innovationen im Bereich der Fernmeldetechnik vorangetrieben. Auf Grundlage der damaligen wissenschaftlichen Arbeiten konnte die Firmenleitung die Reichspost überzeugen, 1933 den Versuchsbetrieb für das erste öffentliche Fernschreib-Wählnetz der Welt mit Telexämtern in Berlin und Hamburg zu beginnen. Da das Fernschreiben wesentlich kostengünstiger war und außerdem schriftliche Belege lieferte, setzte sich das System rasch durch.

Noch im selben Jahr wurde der tatkräftige Forscher im Rahmen der Neuorganisation der Wernerwerke mit der Leitung der Zentral-Abteilung Gruppe Technik (Z.A.T.) betraut, zu deren Aufgaben die Koordination und technisch-strategische Beratung der »außerhalb der Wernerwerke liegenden Fabriken unseres Hauses« gehörte. 1934 wurde Hermann von Siemens zum ordentlichen Vorstandsmitglied der Siemens & Halske AG, 1935 auch der Siemens-Schuckertwerke AG ernannt. Als weitere Vorbereitung auf seine künftige Rolle folgte 1937 die Wahl in den Aufsichtsrat der beiden Stammgesellschaften. In dieser Funktion nahm er für das Haus auch den Aufsichtsratssitz bei der Deutschen Bank wahr, nachdem sich Carl Friedrich, verärgert über eine Kreditgewährung der Bank an die AEG, aus diesem Gremium zurückgezogen hatte.

Im Laufe des Jahres 1940 übertrug Carl Friedrich von Siemens seinem Neffen zunehmend die Verantwortung für das Tagesgeschäft. Aus gesundheitlichen Gründen zog sich der 68 jährige Seniorchef immer häufiger zur Erholung auf sein bei Baden-Baden gelegenes Landgut zurück. Doch bis zu seinem Tod am 9. Juli 1941 blieb Carl Friedrich von Siemens an allen für die Unternehmensentwicklung richtungweisenden Entscheidungen beteiligt.

Unternehmertum im Schatten des Zweiten Weltkriegs

Knapp 100 Jahre nach Firmengründung übernahm mit Hermann von Siemens ein Vertreter der dritten Generation die unternehmerische Gesamtverantwortung. Bei seinem Amtsantritt im November 1941 stand er vor der verantwortungsvollen Aufgabe, das Haus Siemens durch den Zweiten Weltkrieg zu führen und den Fortbestand des Familienunternehmens zu sichern. Seine Unternehmens- und Finanzpolitik orientierte sich an den bewährten Grundsätzen des Hauses. Aufgrund der politischen Ausnahmesituation waren die unternehmerischen Gestaltungsmöglichkeiten des Siemens-Chefs jedoch begrenzt: Über weite Strecken fungierte Hermann von Siemens als »Problemlöser«, dessen strategische Entscheidungen sich dem Hauptziel unterordneten, den Elektrokonzern mit möglichst geringen Schäden und Verlusten auf die Nachkriegszeit vorzubereiten. Obwohl er sich selbst viel stärker als Forscher und Wissenschaftler denn als Krisenmanager sah, war er stets in der Lage, schnell auf die Herausforderungen der Kriegswirtschaft zu reagieren und, unterstützt von einem hochkarätigen Beraterstab, noch schlimmeren Schaden abzuwenden. Seinem sogenannten Chefkabinett gehörte neben den beiden Vorstandsvorsitzenden von Siemens & Halske und den Siemens-Schuckertwerken, Heinrich von Buol (1880–1945) und Rudolf Bingel (1882–1945) auch Wolf-Dietrich von Witzleben (1886–1970) an, der Büroleiter des verstorbenen Carl Friedrich von Siemens. Witzleben hatte 1930 zusätzlich die Leitung des Personalreferats und der Sozialpolitischen Abteilung übernommen.

Während des Zweiten Weltkriegs wurde das Tagesgeschäft von Rohstoffknappheit, Transportproblemen sowie Arbeitskräfte- und Facharbeitermangel dominiert. Diesen Problemen stand die von den Wehrbehörden geforderte Ausweitung der Produktionskapazitäten auf fast allen als kriegswichtig eingestuften Gebieten gegenüber. Zusätzlich wurde die Situation durch die Auswirkungen des Luftkriegs erschwert. Da eine Expansion am Standort Berlin aus den genannten Gründen undenkbar war, ließ Hermann von Siemens für die dringend benötigte Kapazitätserweiterung abseits der traditionellen Zentren der Elektroindustrie sogenannte Aussiedlungswerke errichten. Dank dieser neuen Fertigungsstätten und zahlreicher Rationalisierungsmaßnahmen in den Stammwerken gelang es, den Notwendigkeiten des Augenblicks folgend, die Produktion zu steigern. Im Jahr 1944 erreichte der Umsatz 1,8 Milliarden Reichsmark; Rentabilitätsberechnungen hatten mit Fortschreiten des Krieges zunehmend ihren Sinn verloren.

Ab Herbst 1944 bereitete die Führungsspitze um Hermann von Siemens eine Entscheidung vor, die für die weitere Firmenentwicklung von großer Bedeutung sein sollte. In Reaktion auf Informationen, daß Deutschland künftig in Besatzungszonen aufgeteilt werden würde, faßten die Verantwortlichen folgenden Plan: Für den Fall, daß die zentrale Unternehmensleitung aufgrund der militärischen Situation nicht mehr in der Lage sein sollte, die Geschicke der Firma über Berlin hinaus zu lenken, wurden in West- und Süddeutschland sogenannte Gruppenleitungen errichtet. Mit Hilfe dieser »Exilregierungen« plante der Siemens-Chef, Handlungsfähigkeit und Überlebenschancen des Traditionsunternehmens zu sichern. Im Februar 1945 wurde Carl Friedrichs Sohn Ernst von Siemens mit der Gruppenleitung Süd in München (Werke in Mitteldeutschland, Sachsen und Bayern) betraut, um notfalls von dort aus die Gesamtinteressen des Hauses einschließlich der Tochtergesellschaften wahrnehmen zu können. Die Wahl fiel auf den Standort München, weil sich in der dortigen Hofmannstraße die einzige größere S&H-Fabrik außerhalb Berlins befand. Aus

Zustand des Blockwerks, 1944

Die »Belgienhalle« des Metallwerks in Gartenfeld nach Demontage der Walzenstraße, 1945

den übrigen Werken und Betriebsbereichen der Siemens-Schuckertwerke wurden die Gruppen West (Mülheimer Werk) und Südost in Hof gebildet. Insgesamt wurden etwa 20 Führungskräfte in den Westen entsandt. Die Einrichtung der Gruppenleitungen wurde intern am 19. Februar 1945 bekanntgegeben. Anschließend informierte die Unternehmensführung auch die Behörden, die Siemens noch im März 1945 auffordern sollten, in anderen Teilen des Reiches eine »Rüstungsnotfertigung« aufzunehmen.

Bei der Schließung der Siemenswerke in Berlin am 20. April 1945 waren die meisten Gebäude und Werksanlagen total zerstört. In einer Rede anläßlich der 50-Jahr-Feier der Siemens-Schuckertwerke am 1. April 1953 veranschaulichte Hermann von Siemens das ganze Ausmaß der Katastrophe: »Unsere Werke in Berlin, der Schwerpunkt unserer entwicklungs- und fertigungstechnischen Kapazität für unser gesamtes Betätigungsgebiet, wurden 1945 völlig ausgeräumt. Unsere Werke und Technischen Büros in der Ostzone und schließlich auch dieser Markt gingen verloren. Die Baulichkeiten unserer Nürnberger Werke waren zerstört, unser Auslandsbesitz einschließlich unseres geistigen Eigentums wurde enteignet.«

Die Gesamtverluste, die Siemens durch den Zweiten Weltkrieg erlitten hatte, beliefen sich auf 2,58 Milliarden Reichsmark. Diese Summe entsprach vier Fünftel der Unternehmenssubstanz. Dennoch gelang es nach 1945 erstaunlich schnell, die Funktionsfähigkeit des Elektrounternehmens wiederherzustellen und eine solide Basis für die Rückkehr an die Weltmarktspitze zu schaffen. In der unmittelbaren Nachkriegszeit wurde einmal mehr deutlich, daß die Stärke des Hauses Siemens nicht allein in seinen materiellen Vermögenswerten, sondern auch in der Einsatzbereitschaft, der hohen Loyalität und Identifikation der langjährigen Mitarbeiter mit ihrem Unternehmen lag.

Die Bilanzen des Hauses wiesen während der ersten Aufbaujahre hohe Verluste aus, da hier die Kriegs- und Kriegsfolgeschäden abgerechnet wurden. Bei einer Bilanzsumme von 674,31 Millionen Reichsmark schloß Siemens & Halske das Geschäftsjahr 1945/46 mit einem Verlust von 249,76 Millionen Reichsmark ab. Der Verlust der Siemens-Schuckertwerke belief sich auf 124,46 Millionen Reichsmark. Erst nach der DM-Eröffnungsbilanz, bei der das Kapital im Verhältnis 5:3 herabgesetzt wurde, sollte sich der Aufschwung auch in der Bilanz niederschlagen.

»Etwas magerer, aber gestählt«

Hermann von Siemens, der Berlin im April 1945 in Richtung Oberfranken verlassen hatte, wurde kurz nach dem Einmarsch der Alliierten in der amerikanischen Besatzungszone verhaftet. Ohne Anklage und ohne Angabe von Gründen wurde er zweieinhalb Jahre interniert. Erst allmählich stellte sich heraus, daß seine Internierung nicht im Zusammenhang mit seiner Tätigkeit als »Chef des Hauses«, sondern mit seiner Mitgliedschaft im Aufsichtsrat der Deutschen Bank erfolgt war. Auch den 100. Geburtstag von Siemens & Halske verbrachte Hermann von Siemens in der Gefangenschaft der Alliierten. In seinen Erinnerungen an die Jahre 1945 bis 1948 schrieb der Siemens-Chef 1953: »Am 12. Oktober gedachte ich in einem Brief an Ernst des hundertsten Geburtstages der Firma S & H. Was von der Jubilarin im Augenblick noch übrig war, konnte ich damals in Dachau nicht wissen.«

Diese Phase der Ungewißheit endete drei Monate später mit der Haftentlassung Hermann von Siemens'. Von der Entnazifizierungskommission in Bergisch Gladbach in die Kategorie »nicht betroffen« eingestuft, haben »weder die Amerikaner noch die Engländer [...] nach meiner Entlassung wieder nach mir gefragt«. Nach eigener Aussage kam der Unternehmer »gerade recht zur ›Siemens-Renaissance in Frankfurt a. Main‹, so benannte der Leitartikel einer kommunistischen Zeitung unsere erste Hauptversammlung nach dem Kriege. Diese Generalversammlung wählte mich unter Vorbehalt, weil mein Entnazifizierungsschein noch nicht in meinen Händen war, am 26. Januar 48 in den Aufsichtsrat. Von diesem als Vorsitzender wieder bestätigt, konnte ich am 1. Mai in München an die Arbeit gehen.«

Im Frühsommer 1948 war der Wiederaufbau der Siemens-Firmen nicht zuletzt dank der weitsichtigen Entscheidung, die Unternehmensleitung zu dezentralisieren, relativ weit vorangeschritten. Unter der Führung von Ernst von Siemens, der treuhänderisch mit der Wahrung der Gesamtinteressen des Hauses beauftragt worden war, hatten sich die vor dem Zusammenbruch getroffenen Vorsorgemaßnahmen – Versetzung von qualifiziertem Personal in den Westen, Versorgung der Gruppenleitungen mit Unterlagen für Entwicklung, Fertigung und kaufmännische Arbeiten – trotz aller Schwierigkeiten bewährt. Ende 1948 arbeiteten schon wieder knapp 68 000 Menschen im Unternehmen.

In der unmittelbaren Nachkriegszeit waren die Siemens-Mitarbeiter neben Reparatur- und Aufräumarbeiten zunächst mit der Notfertigung von Gegenständen des täglichen Bedarfs wie Kohleschaufeln, Kochtöpfen und Herden beschäftigt. Gleichzeitig wurde das Unternehmen beauftragt, die Einrichtungen öffentlicher Versorgungsbetriebe, der städtischen Verkehrsanlagen, der Krankenhäuser so-

Hermann von Siemens vor Siemens-Jubilaren, 12.10.1949

Manche Stürme sind über uns hergebraust, Kriege und Wirtschaftskrisen, die andere Firmen erdrückten. Wir sind jedes Mal vielleicht etwas magerer, aber gestählt aus ihnen hervorgegangen, und auch jetzt stehen wir da mit vielen Narben, aber mit gespannten Muskeln und dem Willen, unentwegt unsere Aufgabe in der arbeitsteiligen Wirtschaft zu erfüllen.

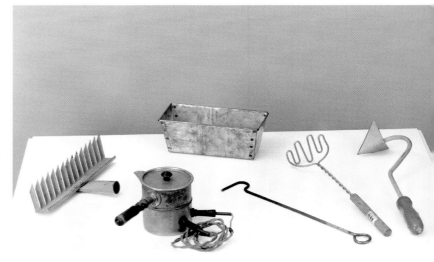

Produkte der Notfertigung, nach 1945

Das Isaria-Zählerwerk, ein Nebenbetrieb des Berliner Wernerwerks, wurde zur Keimzelle des neuen Siemens-Hauptstandorts München

Das 1948 bis 1953 errichtete SSW-Verwaltungsgebäude in Erlangen, genannt »Himbeerpalast«

wie von Post und Bahn instandzusetzen. Mit Hilfe aus den Trümmern geborgener und reparierter Werkzeugmaschinen wurden in Siemensstadt allmählich auch wieder einfache elektrotechnische Erzeugnisse wie Rundfunkempfänger produziert.

Verglichen mit Berlin waren die in den Westzonen gelegenen Werksanlagen und Technischen Büros weniger stark von den Kriegsschäden betroffen. Drei Jahre nach Kriegsende verfügte Siemens & Halske über insgesamt acht Betriebe in Westdeutschland, deren Fertigungskapazitäten denen des Vorkriegsstandorts Berlin entsprachen. Der Standort München entwickelte sich zum Kern der fernmeldetechnischen Produktion, weitere Werke befanden sich in Bocholt, Bruchsal und Speyer. Die Fertigung von Rundfunkempfängern wurde in Karlsruhe konzentriert. Dort entstanden neue Werke, die auch die Herstellung elektroakustischer Anlagen, Geräte und Bauteile übernahmen. Die »auf der grünen Wiese« errichteten Produktionsgebäude wurden nach modernsten fertigungstechnischen Grundsätzen eingerichtet.

Im Gegensatz zur Siemens & Halske AG besaß die Siemens-Schuckertwerke AG neben den Produktionsstätten in Berlin-Siemensstadt mehrere voll ausgebaute, wenn auch beschädigte Werke im Westen. Bereits 1946 wurde im weitgehend unbeschädigten Mülheimer Werk mit dem Bau von Dampfturbinen und Turbogeneratoren begonnen. Nur ein Jahr später konnte auch in den stark bombengeschädigten Nürnberger Fabriken die Motorenproduktion wieder anlaufen. Um den Verlust der verstaatlichten und enteigneten Werke in der sowjetisch besetzten Zone auszugleichen, wurden zusätzlich neue Produktionsanlagen in Regensburg, Amberg und Traunstein errichtet.

Doch erst nach der Währungs- und Wirtschaftsreform im Juni 1948 setzte der Übergang zu einer aktiven Fertigungsplanung und Portfoliopolitik ein, die sich unverändert an der Maxime des Firmengründers orientierte, alle Gebiete der Elektrotechnik und Elektronik zu bearbeiten. Entsprechend verfolgte die Unternehmensleitung wieder konsequent die Strategie, traditionelle Kerngebiete zu stärken und in wachstumsstarke Geschäftsfelder zu investieren.

Die Neuordnung 1949

Während der ersten Nachkriegsjahre hatten sich die politischen und wirtschaftlichen Verhältnisse im besetzten Deutschland verändert: Da die Verantwortlichen der Militärverwaltungen je nach Weisung ihrer Regierung unterschiedliche Ziele verfolgten, entwickelten sich die wirtschaftlich kooperierenden Westzonen und die sowjetische Zone in vollkommen unterschiedliche Richtungen. Die Zukunft des Firmensitzes und Traditionsstandorts Berlin schien nicht zuletzt wegen der Berlin-Blockade, die wenige Tage nach der Währungsreform Ende Juni 1948 begann und fast ein ganzes Jahr andauern sollte, ungewiß. In dieser politisch instabilen Situation waren organisatorische Veränderungen unvermeidlich, wenn es darum ging, die Einheit des Hauses wiederherzustellen und langfristige Perspektiven für das gesamte Unternehmen zu entwickeln.

Die Bemühungen und Auseinandersetzungen um die Reintegration des Hauses Siemens mündeten schließlich in einer umfassenden Neuorganisation, dank derer kurz vor Gründung der Bundesrepublik die geographische Wiedervereinigung der getrennten Firmenteile gelang. Im März 1949 beschlossen die Aufsichtsräte und Vorstände beider Stammgesellschaften, den Firmensitz der Siemens & Halske AG zum 1. April des Jahres nach München und den Hauptsitz der Siemens-Schuckertwerke AG nach Erlangen zu verlegen. Berlin blieb jeweils zweiter Firmensitz. Dieser Entscheidung waren lange interne Auseinandersetzungen zwischen den Gruppenleitungen und dem Restvorstand in Berlin vorausgegangen, der die Meinung vertrat, daß Siemens ohne Berlin nie wieder »Siemens« werden könne. Den auch in der Berliner Belegschaft nicht unumstrittenen Entschluß begründete Hermann von Siemens vor der Generalversammlung in Frankfurt am Main wie folgt: »Wir wollen nur aus praktischen Gründen einen zweiten Sitz in den Westzonen schaffen, der es uns ermöglicht, im Hinblick auf die verschiedenen Gesetzgebungen leichter zu operieren.« Gleichzeitig bekräftigte er die Verbundenheit mit dem Standort Berlin.

Nach der Neuorganisation waren die Zentralen Abteilungen sowie die drei Wernerwerke für Fernmelde-, Meß- und Radiotechnik der Siemens & Halske AG für ganz Westdeutschland und Berlin zuständig. Um die Unternehmensinteressen in den Westsektoren von Berlin wahrnehmen zu können, wurde eine eigene »Zentrale Berliner Leitung« (ZBL) etabliert. Für die Siemens-Schuckertwerke AG sah die Neuregelung vor, eine Zentral-Werksverwaltung, eine Zentral-Vertriebsverwaltung sowie eine Zentrale Abteilung Lenkung einzurichten, in der die Sonderbüros der Verkehrsabteilungen zusammengefaßt wurden. Die Planung, Steuerung und Kontrolle der Technischen Büros beider Stammfirmen wurden ebenfalls zentralisiert. Analog zur Aufbauorganisation von Siemens & Halske wurde für Berlin ebenfalls ein eigenes Leitungsgremium geschaffen (ZBL-SSW). Mit Hinblick auf effiziente Strukturen und Prozesse gliederte die Unternehmensführung die gemeinsamen Abteilungen der Siemens & Halske AG und der Siemens-Schuckertwerke AG im Bereich der Finanz- und Personalverwaltung so-

---

Hermann von Siemens auf der Generalversammlung. 15.2.1949

Wir werden alles, nach wie vor, dazu tun, um unsere Berliner Werke so stark zu beschäftigen, wie wir es irgend können, und ihnen unsere besondere Sorgfalt entgegenbringen. Unsere Berliner Werke sind unsere Stammwerke, und wir stammen alle aus Berlin und fühlen uns mehr oder weniger dort zu Hause und haben gar kein Interesse, uns von Berlin zu trennen. Ich möchte noch einmal betonen, daß wir unseren Sitz in Berlin beibehalten und ihn um keinen Preis aufgeben werden. Wir wollen nur aus praktischen Gründen einen zweiten Sitz in den Westzonen schaffen, der es uns ermöglicht, im Hinblick auf die verschiedenen Gesetzgebungen leichter zu operieren.

wie der Leitung der Technischen Büros neu. Mit Realisierung der einheitlichen Führung aller Dienststellen entfiel die Bezeichnung »Gruppenleitung«.

Chef des wiedervereinigten Hauses war Hermann von Siemens in seiner Funktion als Aufsichtsratsvorsitzender beider Stammgesellschaften, zu seinem Stellvertreter wurde Wolf-Dietrich von Witzleben ernannt. Ernst von Siemens übernahm den Vorstandsvorsitz von Siemens & Halske, Günther Scharowsky (1891–1953) den der Siemens-Schuckertwerke. Die übrigen Leitungspositionen wurden ebenfalls mit Führungspersönlichkeiten besetzt, die im Rahmen der Gruppenleitungen an verantwortlicher Stelle zum erfolgreichen Wiederaufbau von Siemens beigetragen hatten.

Höchste geschäftliche Priorität wurde dem zügigen Wiederaufbau und Ausbau der Fertigungs- und Entwicklungskapazitäten in den drei Westzonen zugebilligt. Fast gleichzeitig erfolgte die Revitalisierung des inländischen Vertriebsapparats und der Werkstatt-, Montage- und Wartungskapazitäten. Schließlich kamen die meisten Aufträge von Kunden, die Siemens mit der Reparatur und Modernisierung von im Krieg zerstörten und in der Nachkriegszeit demontierten Einrichtungen und Maschinenparks betrauten.

Geschäftspolitik im Zeichen von Währungsreform und Wirtschaftswunder

Nach der Währungsreform sah sich Hermann von Siemens auch in der Finanzpolitik gezwungen, weitreichende Entscheidungen zu treffen, da das Unternehmen für einen zügigen Wiederaufbau beziehungsweise Ausbau dringend Kapital benötigte. Rückblickend schilderte der Siemens-Chef die finanzielle Situation mit folgenden Worten: »Wir standen vor der entscheidenden Schicksalsfrage, ob wir in eine für unser Haus neue Finanzierungspolitik eintreten und in erheblichem Umfang fremde Mittel in Form von Krediten aufnehmen sollten [...] oder ob wir uns – der alten Tradition folgend – nicht an die Banken verschulden sollten.« Nach eingehenden Beratungen mit dem Leiter der Finanzabteilung Adolf Lohse (1902–1967) entschied sich der kluge Unternehmensführer bewußt für den »dornenvollen ersten Weg«. Er brach mit der Siemens-Tradition, die goldene Bilanzregel mehr als strikt einzuhalten und kein kurzfristiges Fremdkapital für langfristige Investitionen aufzunehmen. Um die Voraussetzungen für eine Rückkehr auf den Weltmarkt zu schaffen, wurde der Ausbau der inländischen Kapazitäten mit kurzfristigen, die Wiederbelebung des Exportgeschäfts mit mittelfristigen Krediten finanziert. In der Bilanz des Jahres 1948/49 standen kurzfristigen Krediten in Höhe von 83,4 Millionen DM nur 16,2 Millionen DM mittel- und langfristige Verbindlichkeiten gegenüber. Die Liquidität des Unternehmens war jedoch zu keinem Zeitpunkt gefährdet: Jeder Rohstoff, jede Maschine hätte sich im Falle einer Krise sofort veräußern lassen, jedes fertige Produkt wäre den Erzeugern praktisch sofort aus den Händen gerissen worden.

Neben Bankkrediten trugen auch die amerikanischen Finanzhilfen, die im Rahmen des Marshallplans zu günstigen Bedingungen an westdeutsche und Westberliner Unternehmen vergeben wurden, zur wirtschaftlichen Stabilisierung bei. So wurde der Ausbau der Berliner Siemens-Werke vor allem durch Investitionsmittel aus dem Sondervermögen des Europäischen Wiederaufbauprogramms gefördert. Die Gesamthöhe der Investitionen in Berlin belief sich in der Zeit von 1945 bis zum 30. September 1962 auf 738 Millionen DM; davon wurden 367 Millionen DM durch ERP-Kredite finanziert.

Die erste Kapitalerhöhung der Nachkriegszeit auf nunmehr 320 Millionen DM genehmigte die Hauptversammlung am 22. März 1955. Als ein Abbau des inzwischen recht hohen Kreditvolumens trotz guter Mischung der Fälligkeiten und ausreichender Deckung angesichts des sich langsam entwickelnden deutschen Kapitalmarkts ratsam erschien, wurde das Grundkapital nach einem Jahr um weitere 128 Millionen DM erhöht. Eigenkapital und die verschiedenen Arten des Fremdkapitals standen wieder in einem gesunden Verhältnis. Bereits Ende des Jahres 1957 waren rund 75 Prozent der ohnehin rückläufigen Bankschulden einschließlich der Wiederaufbaukredite langfristiger Natur.

Das Vertrauen in die Zukunft des Unternehmens, das Hermann von Siemens und die Investoren zeigten, wurde in den Jahren des Wirtschaftswunders, als die gesamtwirtschaftlichen Steigerungsraten im Durchschnitt über acht Prozent lagen, mit der dynamischen Entwicklung des Hauses Siemens belohnt. Betrug der Umsatz der Siemens & Halske AG und der Siemens-Schuckertwerke im Geschäftsjahr 1949/50 rund 635 Millionen DM, lag er 1952/53 bereits bei 1,32 Milliarden DM. Begünstigt durch die positive Konjunkturentwicklung, konnten dank der zukunfts- und wachstumsorientierten Geschäftspolitik der Unternehmensführung während der 1950er Jahre kontinuierlich zweistellige Wachstumsraten erzielt werden. Als Hermann von Siemens im Februar 1956 sein Amt als Aufsichtsratsvorsitzender niederlegte, belief sich der Umsatz auf 2,6 Milliarden DM.

Die günstige Geschäftsentwicklung erlaubte der Unternehmensleitung, 1951 erstmals nach Kriegsende wieder eine Dividende auszuschütten. Da Hermann von Siemens neben einem gesunden Geschäfts- über einen ausgeprägten Gerechtigkeitssinn verfügte, wurden noch im selben Jahr auch die Erfolgsbeteiligungen für Mitarbeiter reaktiviert. Diese Entscheidungen erlaubten dem verantwortungsvollen Siemens-Chef wieder entsprechend seiner Grundüberzeugung zu handeln, »daß jeder, der an dem Produktionsprozeß beteiligt ist, von dessen Ertrag einen gerechten Anteil erhalten soll«.

Die hohe Inlandsnachfrage hat den Wiederaufstieg des führenden deutschen Elektrokonzerns in den 1950er Jahren zweifellos begünstigt. Obwohl in dieser Zeit hohe Auftragsbestände eine volle Kapazitätsauslastung garantierten, sah die Unternehmensleitung voraus, daß für die angestrebte Position als Weltunternehmen der Elektroindustrie eine schnelle Rückkehr auf den Weltmarkt unerläßlich war und zugunsten einer Regeneration des Auslands- auch Opfer im Inlandsgeschäft gebracht werden müßten. Während vor der Währungsreform im

Ansicht des Dampfkraftwerks San Nicolás in Argentinien, 1956

Exportbereich das Ersatzteil- und reine Liefergeschäft dominierte, gewann ab dem Geschäftsjahr 1950/51 auch das Anlagengeschäft wieder an Bedeutung. Gute Absatzmöglichkeiten boten sich Siemens in den Ländern Westeuropas, des Mittelmeerraums und im Mittleren Osten. Gleichzeitig erhielt das Unternehmen auch wieder Aufträge aus Übersee. So wurde ein deutsches Firmenkonsortium unter Federführung von Siemens im November 1951 mit dem Bau des Dampfkraftwerks San Nicolás in Argentinien beauftragt. Dieser Geschäftsabschluß, gleichzeitig der größte Exportauftrag für die westdeutsche Industrie seit dem Zweiten Weltkrieg, war als erstes Referenzprojekt in ganz Südamerika für die Expansion des Überseegeschäfts besonders wichtig. Erwartungsgemäß folgten weitere Großaufträge in Argentinien, Ägypten und Indien, die erfolgreich zum Ausbau der Energieversorgung und Verkehrsinfrastruktur der jeweiligen Länder beitrugen. Bereits im Geschäftsjahr 1952/53 trug das überproportional wachsende Exportgeschäft mit 20 Prozent zum Gesamtumsatz der Stammfirmen bei. Damals exportierte Siemens Waren im Wert von 300 Millionen DM.

Neue Perspektiven für Forschung und Entwicklung

Seit den Gründertagen waren sich alle Siemens-Unternehmer darüber einig, daß Patente zu den wichtigsten Aktiva der Firma zählen und von zentraler Bedeutung für die Unternehmensstrategie sind. Entsprechend hohe Priorität räumte Hermann von Siemens dem Neubeginn einer systematischen Forschungs- und Entwicklungsarbeit ein, die allerdings in der Anfangszeit durch alliierte Einschränkungen und Verbote behindert wurde.

Als Ernst von Siemens 1945 die Gruppenleitung Süd übernahm, existierten am Standort München keinerlei Laboratorien oder Prüffeldeinrichtungen. Die gesamte firmeneigene Forschung war traditionell im Großraum Berlin konzentriert, sieht man von kriegsbedingt nach Sachsen, Schlesien und in das Sudetenland verlagerten Abteilungen ab. Erschwerend kam hinzu, daß alle Forschungsaktivitäten aus politischen Gründen der Kontrolle der Alliierten unterstanden. Obwohl die S&H-Gruppenleitung München bereits im Sommer 1946 die Zulassung eines Forschungsinstituts beantragt und im Oktober 1947 eine erste Genehmigung für die Errichtung eines »Instituts zum Betreiben naturwissenschaftlicher und technischer Forschung« erhalten hatte, konnte mit der eigentlichen Forschungs- und Entwicklungsarbeit erst Ende der 1940er Jahre begonnen werden. Bis dahin mußten sich die Mitarbeiter der Laboratorien und Konstruktionsbüros mit der Wiederbeschaffung verlorengegangener Zeichnungen, Konstruktions- und Entwicklungsunterlagen sowie der Fertigung von Meß- und Prüfgeräten für den Eigenbedarf beschäftigen.

Mit Beginn der 1950er Jahre wurde der F&E-Aufwand der Siemens-Unternehmen – gemessen am Umsatz – gegenüber der Vorkriegszeit fast verdoppelt. In enger Verbindung mit den jeweiligen Produktionsstandorten richtete die Unternehmensführung in Berlin (Fernschreiberfertigung), Braunschweig (Signaltechnik) und Karlsruhe (Meßtechnik) eigene Entwicklungsstellen ein, deren Leitung und Koordination Hans Ferdinand Mayer (1895–1980) übernahm. In seiner Eigenschaft als Leiter der technisch-wissenschaftlichen Forschung und Entwicklung von Siemens & Halske hatte Hermann von Siemens bereits vor dem Krieg mit dem Pionier der elektrischen Nachrichtentechnik zusammengearbeitet; damals war Mayer in der Leitung des Berliner Zentral-Laboratoriums beschäftigt.

Gleichzeitig investierte auch die Siemens-Schuckertwerke AG in den Aufbau eines eigenen Forschungslaboratoriums in Erlangen, mit dessen Leitung Ferdinand Trendelenburg (1896–1973) betraut wurde. Auch Trendelenburg gehörte zum Kreis der langjährigen Mitarbeiter, die dem Unternehmen von Berlin nach München gefolgt waren. Unterstützt von seinem Team, schuf der hochkarätige Forscher, der sich bereits als Mitbegründer der Elektroakustik einen Namen gemacht hatte, die Voraussetzung für die Bestimmung des Reinheitsgrads von Stoffen, die wiederum für die Halbleiterproduktion von großer Bedeutung war.

Wie sein Großvater verspürte Hermann von Siemens zeitlebens den Drang, »die naturwissenschaftlichen Erkenntnisse dem praktischen Leben nutzbar zu machen«. Entsprechend wurde in den neuen Forschungszentren der Stammgesellschaften nicht nur Grundlagen-, sondern auch angewandte Forschung betrieben. Den Arbeitsfeldern von Siemens gemäß reichte das Spektrum von der allgemeinen Physik über elektrotechnische Spezialfächer wie Magnetismus, Metallphysik, Elektrochemie und Halbleitertechnik bis zur Akustik und Medizin. Bereits im Geschäftsjahr 1950/51 belief sich die Zahl der Erfindungen trotz der weiterhin bestehenden alliierten Einschränkungen und Verbote auf insgesamt 2100. Im gleichen Zeitraum wurden etwa 700 Patente erteilt und im Ausland über 900 Patente angemeldet. Mit dieser Entwicklung zufrieden, konstatierten die Vorstände der Stammgesellschaften in ihrem gemeinsamen Geschäftsbericht 1952/53: »Auf den Fertigungsgebieten, die schwierigere Forschungs- und Entwicklungsarbeiten bedingen, haben wir auf Grund unserer technischen Leistung einen höheren Marktanteil.«

Als die Bundesrepublik Deutschland im Jahre 1955 die volle Souveränität erhielt und die westlichen Besatzungsmächte ihre Entwicklungs- und Produktionsbeschränkungen aufhoben, beschloß die Siemens-Führung, sich umgehend auf den bisher verbotenen Gebieten Datenverarbeitung, Kernenergie- und Halbleitertechnik zu engagieren. Mit Blick auf Eigenkapitalbasis, Ertragskraft und Personalstruktur des Hauses war diese Geschäftsstrategie zweifellos ein »wahrlich mutiger Schritt«. Doch ohne Mut zum unternehmerischen Risiko wäre Sie-

Hermann von Siemens vor Siemens-Jubilaren, 12.10.1949

Es ist die Pflicht, das wahre Bedürfnis des Kunden zu ergründen und es zu befriedigen, selbst gegen dessen vorgefaßte Meinung und auch, wenn man dann weniger verdient. Eines Tages wird er es einsehen, und dann faßt er das große Vertrauen und kehrt wieder und sagt es auch seinen Freunden weiter. So erworbenes und weiter bedientes Vertrauen ist auf die Länge in guten und namentlich in schlechten Zeiten von unersetzlichem Wert. Aber es muß dauernd aufs neue verdient werden.

Herstellung von Reinstsilizium in Pretzfeld, 1953

mens heute wohl kaum ein Weltunternehmen. Schon 1953 revolutionierte eine Siemens-Innovation die gesamte Elektrotechnik und Elektronik. Fast gleichzeitig und unabhängig von amerikanischen Forschern gelang es Eberhard Spenke (1905–1992), dem Chef des Halbleiter-Laboratoriums Pretzfeld, das für integrierte Schaltungen notwendige hochreine Silizium zu gewinnen. Das Verfahren zum tiegelfreien Ziehen von Siliziumkristallen wurde schon im selben Jahr patentiert.

Als visionärer Unternehmer war Hermann von Siemens bestrebt, die innovativen Problemlösungen und technischen Spitzenprodukte des Hauses Siemens »für den Dienst der wirtschaftlichen Aufgaben seiner Kunden zu vervollkommnen«. Dieser Wunsch nach kontinuierlicher Weiterentwicklung und Optimierung führte 1954 zur Bildung des Entwicklungs- und Arbeitsgebiets »Nachrichtenverarbeitung«. Überzeugt von den Gewinnchancen und Absatzmöglichkeiten, stieg Siemens per Vorstandsbeschluß vom 18. März in den bis dato fast ausschließlich von der amerikanischen IBM dominierten Markt ein. Ein Jahr später wurde in Erlangen im Rahmen der Grundlagenforschung mit Untersuchungen auf dem Gebiet der Kernphysik begonnen. Im Einvernehmen mit der Unternehmensführung setzte sich Wolfgang Finkelnburg (1905–1967) intensiv mit allen Fragen einer friedlichen Nutzung der Kernenergie auseinander. Schon während seiner Zeit in den USA hatte der Pionier auf dem Gebiet der Kernkrafttechnik grundlegende Erkenntnisse sammeln können, die ihm bei seiner Tätigkeit als Leiter der neu gegründeten Studiengruppe »Reaktor-Entwicklung« zugute kamen.

Aufgrund seiner Liebe zur wissenschaftlichen Forschung blieb Hermann von Siemens auch nach seinem Rückzug aus der Geschäftsführung »im Hause noch sehr sichtbar«. Regelmäßig nahm er an Entwicklungsbesprechungen zu den ihn besonders interessierenden Arbeitsgebieten Akustik und Magnetik teil. Seine Leidenschaft für Naturwissenschaft und Technik spiegelt sich auch in der Fülle der naturwissenschaftlichen Institutionen und Gesellschaften wider, denen er zeitlebens angehörte. So war er unter anderem Mitglied in der Max-Planck-Gesellschaft, der Physikalisch-Technischen Bundesanstalt, der Deutschen Physikalischen Gesellschaft und der Deutschen Gesellschaft für Elektronen-Mikroskopie.

Impulse für eine zukunftsorientierte Sozial- und Personalpolitik

Im Februar 1949 nutzte Hermann von Siemens die erste Hauptversammlung nach Kriegsende, um seinen Dank »allen denjenigen auszusprechen, die in den Jahren des Wiederaufbaus oft unter Zurückstellung ihrer persönlichen Interessen ihre ganzen Kräfte dem Hause gewidmet haben«. Weiter führte er aus: »Wenn es gelungen ist, nach der fast hoffnungslosen Lage bei Kriegsende das Haus Siemens wieder aufzubauen, so haben wir dies in erster Linie der Treue und Opferbereitschaft der in ihm Tätigen zuzuschreiben.«

In diesen Aussagen kommt die traditionell enge Verbundenheit zwischen Unternehmensleitung und Belegschaft deutlich zum Ausdruck. Getragen von dem Gefühl der Zusammengehörigkeit, war es dem Mann an der Spitze des Hauses Siemens ein persönliches Anliegen, sich für das überaus große Engagement der Mitarbeiter beim Wiederaufbau der Firma zu bedanken. Ende des Jahres 1950 beschlossen die Siemens & Halske AG und die Siemens-Schuckertwerke AG die Ausschüttung einer Wiederaufbauprämie an alle Arbeiter und Angestellten, die seit dem 1. Oktober 1947 ohne Unterbrechung im Unternehmen beschäftigt waren. Mit Rücksicht auf die finanzielle Situation und die hohe Zahl der Begünstigten wurde die Prämiensumme in Höhe von insgesamt 6,5 Millionen DM in Form von Bargeld oder in »Siemens-Zertifikaten« ausgegeben, die dann in Stammaktien umgetauscht werden konnten.

Über Wiederaufbauprämie und Gewinnbeteiligung hinaus orientierte sich Hermann von Siemens an den ethischen Unternehmenswerten seines Großvaters. Im Rahmen seiner betrieblichen Sozialpolitik versuchte er stets, die Interessen des Unternehmens mit den persönlichen Interessen der Mitarbeiter zu vereinen. Als Geschäftsmann verfolgte er mit Hilfe der freiwilligen Sozialleistungen jedoch auch das Ziel, die Fluktuationsrate möglichst niedrig zu halten und Leistungsträger langfristig an das Unternehmen zu binden. Gegenüber der Vorkriegszeit kam es im Bereich der Sozialleistungen jedoch zunächst zu spürbaren Kürzungen.

Siemens-Zertifikat, 1950

Auch nach dem Krieg genoß die betriebliche Altersfürsorge oberste Priorität, doch erschwerten die Verhältnisse die Wiederaufnahme der Zahlungen. Die 1940 als Zusammenfassung der bestehenden Einrichtungen gegründete »Siemens-Altersfürsorge GmbH« hatte 1941 ihr gesamtes Guthaben von über 20 Millionen Reichsmark in Schatzanweisungen des Deutschen Reiches anlegen müssen, die bei Kriegsende vollständig entwertet wurden. Daher waren die Belegschaftsangehörigen in den ersten Jahren des Wiederaufbaus gezwungen, auf einen Teil der gewohnten Ruhegehälter zu verzichten. Ab dem 1. Juli 1951 erfolgten die Pensionszahlungen wieder in voller Höhe. Parallel bemühte sich die Führungsspitze um die Versorgung von Betriebsangehörigen und deren Familien, die kriegsbedingt in Not geraten waren. Kinder von vermißten oder gefallenen Belegschaftsmitgliedern erhielten regelmäßige Leistungen; Schwer- und Kriegsbeschädigten wurden besondere Vergünstigungen gewährt. Auch die be-

Hermann von Siemens in: Deutsche Porträts, 1945

Ich fühle mich dazu berufen, den Geist des Hauses Siemens, den mein Großvater seiner Gründung mit auf den Weg gegeben hat, zu erhalten und zu stärken. Integrierende Bestandteile dieses Geistes sind das Streben nach hochwertiger Qualitätsarbeit, äußerster Makellosigkeit der Geschäftsgebarung und sozialer Gerechtigkeit.

Sternhochhaus in der Siemens-Siedlung München-Obersendling

währten Maßnahmen zur sozialen Betreuung, zur Familien- und Krankenpflege, Erholungsfürsorge und Freizeitgestaltung wurden wiederaufgenommen. Im Geschäftsjahr 1949/50 wurden für soziale Leistungen rund 23 Prozent der Lohn- und Gehaltssumme aufgewendet. Davon entfielen etwa 10 Prozent auf gesetzliche und 13 Prozent auf freiwillige soziale Leistungen.

Hohe Summen investierte Siemens in den Werkswohnungsbau, der aufgrund des Wohnungsmangels in den zerstörten Städten und an den neuen Standorten eine der vordringlichsten sozialen Aufgaben war. Besonders gravierend war das Wohnraumproblem in der von Vertriebenen und Ausgebombten überfüllten Kleinstadt Erlangen. Hier baute Siemens bis 1955 über 1000 Wohnungen. 1951 entstand im oberbayerischen Traunreut sogar ein neuer Ort, der seine Existenz der Verlagerung eines Betriebs der Siemens-Schuckertwerke verdankte. Wenig später engagierte sich das Unternehmen auch für die nachhaltige Verbesserung der Wohnsituation am Verwaltungssitz der Siemens & Halske AG: 1954 wurden in der Siemens-Siedlung in München die ersten drei Wohnhochhäuser Bayerns gebaut.

Bedingt durch die starke Produktionsausweitung und die konsequente Erschließung neuer Märkte, stieg in den 1950er Jahren der Bedarf an qualifizierten Arbeitskräften kontinuierlich. Neben dem Wiederaufbau und Ausbau der internen Lehrwerkstätten und Werkberufsschulen wurden die Stammhauslehre und Meisterkurse institutionalisiert. Zusätzlich konzipierten die Personalverantwortlichen auf die Bedürfnisse von Siemens zugeschnittene Aus- und Weiterbildungsprogramme, die geeignet waren, Lern- und Anpassungsfähigkeit der Mitarbeiter zu trainieren. Als Grundlage für eine systematische Personalentwicklung reaktivierte Hermann von Siemens 1952 das von seinem Vorgänger entwickelte Mitarbeiterbeurteilungssystem, das qualifizierte Aussagen über Leistungswillen und Leistungsfähigkeit der Beschäftigten zuließ. Mit dem Ziel, das interne Fach- und Führungskräftepotential besser identifizieren und fördern zu können, wurde das System drei Jahre später um einen speziellen Beurteilungsbogen für Mitarbeiter des Übertariflichen Kreises ergänzt. Insgesamt zielte die Personalpolitik der frühen 1950er Jahre darauf ab, »die Beschäftigten in den Betrieben als ›Mitarbeiter‹ im eigentlichen Sinne des Wortes zu gewinnen«.

Wie wichtig Hermann von Siemens ein gutes Betriebsklima war, zeigt sich auch in seiner letzten Rede, die er in seiner Eigenschaft als Aufsichtsratsvorsitzender beider Siemens-Gesellschaften im Februar 1956 hielt. Nachdem er die Anwesenden über den Plan informiert hatte, sein Amt »in jüngere Hände zu legen«, äußerte er »die feste Zuversicht, daß im Hause Siemens auch unter seiner neuen Führung derselbe Geist lebendig bleiben wird, der ihm über hundert Jahre lang in guten Zeiten den Schwung, in schlechten Zeiten die Zähigkeit gegeben hat, zu allen Zeiten aber die Atmosphäre, in der sich unzählige Menschen ein Leben lang wohlgefühlt haben«. Da der erfolgreiche Manager erst 1986 verstarb, konnte er die weitere Entwicklung des Unternehmens mitverfolgen und sich persönlich davon überzeugen, daß auch seine Nachfolger ihre Geschäftspolitik nach den Kernelementen der Unternehmenskultur ausrichteten.

In Anerkennung seiner Verdienste wurde Hermann von Siemens, den sein Neffe Peter von Siemens, Aufsichtsratsvorsitzender von 1971 bis 1981, charakterisierte als »psychologische[n] Katalysator par excellence, der ohne viele Worte, sondern mit beredtem Schweigen die wesentlichen Impulse auslöste«, 1968 zum Ehrenmitglied des Aufsichtsrats, 1981 zum Mitglied im Ehrenpräsidium des Aufsichtsrats der Siemens AG ernannt.

Hermann von Siemens vor Siemens-Jubilaren, 12. 10. 1951

Bei der Art unserer Fertigung ist die ständige Hereinnahme und Fortbildung eines guten Nachwuchses von entscheidender Bedeutung [...] Wir müssen darum alles tun, um denen, die für die Arbeit in unserem Hause in Betracht kommen, den Weg zu uns zu öffnen. Ein Mittel hierfür wird sein, Ausbildung und Weiterbildung innerhalb unseres Hauses in jeder nur erdenklichen Weise zu fördern, so daß jeder, der zu uns kommt, auch das Gefühl hat, bei uns etwas zu lernen. Hierauf das Augenmerk aller zu lenken, die in unserem Hause mit diesem Fragen befaßt sind, ist mir darum ein wesentliches Anliegen.

Ernst von Siemens wurde 1903 als Sohn von Carl Friedrich und Enkel des Firmengründers Werner von Siemens in Kingston (Großbritannien) geboren. Nach dem Schulbesuch studierte er Physik an der Technischen Universität München. Seine Tätigkeit bei Siemens begann er 1929 im Berliner Wernerwerk für Fernmeldetechnik. 1943 wurde Ernst von Siemens zum stellvertretenden, 1948 zum ordentlichen Mitglied und 1949 zum Vorsitzenden des Vorstands von Siemens & Halske ernannt. 1945 erfolgte die Berufung zum stellvertretenden und 1948 zum ordentlichen Mitglied des Vorstands der Siemens-Schuckertwerke. Von 1956 bis 1971 war er Aufsichtsratsvorsitzender beider Stammgesellschaften beziehungsweise der Siemens AG. Auch nachdem er den Vorsitz niedergelegt hatte, blieb Ernst von Siemens bis 1978 Mitglied des Aufsichtsrats und gehörte danach dessen Ehrenpräsidium an.

Ernst von Siemens hatte am Wiederaufbau des Unternehmens nach dem Zweiten Weltkrieg entscheidenden Anteil. Vor allem durch die Wiederbelebung des Auslandsgeschäfts schuf er die notwendigen Voraussetzungen für die erfolgreiche Rückkehr des Unternehmens auf die Weltmärkte. Unter seiner Leitung wurden die Siemens & Halske AG, die Siemens-Schuckertwerke AG und die Siemens-Reiniger-Werke AG 1966 zur heutigen Siemens AG vereinigt. Neben seiner unternehmerischen Tätigkeit engagierte sich Ernst von Siemens für die Förderung der Wissenschaft und Künste.

Ernst von Siemens
Wiederaufbau und Gründung der Siemens AG

Ernst von Siemens, 1962

Die Jahre 1956 bis 1971, in denen Ernst von Siemens das Unternehmen als Chef des Hauses leitete, waren politisch durch den zunehmenden Ost-West-Konflikt, wirtschaftlich durch eine lange, aufgrund der Nachkriegssituation besonders ausgeprägte Wachstumsphase, gekennzeichnet. Von zentraler Bedeutung für die weitere Entwicklung der Bundesrepublik Deutschland war die weitgehende politische und wirtschaftliche Integration in die internationale Staatengemeinschaft. Der Start in die Europäische Wirtschaftsgemeinschaft brachte eine Vergrößerung der Märkte und schuf neue Grundlagen für die Absatz- und Investitionspolitik der kommenden Jahre. Mit der Konvertibilität der D-Mark wurde die bundesrepublikanische Wirtschaft voll in die internationale Wirtschaftsverflechtung, insbesondere in die zwischenstaatlichen Kapitalströme, einbezogen.

Mitte der 1960er Jahre endete die Wiederaufbauphase. Nach- und Aufholbedarf im kriegszerstörten Deutschland waren gesättigt. In den Jahren 1966/67 kam es zur ersten Nachkriegsrezession. Die Wachstumsraten der »goldenen« fünfziger Jahre gingen auf ein normales Maß zurück. Da die Verantwortlichen in Politik und Wirtschaft unverändert von einem relativ hohen Wachstum ausgingen, wurden die Auswirkungen dieses natürlichen Verlangsamungsprozesses zunächst weder bei der Planung der Staatsausgaben noch bei den Investitions- und Beschäftigungsplanungen berücksichtigt. Gleichzeitig erfolgte eine Differenzierung der ökonomischen Rahmenbedingungen nach Branchen und Unternehmen: Während bis Mitte der 1950er Jahre fast alle Branchen vom Investitions- und Konsumboom der Nachkriegszeit profitiert hatten, verloren einige Industriezweige deutlich an Zugkraft. Zu den Boombranchen gehörte die Elektroindustrie, die seit Gründung der Bundesrepublik Deutschland kontinuierlich höhere Zuwachsraten als das Sozialprodukt verzeichnen konnte. Größtes deutsches Elektrounternehmen war die Siemens AG, die Ernst von Siemens erfolgreich zur einstigen Weltmarktposition zurückführen sollte.

Auf dem Weg in die Zukunft

Im Anschluß an sein Physikstudium an der Technischen Universität München trat Ernst von Siemens 1929 als Volontär in das Familienunternehmen ein. Nachdem er zunächst im Wernerwerk für Telegraphie, Fernsprechwesen und Signalanlagen (WW F) von Siemens & Halske Berlin gearbeitet hatte, übernahm er in den 1930er Jahren verschiedene Leitungspositionen, die ihm ermöglichten, intensiv all die Eigenschaften und Fähigkeiten zu entwickeln, die er langfristig brauchen würde, um an der Spitze eines der weltweit führenden Elektrounternehmen reüssieren zu können.

Ab 1937 war Ernst von Siemens als Direktor der Abteilung für Rundfunkgeräte und Kleinfabrikate vor allem für Vertriebsfragen zuständig. Nachdem die Produktionsbereiche der Siemens & Halske AG im Geschäftsjahr 1940/41 umstrukturiert worden waren, übernahm er die Leitung des neu gebildeten Wernerwerks für Rundfunkgeräte und Bauelemente (WW R). Als passionierter Liebhaber klassischer Musik stellte Ernst von Siemens hohe Ansprüche an Ton- und Klangqualität der dort hergestellten Siemens-Rundfunkgeräte. Sein ausgeprägtes Qualitätsbewußtsein machte sich auch bei der Entwicklung und Konstruktion neuer Geräte positiv bemerkbar. Neben dem Tagesgeschäft fand der Jungunternehmer immer wieder Zeit, sich über die aktuellen Entwicklungsarbeiten für leistungsfähige und repräsentative Spitzengeräte wie des sogenannten Kammermusikgeräts zu informieren.

Das Siemens-Kammermusikgerät auf der Internationalen Ausstellung in Paris, 1937

Im April 1943 wurde Siemens zum Leiter der Auslandsabteilung des Wernerwerks und wenig später zum stellvertretenden Vorstandsmitglied der Siemens & Halske AG ernannt; ab 1945 war er darüber hinaus auch Mitglied im Vorstand der Siemens-Schuckertwerke AG. Der Geschäftsmann gehörte zu den Führungskräften des Hauses, die voraussahen, daß der Zweite Weltkrieg in einer Katastrophe enden würde. Entsprechend forcierte er die Entscheidung der Unternehmensführung, Teile der Firmenspitze nach Westdeutschland zu verlagern und so die Handlungsfähigkeit und Überlebenschancen des Hauses Siemens zu gewährleisten. Für den Fall, daß Berlin von der russischen Armee erobert und vermutlich auch besetzt werden würde, sollte die Leitung der in West- und Süddeutschland befindlichen Firmenstandorte durch die Einrichtung sogenannter Gruppenleitungen außerhalb von Berlin sichergestellt werden. Der Plan des damaligen »Chefs des Hauses«, Hermann von Siemens, sah vor, daß sein jüngerer Vetter Ernst als Repräsentant der Familie die Gesamtinteressen des Hauses wahrnehmen sollte, falls er selbst dazu nicht in der Lage sein würde. Das Inkrafttreten der Gruppenleitungen wurde in einem Z-Rundschreiben vom 19. Februar 1945 wie folgt festgelegt: »Die Gruppenleitungen werden neben ihrer planenden und aufbauenden Arbeit das Stammhaus sofort weitgehend unterstützen; die Führung übernehmen sie jedoch erst dann, wenn eine Zusammenarbeit der auswärtigen Betriebsstellen von S&H und SSW nicht mehr möglich und diese Unterbrechung der Verbindung nicht nur vorübergehend ist.«

Blick auf die Nordostecke des Wernerwerks F, 1930er Jahre

Z-Rundschreiben 337 vom
19. Februar 1945

Diese weitsichtige Regelung erwies sich bei Kriegsende als äußerst sinnvoll: Hermann von Siemens wurde bereits kurz nach dem Einmarsch der Alliierten in der amerikanischen Besatzungszone verhaftet und für zweieinhalb Jahre interniert. In dieser Situation übernahm Ernst von Siemens die unternehmerische Gesamtverantwortung. Dank seiner Berufserfahrung und Führungskompetenz entwickelte sich der diplomatische Unternehmer in den Folgejahren zur wichtigen Integrationsfigur und zum Garanten für einen erfolgreichen Wiederaufbau.

Noch im Februar 1945 hatten sich etwa 20 Führungskräfte – meist zu dritt in einem Kohlevergaserwagen – von Berlin aus auf den Weg nach Süd- und Westdeutschland gemacht. Anläßlich eines Vortrags über die unmittelbare Nachkriegszeit erinnerte sich der spätere Vorstandsvorsitzende der Siemens AG, Gerd Tacke (1906–1991), daß die Männer »nur einen Koffer [...] und nur gewichtsmäßig limitierte Geschäftsunterlagen« mitnehmen durften. Der auslandserfahrene Manager gehörte zum engsten Mitarbeiterkreis Ernst von Siemens', als dieser in seiner Eigenschaft als Gruppenleiter von Siemens & Halske in der Münchner Hofmannstraße Quartier bezog. Darüber hinaus leitete Ernst von Siemens die für beide Stammgesellschaften verantwortlichen Gemeinschaftsabteilungen in den Bereichen Finanzen, Personal- und Sozialpolitik, Technische Büros und Patentfragen in Westdeutschland.

Für die Siemens-Schuckertwerke wurde unter Leitung von Friedrich Bauer (1901–1962) eine Gruppe West in Mülheim an der Ruhr eingerichtet. Mit der Führung der in Mitteldeutschland, Sachsen, Bayern und der sogenannten Ostmark befindlichen übrigen SSW-Werke wurde Günther Scharowsky beauftragt. Scharowsky, der auch die Gesamtleitung der Siemens-Schuckertwerke hatte, siedelte sich zunächst in Hof an der Saale an, wo sich seit Herbst 1944 zwei Verlagerungsbetriebe des Kleingeräte- und des Installationsgerätewerks befanden. Außerdem war Hof die Berlin nächstgelegene Stadt Bayerns, wohin »einige Utopisten« – so Tacke – zurückzukehren hofften. Da Hof an der östlichen Grenze der amerikanischen Besatzungszone lag, wurde allerdings noch im Sommer 1945 beschlossen, die SSW-Gruppenleitung in die weitgehend unzerstörte Universitätsstadt Erlangen zu verlagern. Diese Entscheidung führte zu ersten Mißstimmigkeiten im Verhältnis zu dem vorab nicht informierten Restvorstand in Berlin, der sich nach wie vor als »Firmenoberhaupt« betrachtete.

Berlin oder München

Bereits bei Wiederaufnahme des Tagesgeschäfts im Herbst 1945 zeichneten sich unterschiedliche regionale Schwerpunkte der Geschäftstätigkeit ab: Die Berliner Leitung von Siemens & Halske war für Berlin und die sowjetische Zone verantwortlich, während die Gruppenleitungen ihre Aktivitäten auf die westlichen Besatzungszonen konzentrierten. Zusätzlich wurde die Eigenständigkeit der Leitungsebenen in den jeweiligen Geschäftsregionen durch die dezentrale Führungs- und Organisationsstruktur sowie die voneinander abweichenden Macht- und Politikinteressen der einzelnen Besatzungsmächte verstärkt. Da die Berliner ungeachtet der instabilen politischen Lage der Stadt auf ihrem Führungsanspruch beharrten, kam es schon bald zu Konflikten zwischen dem Stammhaus und den neuen Standorten. Unterstützt von den übrigen Gruppenleitern, machte Ernst von Siemens in den langwierigen Diskussionen um die Zukunft des Unternehmens geltend, daß sich der Schwerpunkt des Geschäfts zwischenzeitlich nach West- und Süddeutschland verlagert habe. Angesichts des deutlich größeren Marktpotentials und des immer offensichtlicher werdenden Bruchs zwischen den Alliierten wähnte der kluge Stratege das künftige Hauptbetätigungsfeld von Siemens im Westen.

Pkw aus dem Siemens-Fuhrpark mit Kohlevergaser, Erlangen 1945

Doch der Interessenkonflikt um die Frage »Berlin oder München« war weitaus vielschichtiger. Neben reinen Sachfragen spiegelte die Diskussion um die Standortfrage unterschwellig auch die Spannungen und Machtkämpfe zwischen zwei Führungsgenerationen wider. Während die Traditionalisten um Wolf-Dietrich von Witzleben den Firmensitz am angestammten Zentrum der deutschen Elektroindustrie bewahren wollten, konnte der langfristige Unternehmenserfolg nach Einschätzung Ernst von Siemens' nur durch die Verlegung des Firmensitzes in den Westen Deutschlands gesichert werden. Rückblickend faßte der Enkel des Firmengründers die damaligen heftigen Kontroversen pointiert zusammen: »Alle Tradition sprach für Berlin als Standort. Aber was ist Tradition? Sie wird nur zu gern mit Gewohnheit verwechselt. Hier hieß es, aus altem Geiste Neues zu schaffen [...] Die isolierte Lage Berlins schied als Standort für den Sitz der Führung des Unternehmens aus – der Entschluß war hart, aber nach Lage der Dinge unvermeidlich.«

Zunächst schien es allerdings, als hätten die konservativen Kräfte die Oberhand gewonnen: In einer gemeinsamen Sitzung beschlossen die Aufsichtsratsmitglieder am 21. November 1947, die Vollmachten der Gruppenleiter auf rein repräsentative Aufgaben zu beschränken. Gleichzeitig wurde deren Eigenständigkeit durch die Einrichtung eines »Interzonalen Vorstandsausschusses« beschnitten. Dieses Gremium sollte alle zwei Monate zusammenkommen und gemeinsam über alle für die Unternehmensentwicklung relevanten Fragen entscheiden. Im August 1948 erreichten die Auseinandersetzungen ihren Höhepunkt, als der provisorische Berliner Aufsichtsrat Ernst von Siemens und Günther Scharowsky von ihren Aufgaben entband. Dies kam einer Auflösung der Gruppenleitungen gleich. Vor dem Hintergrund der aktuellen politischen und wirtschaftlichen Ereignisse erwies sich die Entscheidung jedoch als untragbar. Die Ausweitung der Bi-Zone zur Tri-Zone, die in der sowjetisch besetzten Zone nicht durchgeführte Währungs- und Wirtschaftsreform und die sich abzeichnende Gründung der Bundesrepublik Deutschland bereiteten den Boden für einen zukunftsweisenden Beschluß, der unter der Bezeichnung »Starnberger Friede« in die Siemens-Geschichte einging. Am 1. April 1949 einigten sich die

Aufsichtsräte und Vorstände einvernehmlich, den Firmensitz der Siemens & Halske AG nach München, den der Siemens-Schuckertwerke AG nach Erlangen zu verlegen. Berlin sollte jeweils als zweiter Firmensitz beibehalten werden.

Nach der erfolgreichen Reintegration erhielt das Unternehmen wieder eine einheitliche Führung mit dem zwischenzeitlich aus der Internierung zurückgekehrten Hermann von Siemens als Aufsichtsratsvorsitzendem und Chef des Hauses. Ernst von Siemens, der sich in den schwierigen Wiederaufbaujahren als visionäre Führungspersönlichkeit profiliert hatte, übernahm den Vorstandsvorsitz von Siemens & Halske. Scharowsky wurde Vorstandsvorsitzender der Siemens-Schuckertwerke. Damit waren die organisatorischen Voraussetzungen für einen raschen Wiederaufstieg des Unternehmens geschaffen.

Wiederaufstieg zum Weltkonzern

Als Ernst von Siemens im Frühjahr 1956 den Aufsichtsratsvorsitz beider Stammgesellschaften übernahm, konnte er auf die Erfahrung eines Vierteljahrhunderts erfolgreichen Unternehmertums zurückblicken. Seit den Jahren des Wiederaufbaus war er maßgeblich an allen strategischen Entscheidungen beteiligt, da sich der damalige offizielle »Chef des Hauses« stärker als Wissenschaftler und Forscher verstand und volles Vertrauen in die Visionen und Fähigkeiten des Vollblutunternehmers Ernst von Siemens hatte.

Bei der Ausgestaltung seiner Unternehmenspolitik orientierte sich der mutige Geschäftsmann an den bewährten Erfolgsmustern des Hauses Siemens. Nach der Devise »Preserve the core« verfolgte er konsequent das Ziel, den Kern des Traditionsunternehmens zu bewahren und dessen Weiterentwicklung den Anforderungen der Zeit entsprechend zu fördern. Zielstrebigkeit und Durchsetzungsvermögen waren besonders bei der Realisierung seiner internationalen Wachstums- und Expansionsstrategie gefordert – angesichts der angespannten Finanz- und Wirtschaftslage war die Revitalisierung des Auslandsgeschäfts intern äußerst umstritten.

Unter Führung des SSW-Vorstandsvorsitzenden Scharowsky formierte sich Anfang der 1950er Jahre eine Fraktion, die die Beschränkung auf den Heimatmarkt forderte, im Idealfall unter Berücksichtigung einiger weniger Mittelmeerländer. Die damaligen »Internationalisierungsgegner« argumentierten vor allem mit den Erfahrungen und finanziellen Verlusten zweier Weltkriege: Waren 1918 bereits weite Teile des Auslandsvermögens entschädigungslos beschlagnahmt worden, wurden nach Ende des Zweiten Weltkriegs weltweit sämtliche materiellen und immateriellen Vermögenswerte des Hauses konfisziert. Besonders nachteilig machten sich die Freigabe aller Namens- und Markenrechte sowie der Verlust von rund 30000 Patenten bemerkbar. Siemens-Erzeugnisse konnten im Ausland jederzeit nachgebaut und verkauft werden. Doch ebenso wie Werner von Siemens unbeirrt an seiner Vision vom »Weltgeschäft à la Fugger« festgehalten hatte, stand auch für seinen Enkel Ernst die Rückkehr auf den Weltmarkt trotz ungünstiger Ausgangsbedingungen niemals in Frage. Schließlich war absehbar, daß der Binnenmarkt langfristig nicht das Geschäftsvolumen bieten würde, das Siemens benötigte, um international wettbewerbsfähig zu sein und sich in der Spitzengruppe der Elektrounternehmen zu behaupten.

Ernst von Siemens' Strategie zum Auf- bzw. Wiederaufbau der Auslandsorganisation, zur Rückeroberung der einstigen Weltmarktposition basierte auf folgenden Leitlinien: Das Haus Siemens sollte in allen wichtigen Märkten der Welt Auslandsniederlassungen unter eigenem Namen errichten. Neben deren Funktion als Generalvertretungen waren die Geschäftsführer der ausländischen Standorte angehalten, vor Ort eigene Produktionsbetriebe aufzubauen. Um die nachhaltige Erschließung der zentralen Auslandsmärkte zügig voranzutreiben, wurden auch Beteiligungen an Staatsbetrieben, Joint-ventures mit konkurrierenden Wirtschaftsunternehmen und einheimischen Firmen sowie langfristige Nachbauverträge mit Fremdfirmen zur Belieferung der Siemens-Generalvertretungen grundsätzlich nicht ausgeschlossen. Dieses pragmatische Vorgehen war von der Überzeugung motiviert, daß Investitionen in den Aufbau ausländischer Produktionsstandorte wesentlich zur Festigung und Verbreiterung von Marktstellung und Ansehen eines Unternehmens vor Ort beitragen. Nach Ernst von Siemens' eigener Aussage sollte die »Entscheidung über eine Auslandsinvestition [...] deshalb nicht nur unter kurzfristigen Rentabilitätsaspekten, sondern stets auch nach einer langfristigen unternehmerischen Konzeption gefällt werden«.

Nachdem die rechtlichen Voraussetzungen für eine Regeneration des Auslandsgeschäfts geschaffen worden waren, schöpfte die Führungsspitze um Ernst von Siemens die Möglichkeiten zum Rückkauf der beschlagnahmten Niederlassungen einschließlich der Sicherung von Markenrechten voll aus. Bereits im Sommer 1951 gelang der Rückerwerb der schwedischen Tochtergesellschaft, begannen Verhandlungen über die Erneuerung der Geschäftsbeziehungen mit dem japanischen Partner Fuji Denki Seizo KK auf dem Starkstromgebiet und über die Zusammenarbeit von Siemens & Halske mit der pakistanischen Post. 1952 konnten in Brasilien die 1905 gegründete Siemens do Brasil, in Finnland und Argentinien der Name und die Marke »Siemens« zurückgekauft werden. Zusätzlich zum Rückerwerb der verlorengegangenen Vertriebs- und Produktionsunternehmen wurden zahlreiche neue Siemens-Gesellschaften in Ländern gegründet, in denen vor dem Krieg höchstens ein Vertretungsvertrag existiert hatte. Auf Initiative von Ernst von Siemens und Gerd Tacke konnten bis Mitte der 1950er Jahre Siemens-Gesellschaften, Vertretungen oder Stützpunkte in über 30 Ländern zurückerworben (unter anderem Belgien, Dänemark, Irland,

Ernst von Siemens auf der Hauptversammlung. 20. 3. 1969

Erst wenn die deutsche Industrie ein ausgewogenes Verhältnis zwischen Export und Auslandsproduktion besitzt, hat ihr Auslandsgeschäft eine gesunde Struktur und eine solide Grundlage. Die Errichtung von Auslandsfertigungen stärkt die allgemeine Position eines Unternehmens in einem Lande wesentlich: Sie sichert den dauerhaften Zugang zu den ausländischen Märkten und trägt erheblich zur Verbesserung seines Ansehens bei. Die Entscheidung über eine Auslandsinvestition sollte deshalb nicht nur unter kurzfristigen Rentabilitätsaspekten, sondern stets auch nach einer langfristigen unternehmerischen Konzeption gefällt werden.

Luftaufnahme der 1952 gegründeten Fabrik Lapa in São Paulo, Brasilien

Luxemburg, Niederlande, Portugal, Schweiz, Spanien und Indien) beziehungsweise aufgebaut werden. Der regionale Schwerpunkt des Auslandsengagements lag in Übersee – hier vor allem in Südamerika. So entstanden Siemens-Niederlassungen in Argentinien, Kolumbien, Nicaragua, Venezuela, Afghanistan, Iran und Pakistan. Weitere Meilensteine waren der Rückerwerb der norwegischen »Proton« und die Umwandlung des Stützpunkts in den USA in eine Gesellschaft (1960/61), die Gründung eigener Unternehmen in Kanada (1963), Großbritannien (1965) und Algerien (1966) sowie die Übernahme der Majorität der Gesellschaften in der Türkei (1967) und in Österreich (1967, 1969). Mit Ausnahme der argentinischen SSW-Gesellschaft konnte Siemens bis 1971 alle konfiszierten Gesellschaften wieder zurückerwerben. Allein bis Ende 1956 waren insgesamt rund 53 Millionen DM in den Auf- und Ausbau einer globalen Unternehmenspräsenz investiert worden.

Eingedenk der konservativen Finanzpolitik des Hauses orientierte sich das Investitionsverhalten an der sogenannten Fünf-Prozent-Klausel. Diese Faustregel legte fest, daß der Exportanteil eines Landes am Gesamtexportvolumen die Fünf-Prozent-Grenze nicht wesentlich überschreiten sollte. Durch dieses Steuerungsinstrument wollte der Siemens-Chef das Ausfallrisiko bei Investitionen, Krediten und Produktionsauslastungen begrenzen. Daß diese Regel den Anforderungen der Geschäftspraxis entsprechend flexibel interpretiert wurde, beweist die Tatsache, daß sich der Exportanteil einzelner für Siemens wichtiger Märkte wie Italien, Schweden, Belgien, die Niederlande und Spanien auf sechs bis neun Prozent des Gesamtjahresexports belief. Anteile von über zehn Prozent am Gesamtexport resultierten aus Großprojekten, die in der Regel in einem Geschäftsjahr abgerechnet wurden.

Unter der Ägide Ernst von Siemens' trugen die Exporte und die Eigenleistungen der ausländischen Fabriken kontinuierlich zum Aufschwung des Unternehmens bei. Im Geschäftsjahr 1960/61 überschritt der Export der inländischen Gesellschaften erstmals die Milliarden-DM-Grenze. Mitte der 1960er Jahre war es der Unternehmensführung erfolgreich gelungen, die frühere Weltmarktposition zurückzuerobern. Insgesamt entfiel auf Siemens gut ein Fünftel des deutschen Elektroexports. Als der Chef des Hauses 1971 die Unternehmensleitung niederlegte, arbeiteten bereits 67000 von insgesamt 306000 Beschäftigten im Ausland. Gegenüber 1956 war der Auslandsumsatz von 854 Millionen DM auf 5,7 Milliarden DM gestiegen; insgesamt setzte das Unternehmen 13,6 Milliarden DM um.

Mit dem Ziel, die Auslandsaktivitäten beider Stammgesellschaften besser koordinieren zu können, wurden bereits im Frühjahr 1952 die Auslandsabteilungen der Siemens & Halske AG und der Siemens-Schuckertwerke AG in der Gemeinschaftsabteilung Zentralverwaltung Ausland (ZA) mit Hauptsitz in Erlangen zusammengefaßt. Zum Leiter der neu gegründeten ZA wurde Gerd Tacke bestellt. Keine zehn Jahre später regte Ernst von Siemens die Gründung einer »Kommission für Auslandsfragen« an, die sicherstellen sollte, »daß die einzelnen

---

Ernst von Siemens auf der Hauptversammlung, 18.3.1970

Es war abzusehen, daß unser Geschäft mit seiner angestrebten Größenordnung und seiner weltweiten Ausrichtung auf die Dauer nicht mit einer Organisation bewältigt werden kann, die für einen wesentlich geringeren und überwiegend im Inland zu erzielenden Umsatz zugeschnitten war.

Teile des Hauses [...] nach außen als unternehmenspolitische Einheit fungieren und erscheinen«. Entsprechend oblag der Kommission die Klärung aller an der Schnittstelle zwischen Auslandsgesellschaft und Stammhaus auftretenden Koordinations- und Grundsatzfragen. Die organisatorische Ausgestaltung des Auslandsgeschäfts verdeutlicht einmal mehr, daß Ernst von Siemens wie sein Vater bestrebt war, die »Einheit des Hauses Siemens« zu wahren und zu festigen, den klar voneinander getrennten einzelnen operativen Einheiten jedoch weitreichende Autonomie zuzugestehen.

Profitable Ideen für die Welt von morgen

In dem Bewußtsein, daß innovative Problemlösungen und technische Spitzenprodukte Schlüsselfaktoren für den nachhaltigen Unternehmenserfolg sind, setzte sich Ernst von Siemens mit großem Nachdruck für den Ausbau der Forschungs- und Entwicklungskapazitäten an den westdeutschen Siemens-Standorten ein. Gemäß seiner Überzeugung, daß einzig die Großunternehmen der jeweiligen Branchen über genügend Ressourcen und Know-how verfügten, um Grundlagenforschung betreiben zu können, war es für den Chef eines der weltweit größten Elektrokonzerne Anspruch und Verpflichtung zugleich, die Lösungskompetenz und Innovationskraft von Siemens auch mit Hinblick auf den gesellschaftlichen Fortschritt zu fordern und zu fördern. In diesem Zusammenhang darf nicht unerwähnt bleiben, daß Ernst von Siemens frühzeitig die wachsende Bedeutung des Umweltschutzes erkannte. Es war ihm ein persönliches Anliegen, daß Neuentwicklungen in den Bereichen Verkehrstechnik und Energieversorgung nicht nur rentabel, sondern auch umweltverträglich waren.

1958 erweiterte Siemens & Halske seine Forschungskapazitäten um ein Laboratorium am Standort München, das aus dem ehemaligen Werkstoffhauptlaboratorium in Karlsruhe hervorgegangen war. Unter der Leitung von Hellmuth Fischer (1902–1976) beschäftigten sich die firmeneigenen Wissenschaftler hauptsächlich mit der Erforschung moderner Werkstoffe und betrieben Grundlagenforschung. Ein Jahr später wurde in Erlangen mit dem Bau des größten privatwirtschaftlichen Forschungszentrums auf dem Gebiet der Starkstromtechnik in Europa begonnen. Der mit einem Investitionsaufwand von knapp 100 Millionen DM errichtete Bau, in dem die Laboratorien für die Grundlagenforschung, Reaktorentwicklung und der Allgemeinen Entwicklung zusammengefaßt wurden, konnte am 26. Mai 1965 in Anwesenheit von rund 400 Gästen aus aller Welt eingeweiht werden. Die systematischen Arbeiten der Erlanger Forscher unter Leitung von Heinrich Welker (1912–1981) konzentrierten sich im Bereich der Festkörperphysik auf die Erforschung von Werkstoffen zur Halbleiterherstellung und in der Plasmaphysik auf die Löschung von Lichtbögen in Hochspannungsschaltern durch geeignete Gase wie Schwefelhexafluorid.

Ernst von Siemens auf der Hauptversammlung. 25.3.1971

Meiner Auffassung nach ist das wichtigste Ereignis des Jahres 1970 im Bereich von Wissenschaft und Technik [...] die Tatsache, daß die Notwendigkeit des Schutzes unserer Umwelt so kräftig in das Bewußtsein der breiten Öffentlichkeit gerückt worden ist. Es mag merkwürdig klingen, daß ausgerechnet ein den Naturwissenschaften verbundener Unternehmer dies sagt, denn die Ingenieure und die von ihnen aufgebaute Industrie stehen ja im Geruch, der eifrigste Zerstörer und Verschmutzer der Umwelt zu sein.

Montage eines Gasturbosatzes im Heizkraftwerk München-Obersendling

Dank der 1955 aufgenommenen Forschungsarbeiten für die Reaktorentwicklung konnte Siemens bereits 1966 den ersten eigenentwickelten Reaktor – den 57-MW-Mehrzweckforschungsreaktor (MZFR) – in Betrieb nehmen. 1968 lieferte der erste deutsche Druckwasserreaktor in Obrigheim am Neckar mit 300 Megawatt Leistung erstmals Strom aus Kernenergie. Doch auch im Bereich der Gasturbinentechnik feierte Siemens Erfolge: Bereits 1956 stand eine erste Versuchs-Gasturbine mit 1200 Kilowatt, 1960 die erste kommerziell eingesetzte Maschine zur Verfügung. 1961 ging in München-Obersendling die mit 23,4 Megawatt größte Einwellen-Gasturbine der Welt in Betrieb, und die Siemens-Schuckertwerke erhielten im Konsortium mit einem Kesselhersteller den Auftrag für das kombinierte Gasturbinen/Dampfturbinen-Kraftwerk Hohe Wand in Österreich. Das erste größere GUD-Kraftwerk in Europa nahm 1965 den Betrieb auf und ermöglichte den damals herausragenden Anlagenwirkungsgrad von fast 42 Prozent.

Auch jenseits der Energietechnik überzeugte Siemens international durch seine Leistungsfähigkeit. So wurde 1958 der erste Herzschrittmacher der Welt bei Siemens-Elema in Schweden entwickelt und hergestellt. Im Jahr darauf brachte das Elektrounternehmen unter dem Namen »Simatic« die ersten elektronischen Steuerungs- und Regelungsbausteine auf den Markt. Heute ist das weltweit etablierte System zur Lösung von unterschiedlichsten Automatisierungsaufgaben in allen Branchen im Einsatz.

Entwicklung der Beteiligungspolitik

Auch in allen übrigen Fragen der Geschäftspolitik hatte Ernst von Siemens klare Vorstellungen. Ganz im Sinne seines Vaters trieb er die Optimierung des Geschäftsportfolios durch die bewußte Konzentration auf Haupt- und Kerngebiete voran und folgte so der firmenpolitischen Leitlinie, alle Gebiete der Elektrotechnik und Elektronik zu bearbeiten. Die Fokussierung auf diese angestammten Geschäftsfelder stieß erst in den 1960er Jahren an ihre Grenzen und wurde 1970 revidiert.

Im Vergleich zu den großen Wettbewerbern war die Beteiligungspolitik Ernst von Siemens' von Zurückhaltung geprägt. Dies wird vor allem im Vergleich mit der AEG deutlich, die eine offensivere Linie verfolgte und allein in den 1950er Jahren rund 50 Firmen übernahm. Traditionell legten die Siemens-Unternehmer größten Wert darauf, aus eigener Kraft zu wachsen. Es gehörte zu den auf Nachhaltigkeit und Langfristigkeit ausgerichteten Prinzipien des Hauses, sich nicht zugunsten kurzfristiger Wettbewerbsvorteile – beispielsweise im Produktions- oder Absatzbereich – an anderen Unternehmen zu beteiligen. Entsprechend kooperierte Siemens von 1952 bis 1972 lediglich mit 20 Unternehmen in unterschiedlicher Form. In der Regel wurden einzelne Arbeitsgebiete ausgegliedert und später mit externen Geschäftspartnern zu neuen Gesellschaften fusioniert.

Um das Konsumgütergeschäft zu beleben, wurde am 1. Oktober 1957 die »Siemens-Electrogeräte AG« (SE) gegründet. Im Geschäftsbericht der Jahre 1956/57 begründete Ernst von Siemens die Entscheidung mit der stetig steigenden Bedeutung, die diesem Geschäftsfeld im Rahmen der gesamten Elektrotechnik zukomme. Daher habe sich die Unternehmensleitung entschlossen, »die Gebiete Rundfunk und Fernsehen aus der S&H AG und Haushaltsgeräte aus der SSW AG auszugliedern«. Die neue Gesellschaft war für Fertigung, Entwicklung und Vertrieb aller elektrotechnischen Konsumgüter zuständig; zwischen den Stammfirmen und der SE wurde ein Ergebnisausschließungsvertrag abgeschlossen. Im Sommer 1961 erwarb Siemens die Constructa-Werke in Düsseldorf. Gleichzeitig wurde beschlossen, sich aus der Rundfunk- und Fernsehgerätefertigung zurückzuziehen. Angesichts der »in Westeuropa bestehenden Überproduktion solcher Geräte« und der zunehmenden Konkurrenz japanischer Mitbewerber gerieten die Preise so stark unter Druck, daß die Fortführung dieses Produktionszweigs unrentabel wurde. Schließlich vereinbarten die Führungskräfte der Siemens AG und der Robert Bosch GmbH, ihre Aktivitäten im Hausgerätebereich mit Jahresbeginn 1967 in der »Bosch-Siemens-Hausgeräte GmbH« (BSHG) zu bündeln. Von dieser Fusion durch Neubildung versprachen sich beide Unternehmen deutliche Synergieeffekte. Der Plan gelang. Aufgrund des stark expandierenden Auslandsgeschäfts nahm die neue Gesellschaft schnell eine führende Stellung ein.

Ernst von Siemens (2. v. l.) im Gespräch während der konstituierenden Versammlung der Siemens-Electrogeräte AG

Weitere Beispiele für erfolgreiche Unternehmensverbindungen, die auf Impulse des Siemens-Chefs zurückgingen, sind der gemeinsame Schallplattenvertrieb der Deutschen Grammophon und Philips (1962) und die Übernahme der Zuse KG (1969). Bei der letztgenannten Entscheidung standen weniger geschäftliche Interessen im Vordergrund. Vielmehr war Ernst von Siemens darauf bedacht, den Fortbestand der ältesten deutschen Rechnerfirma zu sichern und die eigene Erfahrung auf dem Gebiet der Datenverarbeitungstechnik einzubringen.

Von größerer Tragweite für die Unternehmensentwicklung war die Entscheidung, im Bereich der Kraftwerks- und Transformatorentechnik mit der AEG zu kooperieren. Die Dynamisierung des Wettbewerbs, der erhebliche Investitionsaufwand sowie das wirtschaftliche Risiko beim Bau von Kernkraftwerken führten dazu, daß sich die AEG und Siemens nach dreijährigen Verhandlungen einigten, ihre Aktivitäten auf den jeweiligen Geschäftsfeldern in zwei neuen Gesellschaften zusammenzuführen. Die Gründung der »Kraftwerk Union AG« (KWU) erfolgte zum 1. April 1969; Sitz der neuen Firma wurde Mülheim an der Ruhr. Beide Gründergesellschaften waren mit jeweils 50 Prozent am Grundkapital der Tochter beteiligt. Zeitgleich wurde die »Transformatoren Union AG« (TU) mit Sitz in Stuttgart gegründet.

Aktie (Nennwert 1000 DM) der KWU, 1969

Synergien im Vertrieb

Bei Kriegsende existierte nur noch ein Bruchteil der ehemals weitverzweigten Vertriebsorganisation, die seit der Jahrhundertwende für das technische Anlagengeschäft sowie das Verkaufsgeschäft für Gebrauchs- und Konsumgüter zuständig gewesen war. Bedingt durch die mangelhafte Infrastruktur der Nachkriegsjahre, hatten sich die verbleibenden Zweigniederlassungen und Technischen Büros immer mehr verselbständigt. Auf sich allein gestellt, sahen sie ihre wichtigste Aufgabe in der Aufrechterhaltung und Pflege der Kundenbeziehungen. Um möglichst flexibel auf Kundenbedürfnisse reagieren zu können, wurden die Kompetenzen der inländischen Vertriebsmitarbeiter kontinuierlich erweitert. Mit dem Ziel, das Wertschöpfungspotential zu optimieren und von Synergieeffekten zu profitieren, griff Ernst von Siemens das Konzept eines integrierten S&H- und SSW-Vertriebs auf. Dieses Modell hatte Carl Friedrich von Siemens bereits 1929 entwickelt, aber vor dem Hintergrund der damaligen politischen und wirtschaftlichen Entwicklungen nur teilweise realisieren können. Mit dem Zusammenschluß der Zweigniederlassungen (ZN) beider Stammgesellschaften in Düsseldorf (1955), Berlin (1957) sowie Essen und Hamburg (jeweils 1958) wurde dieser Prozeß fortgesetzt und abgeschlossen. Der Inlandsvertriebsapparat bestand fortan aus 14 einheitlich organisierten Hauptbüros, deren Vertriebsaufgaben und -strukturen im Verlauf der 1960er Jahre mehrfach an die aktuelle Geschäftsentwicklung angepaßt wurden.

Parallel dazu hatte Ernst von Siemens auch die Außenvertriebsstellen im Inland zusammengefaßt und die Auslandsgeschäftsstellen aufgebaut. Damit war es dem weitsichtigen Unternehmer gelungen, wichtige Vorarbeiten für die Umstrukturierung des Hauses Siemens in der zweiten Hälfte der 1960er Jahre zu leisten. Als sich Ende 1964 Vorstellungen über die Fusion der Stammfirmen zur Siemens AG konkretisierten, waren die Vertriebsorganisationen von Siemens & Halske und der Siemens-Schuckertwerke im In- und Ausland bereits integriert.

Im Unterschied dazu betrieben die Siemens-Reiniger-Werke ihr Inlandsgeschäft mit organisatorisch, personell und regional eigenständigen Außenbüros. Die aus der Vorkriegszeit stammende Vertriebsorganisation wurde auch in den 1950er und 1960er Jahren nicht in Frage gestellt. Dies sollte sich erst im Vorfeld der Fusionsüberlegungen ändern, als sich abzeichnete, daß die Medizintechnik als Kerngebiet des Hauses betrachtet und SRW in die Fusion der beiden Stammgesellschaften einbezogen würde. Zu dieser Zeit wurde immer deutlicher, daß eine enge Kooperation aller Vertriebsgeschäftsstellen – zum Beispiel bei der energie-, nachrichtentechnischen und elektromedizinischen Ausrüstung von Krankenhäusern – unverzichtbar sein würde.

Das Gebäude der Zweigniederlassung Berlin in der Schöneberger Straße (Bildmitte) und der zerstörte Anhalter Bahnhof (links), 1959

Die Gründung der Siemens AG

Getreu dem Leitmotiv »Kontinuität und Wandel« stand die Organisation des Hauses Siemens 15 Jahre nach der Neuordnung von 1949 erneut auf dem Prüfstand. Die rasante wirtschaftliche Entwicklung aller Unternehmensteile machte eine organisatorische Neuausrichtung unausweichlich. Der technologische Fortschritt hatte dazu geführt, daß die Grenzen zwischen den traditionellen S&H- und SSW-Kompetenzbereichen, zwischen Nachrichten- und Energietechnik mehr und mehr verwischten. Ein ähnlicher Trend zeichnete sich im Verhältnis zu den Geschäftsaktivitäten der Siemens-Reiniger-Werke ab. Vor allem auf dem Gebiet der Meßtechnik kam es in der Nachkriegszeit zu Doppelentwicklungen und Doppelfertigungen. Daher erschien es sinnvoll, die Kompetenzen im Bereich des Messens, Steuerns und Regelns zusammen mit dem Kraftwerkbau und der Antriebstechnik unter einem Dach zusammenzufassen.

Neben diesen betriebswirtschaftlichen Überlegungen gaben schließlich die bevorstehenden Veränderungen im deutschen Aktienrecht den letzten Ausschlag. Das Aktiengesetz vom 6. September 1965 sah eine stärkere Bindung zwischen Muttergesellschaft und Tochter- bzw. Beteiligungsgesellschaft vor. Dementsprechend hätten zwischen Siemens & Halske als Anteilseignerin einerseits und Siemens-Schuckert sowie Siemens-Reiniger andererseits Beherrschungsverträge abgeschlossen werden müssen. In dieser Situation leitete Ernst von Siemens den »letzten bedeutenden Schritt vom Trümmerhaufen zum Weltunternehmen« ein, wie Gerd Tacke die Phase der Umstrukturierung der Siemens-Gruppe zwischen 1965 und 1968 einmal nannte.

Das Reformkonzept des visionären Unternehmers basierte auf einer Idee seines Vaters Carl Friedrich von Siemens. Dieser hatte bereits in den 1930er Jahren den aktienrechtlichen und organisatorischen Zusammenschluß der Stammfirmen des Hauses erwogen – die Realisierung war letztendlich am Ausbruch des Zweiten Weltkriegs gescheitert. Im Rahmen seiner Überlegungen über die langfristige Zukunft des Unternehmens reflektierte Ernst von Siemens auch die Position des »Chefs des Hauses«. Schließlich basierte der gemeinsame Aufsichtsratsvorsitz von Siemens & Halske und den Siemens-Schuckertwerken neben der Familientradition im wesentlichen auf der Persönlichkeit und dem Selbstverständnis des jeweiligen Amtsinhabers. Hinsichtlich seines Berufsethos hatte der Siemens-Chef bereits 1963 vor den Aufsichtsratsmitgliedern beider Stammgesellschaften geäußert, daß »es sich bei dem Vorsitzenden der Aufsichtsräte von S&H und SSW nicht um ein Amt, sondern um einen Beruf handle«, der seine Arbeitskraft voll in Anspruch nehme. In die-

Ernst von Siemens vor Vorstandsmitgliedern und Generalbevollmächtigten, 1. 2. 1966

Die Verbindung der Stammfirmen zu einer Einheit verwirklicht den lange gehegten Gedanken, die Geschlossenheit und Kontinuität in der Führung des großen Unternehmens zu sichern. Befreit von den bisherigen juristischen Trennwänden, erhält das Haus nun eine neue Organisationsform, die dem unablässig wachsenden und in seiner Struktur sich wandelnden Geschäft besser entspricht. Die Zusammenfassung in einer Firma wird es uns erleichtern, Aufgaben, die durch die rasch fortschreitende Entwicklung der Elektrotechnik in immer neuen Anwendungsbereichen auf uns zukommen, sinnvoll zu verteilen und Zusammengehöriges zusammenzufügen.

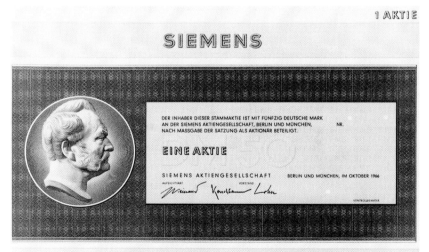

Aktie (Nennwert 50 DM) der Siemens AG, 1966

ser Eigenschaft »stehe er in ständiger Fühlung mit den Mitgliedern der Vorstände und nehme in der Regel an den wesentlichen Vorstandssitzungen und an den alljährlich stattfindenden internen Bilanzsitzungen der Abteilungen und Werke teil«. Vor dem Hintergrund dieses enormen Arbeitspensums war es zweifellos richtig, daß sich der 62jährige Mann an der Spitze des Elektrokonzerns kritisch mit den Aufgaben eines potentiellen Nachfolgers auseinandersetzte.

Ernst von Siemens hoffte, mit der rechtlichen und organisatorischen Vereinigung der drei Gesellschaften Siemens & Halske, Siemens-Schuckertwerke und Siemens-Reiniger-Werke die Geschlossenheit und Kontinuität in der Führung des Traditionsunternehmens zu sichern. Als weiteres strategisches Ziel formulierte er: »Die Zusammenfassung in einer Firma wird es uns erleichtern, Aufgaben, die durch die rasch fortschreitende Entwicklung der Elektrotechnik in immer neuen Anwendungsbereichen auf uns zukommen, sinnvoll zu verteilen und Zusammengehöriges zusammenzufügen.«

Die Gründung der Siemens AG erfolgte zum 1. Oktober 1966, die S&H- und SSW-Vorstandsmitglieder behielten im Rahmen der neuen Unternehmensverfassung ihre Stellung und ihre Fachbereiche. Zusätzlich wurde ein SRW-Vorstand in das Leitungsorgan der Siemens AG entsandt. Aus dem Kreis dieses Vorstands wählte der Aufsichtsrat der Siemens AG ein dreiköpfiges Vorstandspräsidium. Das Gremium bestand jedoch nur zwei Jahre. Schon 1968 übernahm der bisherige Sprecher des Vorstandspräsidiums, Gerd Tacke, den Vorstandsvorsitz der Siemens AG. Als die Umwandlung in das Handelsregister eingetragen war, hörten die Siemens-Schuckertwerke AG und die Siemens-Reiniger-Werke AG im Jahr 1970 auf, als juristische Personen ohne Geschäftstätigkeit zu existieren.

Erwartungsgemäß führte die Zusammenfassung der drei Gesellschaften zu einer besseren Profilierung des Gesamtkonzerns auf den Weltmärkten. In organisatorischer Hinsicht konnte eine neue, auch für Außenstehende transparente innere Ordnung mit einer gestrafften Konzernspitze etabliert werden, die aufgrund der Zusammenlegung zentraler Abteilungen effizienter und effektiver arbeitete. Damit hatte Ernst von Siemens die Grundlage für die Neupositionierung des Hauses geschaffen, die 1969 unter Federführung von Gerd Tacke erfolgen sollte. Der Rücktritt Ernst von Siemens' von seiner Funktion als Aufsichtsratsvorsitzender der Siemens AG im Oktober 1971 markierte den Abschluß der von ihm selbst eingeleiteten Umstrukturierungsphase.

Ernst von Siemens vor Vorstandsmitgliedern und Generalbevollmächtigten. 1. 2. 1966

Wenn unser Haus – bei aller Achtung vor der echten Tradition, die es groß gemacht hat – erforderliche Neuerungen ohne unnötiges Zögern durchführt, dann zweifle ich nicht, daß es uns glückt, auch künftig die großen Probleme, die auf uns zukommen, zu meistern.

Solide Finanzen

Wegen der erforderlichen Wiederaufbau- und Modernisierungsmaßnahmen war der Kapitalbedarf während der 1950er und 1960er Jahre überdurchschnittlich hoch. Wie sein Vorgänger Hermann war auch Ernst von Siemens gezwungen, von der traditionell sicherheitsorientierten, die Liquiditätsvorsorge und die Bewahrung der unternehmerischen Unabhängigkeit betonenden Finanzpolitik zeitweise abzuweichen, um dem Unternehmen eine breitere Investitionsbasis zu verschaffen.

Im Zeitraum von 1956 bis 1966 stieg die Bilanzsumme der Siemens & Halske AG von 2,17 auf 5,54 Milliarden DM. Das zur Finanzierung des Unternehmenswachstums erforderliche Kapital wurde in Form der Selbstfinanzierung durch Gewinneinbehaltung, vor allem aber durch Fremdkapital bereitgestellt, dessen Struktur im Zeitverlauf erheblichen Veränderungen unterworfen war. Zusätzliche Aktien wurden mit zunehmender Ergiebigkeit des deutschen Kapitalmarkts plaziert. Nachdem das Grundkapital bereits 1955 und 1956 erhöht worden war, billigte die Hauptversammlung am 2. März 1960 eine weitere Kapitalerhöhung um 50 Millionen DM. Diese Entscheidung wurde vor dem Hintergrund eines erneuten Investitionsschubs in den Aufbau ausländischer Werke und Vertriebsgesellschaften gefällt. Zusätzlich war die Zentral-Finanzabteilung bemüht, mehr als bisher nach Finanzierungsquellen im Ausland zu suchen und auch ausländische Geldgeber unmittelbar als Teilhaber an den Siemens-Gesellschaften vor Ort zu gewinnen. Um diese Finanzierungsmöglichkeiten besser ausschöpfen zu können, wurden 1961 für Europa die »Siemens-Europa-Beteiligungen AG« (Siebag) in Zürich und für Übersee die »Siemens & Halske Overseas Investments Ltd.« in Winnipeg (Kanada) gegründet.

Zustand des Wernerwerks M nach Abtragung der zerstörten Gebäudeteile, 1951

Da es nach Aussage des damaligen Finanzvorstands Alfred Lohse galt, »die Scheuer für rauhe Zeiten« zu füllen, folgten in den Jahren 1962 und 1964 weitere Kapitalerhöhungen. Bei allen Kapitalerhöhungen bot Siemens die neuen Aktien zu einem deutlich günstigeren Preis als dem aktuellen Börsenkurs an und steigerte so deren Attraktivität. Nach einer weiteren Aufstockung aus Gesellschaftsmitteln im Frühjahr 1965, bei der Vorzugsaktien mit Stimmrecht von nominal 3,12 Millionen DM emittiert wurden, hatten die im Besitz der Familie Siemens befindlichen S&H-Mehrstimmrechtsaktien bei der Gründung der Siemens AG einen Nominalwert von über 34 Millionen DM.

Die ersten Jahre nach dem Zusammenschluß zur Siemens AG brachten ein stürmisches Wachstum. Innerhalb von vier Jahren erhöhte sich die Bilanzsumme um rund drei Milliarden auf 8,5 Milliarden DM. Die Rentabilität blieb allerdings eher unbefriedigend. Die Nettoumsatzrendite lag im Durchschnitt der 1960er Jahre nur bei 2,8 Prozent und damit deutlich unter dem Wert der großen ausländischen Konkurrenten.

Werbung für das
Herdprogramm, 1969

Ernst von Siemens vor Siemens-Jubilaren, Oktober 1969

Die Firmenpersönlichkeit »Siemens« wird sicherlich durch Bescheidenheit und Zurückhaltung, aber mehr noch durch Pioniergeist und jugendlichen Schwung charakterisiert, und wenn diese Elemente in der Pressearbeit, in der Werbung, in unserer Architektur und vor allem im Verhalten unserer Mitarbeiter noch stärker zum Ausdruck kämen, wäre ich sehr glücklich.

Vordenker in Sachen Corporate Identity

Seiner Zeit weit voraus, erkannte Ernst von Siemens die zukünftige Bedeutung von Marketing und Corporate Communications, als diese Begriffe noch nicht zum gängigen Vokabular der Unternehmenskommunikation gehörten. Er realisierte, daß die von ihm initiierte Veränderung der Firmenstruktur auch im öffentlichen Erscheinungsbild des Unternehmens ihren Ausdruck finden mußte und einen neuen Kommunikationsstil erforderte. Deshalb gab er 1965 als erster Chef eines deutschen Elektrounternehmens eine Untersuchung über das Firmenimage in Auftrag, die empirisch abgesicherte Informationen über das Ansehen des Konzerns brachte.

Mit dem Namen Siemens wurden Pionier- und Spitzenleistungen, Qualität, Größe und historische Verwurzelung assoziiert. Negativ wurden hingegen die Unüberschaubarkeit des Riesenapparats, die geringe Dynamik, der Bürokratismus und die fehlende Kundennähe bewertet. Befragt zur Pressearbeit von Siemens, führte ein Journalist aus: »Es ist erstaunlich, über welch enormes Kapital an ›good will‹ das Haus Siemens bei den Journalisten verfügt. Für jede andere Firma hätte ein gleiches oder ähnliches Verhalten über so lange Zeit hinweg schon längst das provoziert, was man eine ›schlechte Presse‹ nennt. Ein Unternehmen, das die modernsten Datenverarbeitungsanlagen und Kernkraftwerke baut, sollte sich von einer Pressearbeit lösen, die in ihrer ganzen Art mit der ersten deutschen Eisenbahn zwischen Nürnberg und Fürth zu vergleichen ist.«

Auf der Basis dieser ersten Imageanalyse wurden behutsame Imagekorrekturen vorgenommen und Maßnahmen zur Stärkung der Corporate Identity eingeleitet. Mit Blick auf die unterschiedlichen Interessengruppen forderte Ernst von Siemens eine stärkere Orientierung an Kunden, Geschäftspartnern und Aktionären sowie künftigen Mitarbeitern. 1968 wurden die Aktivitäten in der Presse- und Öffentlichkeitsarbeit in einer Zentralstelle für Information gebündelt – eine Vorläuferin der heutigen Corporate Communications. Darüber hinaus forderte der Firmenchef mit Nachdruck einen »kraftvolleren, farbigeren und lebendigeren Werbestil«.

Zeitgemäße Sozialpolitik

Zu den Kernelementen der Unternehmenspolitik von Ernst von Siemens gehörte auch eine den Erfordernissen der Zeit entsprechende Personal- und Sozialpolitik. Wie er selbst einmal formulierte, bewegten ihn zeit seines Lebens zwei Aspekte in besonderem Maß: das Mitsprache- und Mitwirkungsrecht des einzelnen innerhalb des Unternehmens und der Betriebsräte in der Sozialpolitik sowie die Aufhebung der Unterscheidung zwischen Angestellten und Arbeitern.

Seit Übernahme des Vorsitzes der beiden Aufsichtsräte verwirklichte Ernst von Siemens die schrittweise Gleichbehandlung von Arbeitern und Angestellten. Er machte keinen Hehl daraus, daß er von der Unterscheidung zwischen Arbeitern und Angestellten wenig hielt. Vor dem Hintergrund der tiefgreifenden Veränderungen in der Arbeitswelt trat er für ein System der leistungsgerechten Bewertung, Beurteilung und Einkommensfindung ein, das die Personalabteilung seinen Vorstellungen entsprechend schrittweise umsetzte. Die unter Ernst von Siemens betriebene Sozialpolitik ist nicht zuletzt vor dem Hintergrund der dynamischen Wirtschaftsentwicklung zu sehen, die durch ein konstant wachsendes Sozialprodukt, Vollbeschäftigung und steigende Prosperität gekennzeichnet war.

Mit großem Erfolg trieb er den Werkswohnungsbau voran, vor allem an den stark expandierenden Standorten München und Erlangen. 1962 belief sich die Zahl der seit Kriegsende errichteten Wohnungen auf 28 500. Darüber hinaus hielt er auch in Krisenzeiten an der 1951 wieder eingeführten Gewinnbeteiligung fest: Der Grundgedanke dieser Einrichtung sollte »auch bei einer ungünstigen Gesamtentwicklung« nicht angetastet werden. Als im Oktober 1966 die Siemens AG gegründet wurde, wurden rund 70 Prozent der Mitarbeiter für ihr Engagement und ihre Loyalität mit einer entsprechenden Zahlung bedacht.

Bekanntgabe der Erfolgsbeteiligung für das Geschäftsjahr 1958/59

Zu den von Ernst von Siemens ausgebauten sozialpolitischen Maßnahmen zählt in besonderem Maß die Altersvorsorge. Nach einer deutlichen Ausweitung der Leistungen aus der staatlichen Rentenversicherung wurden die Sätze der Siemens-Altersfürsorge ab 1958 mehrfach angehoben; bis zum Jahr 1967 hatten sie sich um 35 Prozent erhöht. »Damit soll zum Ausdruck gebracht werden, wie sehr es uns am Herzen liegt, die soziale Einrichtung, die mit der Person des Firmengründers aufs engste verbunden ist, fortzuführen«, betonte Ernst von Siemens 1966 in Berufung auf die fortschrittlichen sozialpolitischen Wurzeln des Hauses Siemens.

Ein besonderes Kennzeichen der Personalpolitik von Ernst von Siemens war die rechtzeitige Planung der Nachfolge für jeden Posten. Von ihm stammt das Wort des »Ziegelstein-Mannes«. Wenn einem Mitarbeiter ein Ziegelstein auf den Kopf fällt, dann muß von vornherein der Nachfolger da sein. In diesem Sinne lautete seine stereotype Frage: »Wer ist Ihr Ziegelstein-Mann und wer Ihr endgültiger Nachfolger?« Die rechtzeitige Ausbildung und Vorbereitung von Führungskräften auf ihre künftigen Aufgaben war ihm im besonderen Maße Aufgabe der Führung.

Der Mäzen

Neben seiner unternehmerischen Tätigkeit galt die große Liebe Ernst von Siemens' der Wissenschaft und Kunst. Bereits zu Lebzeiten stiftete der vielseitig interessierte, allem Musischen gegenüber sehr aufgeschlossene Unternehmer einen Großteil seines privaten Vermögens für die Förderung des künstlerischen und wissenschaftlichen Nachwuchses.

So gab er die wesentlichen Impulse für die nach seinem Vater benannte Carl Friedrich von Siemens-Stiftung, die 1958 als gemeinnützige Stiftung mit Sitz in Schloß Nymphenburg in München gegründet wurde. Diese Stiftung zur Förderung des wissenschaftlichen Nachwuchses etablierte sich zugleich als Gesprächsforum und Veranstaltungsort für hochkarätige Vorträge. Seit 1993 vergibt die Einrichtung »Carl Friedrich von Siemens Fellowships« an vielversprechende Nachwuchswissenschaftler und trägt so zum Erhalt der technischen Leistungsfähigkeit und Innovationskraft jenseits des Siemens-Konzerns bei.

Gemäß seinem Selbstverständnis als Bewahrer kultureller Werte stiftete Ernst von Siemens anläßlich seines 70. Geburtstags 1973 den Ernst von Siemens-Musikpreis, der noch heute zu den höchstdotierten Preisen der Musikwelt gehört. Er wird von einer dafür gegründeten Stiftung mit Sitz in Zug in der Schweiz jährlich alternierend an Einzelpersonen sowie an Ensembles, Konservatorien und Musikinstitutionen zur Förderung des Nachwuchses verliehen. Ernst von Siemens, der den Preis sorgfältig entworfen und statuiert hatte, verfolgte damit die Absicht, Persönlichkeiten auszuzeichnen, deren »kompositorische, interpretatorische, schriftstellerische oder auch pädagogische Arbeit der Musik genützt hat und die Liebe zu ihr gefördert hat«. Als erster Preisträger erhielt der britische Komponist Benjamin Britten diese Auszeichnung. Als Ernst von Siemens zehn Jahre später seinen 80. Geburtstag feierte, initiierte der Jubilar eine Stiftung zur Förderung der bildenden Kunst: die Ernst von Siemens-Kunststiftung München. 1985 rief er schließlich das Ernst von Siemens-Stipendium zur Postgraduierten-Förderung außergewöhnlicher Forschungsleistungen auf den Gebieten Elektrotechnik, Biotechnik und Informationstechnik ins Leben.

Ernst von Siemens bei der Verleihung des Musikpreises an Herbert von Karajan, 1977

Ende einer Ära

Mit Ernst von Siemens übernahm 1956 ein Unternehmer die Führung des Hauses, der mit der geschäftlichen Erfahrung eines Vierteljahrhunderts über das Charisma und die nötige Energie verfügte, um den Beruf des »Chefs des Hauses« ganz im Sinne des Firmengründers auszuüben. Im Unterschied zu seinem Vorgänger Hermann von Siemens verfügte er wieder über die Handlungs- und Gestaltungsmöglichkeiten, die der Mann an der Spitze des Weltkonzerns brauchte, um die traditionellen Kernelemente der Unternehmenspolitik bewahren und zeitgemäß weiterentwickeln zu können.

Mit Ernst von Siemens schied 1971 der letzte Siemens-Unternehmer aus dem Amt, der im Chandlerschen Sinne einen Eigentümer-Unternehmer repräsentierte. Es ist gewiß nicht übertrieben, wenn man den Erfolg von Siemens während seiner Periode als »Chef des Hauses« auch auf diese ungewöhnliche Führungskonstruktion zurückführt. In den 1950er und 1960er Jahren war Ernst von Siemens letzte Entscheidungs-, Berufungs- und Schlichtungsinstanz und der Garant dafür, daß wichtige Entscheidungen immer im Interesse des Unternehmens getroffen wurden. Es entsprach seinem Führungsstil, daß er nicht nur die Mitglieder der Spitzengremien über alle Vorgänge befragte und unterrichtete, sondern auch alle bereits getroffenen Vorentscheidungen oder Weichenstellungen noch einmal abschließend in den sogenannten Chefbesprechungen diskutierte und sanktionierte. Ernst von Siemens' Wechsel in den Ruhestand setzte auch der Institution der »Chefbesprechungen« ein Ende. Sie wurden durch die rechtlich vorgeschriebenen Organe einer Aktiengesellschaft ersetzt.

Sein Nachfolger im Amt des Aufsichtsratsvorsitzenden war Peter von Siemens (1911–1986), ein Urenkel des Firmengründers. Anders als bei seinen Vorgängern fiel es nicht mehr in die Verantwortung dieses Mitglieds der Siemens-Familie, die Einheit des Hauses zu wahren. Gemäß der 1969 verabschiedeten Grundordnung war es von nun an eine Hauptaufgabe des Vorstandsvorsitzenden, »die Geschlossenheit des Hauses zu sichern«. Mit Bernhard Plettner (1914–1997) übernahm erstmals ein angestellter Manager die Führung des Elektrokonzerns.

Hatte Ernst von Siemens eine Philosophie als Chef eines Großunternehmens? »Ach, wissen Sie«, antwortete er in einem Interview, »das Wort Philosophie wäre mir dafür zu geschwollen. Ich hatte halt ein paar Leitsätze.«

Ernst von Siemens vor Vorstandsmitgliedern und Generalbevollmächtigten. 1. 2. 1966

Sicherheit kann uns das feste Haus [Siemens] nur gewähren, wenn alle, die in ihm arbeiten, heute und in Zukunft die Tugenden bewahren helfen, die uns großgemacht haben, nämlich Pflichterfüllung, Leistungswillen, Wagemut und Großzügigkeit des Denkens und des Handelns.

Gerd Tacke (1906–1997) begann seine Laufbahn bei Siemens im Jahr 1932, nachdem er zuvor eine Lehre als Buchdrucker und Buchhändler und ein Studium der Nationalökonomie absolviert hatte. In der Nachkriegszeit übernahm Tacke, der schon in Berlin zum engsten Mitarbeiterkreis von Ernst von Siemens gehört hatte, die Verantwortung für die in- und ausländische Vertriebsorganisation, die Hauptwerbeabteilung und die Zentralabteilung Personal. Im Mai 1951 wurde er zum stellvertretenden Vorstandsmitglied, 1956 zum Vorstandsmitglied beider Stammgesellschaften ernannt. Als Leiter der Zentralverwaltung Ausland unterstützte Tacke, der von seinen Vorstandskollegen gerne auch als »Außenminister des Hauses Siemens« bezeichnet wurde, Ernst von Siemens maßgeblich bei der Wiederbelebung des Auslandsgeschäfts. Im Oktober 1967 wurde er Sprecher des Vorstandspräsidiums der Siemens AG und ein Jahr später deren erster Vorstandsvorsitzender. Nach seinem Ausscheiden aus dem Vorstand wählte die Hauptversammlung Tacke 1972 in den Aufsichtsrat, dem er bis 1978 angehörte. Große Verdienste erwarb sich Tacke bei der Neuorganisation der Stammfirmen Siemens & Halske AG, Siemens-Schuckertwerke AG und Siemens-Reiniger-Werke AG zur Siemens AG Ende der 1960er Jahre. Gerd Tacke starb am 23. Oktober 1997 in München.

Gerd Tacke
Grundordnung der Siemens AG

GERD TACKE, Vorsitzender des Vorstands
vom 29. Oktober 1968 bis 27. Oktober 1971

Vorsitzender des Aufsichtsrats in dieser Zeit:
Ernst von Siemens (1956 bis 1971)

Gerd Tacke, 1970

Mit der ersten Nachkriegsrezession 1966/67 endete in Deutschland die Phase des Wiederaufbaus. Nach Bildung der Großen Koalition im Dezember 1966 vollzog sich ein grundlegender Wandel der Wirtschaftspolitik, die fortan von der Machbarkeit der Konjunktur ausging. Maßnahmen wie das »deficit spending« durch expansive Fiskalpolitik sowie die wiedereinsetzende Auslandsnachfrage trugen dazu bei, die Krise zu überwinden, und schufen gleichzeitig die Rahmenbedingungen für die gesamtwirtschaftliche Situation in den 1970er Jahren.

Die erste Nachkriegsrezession machte sich auch in der Geschäftsentwicklung von Siemens bemerkbar. Im Geschäftsjahr 1966/67 fiel der Inlandsumsatz erstmals seit Kriegsende gegenüber dem Vorjahr; auch die Zuwachsrate im Auslandsgeschäft war die schwächste der Nachkriegszeit, wenn auch der Auftragsbestand den Exportumsatz noch deutlich übertraf. Im Wettbewerbsvergleich war Siemens aufgrund seines Auslandsgeschäfts in einer günstigen Situation. Ende der 1960er Jahre wurde praktisch jede zweite Mark im Ausland umgesetzt.

In der Welt zu Hause

Gerd Tacke wurde am 20. August 1906 in Mittel-Sohra in der Nähe von Görlitz geboren. Nach dem Besuch eines Leipziger Gymnasiums absolvierte er eine Buchdrucker- und Buchhändlerlehre. Anschließend studierte Tacke Nationalökonomie an verschiedenen in- und ausländischen Universitäten. Anfang 1932 trat er als Mitarbeiter in die Verkaufsorganisation der SSW-Zweigniederlassung Berlin bei Siemens ein. Bereits zwei Jahre später war er in verantwortlicher Funktion für das Unternehmen tätig, ab 1943 als enger Mitarbeiter des späteren »Chefs des Hauses« Ernst von Siemens. Informationen, die Tacke 1944 bei einer Reise nach Schweden erhalten hatte, trugen mit zu der Entscheidung bei, im Westen Deutschlands Gruppenleitungen einzurichten. Folgerichtig gehörte er zu den Führungskräften, die Berlin Richtung Westdeutschland verließen, um mit ihrer Arbeit zum Überleben des Hauses nach dem Zusammenbruch beizutragen. Zu seiner damaligen Skandinavienreise schrieb Tacke im Sommer 1988: »daß ich in der ersten Dezember-Woche 1944 noch einmal nach Schweden flog [...] um die ›Gerüchteküche‹ im neutralen Schweden abzuklopfen, vor allem festzustellen zu versuchen, wie in etwa die Grenzen zwischen den voraussehbaren

Besatzungszonen verlaufen würden [...] Dieses Wissen brachte ich aus Stockholm mit.«

In den 1950er Jahren war Tacke, 1951 zum stellvertretenden Vorstandsmitglied beider Stammgesellschaften ernannt, schwerpunktmäßig für die Entwicklung des Auslandsgeschäfts zuständig. Der Rückerwerb zahlreicher Landesgesellschaften und der Markenrechte im Ausland geht auf seine Initiative zurück. 1956 wurde er Mitglied des Vorstands der Siemens & Halske AG und der Siemens-Schuckertwerke AG mit den Verantwortungsbereichen Zentrale Vertriebsorganisation und Hauptwerbeabteilung.

Mitte der 1960er Jahre war Tacke eine der treibenden Kräfte beim gesellschaftsrechtlichen Zusammenschluß von Siemens & Halske, den Siemens-Schuckertwerken und den Siemens-Reiniger-Werken. Nach Gründung der Siemens AG wurde der 61jährige Unternehmer im Spätsommer 1967 Mitglied und Sprecher des dreiköpfigen Vorstandspräsidiums, im Jahr darauf wurde Tacke zum ersten Vorstandsvorsitzenden der Siemens AG ernannt.

Tacke stand damals vor folgenden Herausforderungen:
- Anpassung der Organisationsstruktur des Unternehmens an den gestiegenen Geschäftsumfang,
- Fokussierung auf wachstumsintensive Bereiche der Elektroindustrie,
- Stärkung der »weichen« Faktoren und Verankerung eines zeitgemäßen »company spirit«,
- Öffnung des Unternehmens gegenüber der Öffentlichkeit.

Gerd Tacke (Mitte) am Standort Gravataí beim 60jährigen Jubiläum von Siemens do Brasil, 1965

Innenarchitekt des Hauses Siemens

Die Organisationsstruktur ist von besonderer Bedeutung für die langfristige Unternehmensentwicklung, da sie die internen Rahmenbedingungen für den gesamten Entscheidungsprozeß und die geschäftspolitische Aktivität definiert. Entsprechend betrachtete der damalige Aufsichtsratsvorsitzende Ernst von Siemens die von ihm initiierte Gründung der Siemens AG lediglich als einen ersten Meilenstein auf dem Weg zur Neuordnung des Traditionsunternehmens. In bestem Einvernehmen mit Gerd Tacke konstatierte der Chef des Hauses, »daß unser Geschäft mit seiner angestrebten Größenordnung und seiner weltweiten Ausrichtung auf die Dauer nicht mit einer Organisation bewältigt werden kann, die für einen wesentlich geringeren und überwiegend im Inland zu erzielenden Umsatz zugeschnitten war«. Zugleich wurden die Umstrukturierungspläne der Siemens-Führungsriege durch die Wachstums- und Gewinnchancen in den neuen Geschäftsfeldern Kernenergie und elektronische Datenverarbeitung beeinflußt. Ein weiterer wesentlicher Impuls ging vom Strukturwandel und der zunehmen-

Gerd Tacke, Pressekonferenz Berlin, 3. 2. 1970

[...] das Haus Siemens ist kein Kon-Tiki-Floß, das sich auf den Ozean begibt und nun von irgendwelchen Strömungen irgendwohin getrieben wird, sondern das Haus Siemens ist ein Schiff mit einem Steuermann oder mehreren Steuerleuten, es hat einen unternehmerischen Willen, und das ist – wie gesagt – eine variable, unabhängige Komponente für die Gestaltung der Zukunft [...] Wir möchten auch nicht, daß das Übliche für uns verbindlich ist, sondern das Mögliche.

den Dynamisierung der Weltmärkte aus, wo das traditionelle Behörden- zugunsten des Breitengeschäfts stark an Bedeutung verloren hatte. Als kluger Stratege analysierte Tacke folgerichtig, daß das unternehmerische Denken und Handeln langfristig von den Markt- und Kundenbedürfnissen bestimmt werden würde. Dies setzte eine größere Markt- und Kundennähe, eine größere Flexibilität in den Entscheidungsprozessen und ein größeres Reaktionsvermögen bei der Umsetzung technologisch innovativer Lösungen in marktgerechte Produkte voraus.

Um für die Zukunft gerüstet zu sein, verabschiedete der Vorstand auf Vorschlag von Tacke zum 1. Oktober 1969 eine neue Grundordnung, die dem damaligen Trend zur Spartenbildung und Dezentralisierung folgte. Nach dieser neuen Organisationsstruktur, die intern von einem interdisziplinären Team aus »jungen Leuten und alterfahrenen Herren« erarbeitet worden war, gliederte sich die Siemens AG in Unternehmensbereiche, Zentralabteilungen und Landesgesellschaften.

Die zentralen Siemens-Arbeitsgebiete Bauelemente (B), Datentechnik (D), Energietechnik (E), Installationstechnik (I), Medizinische Technik (Med) und Nachrichtentechnik (N) wurden in klar voneinander abgegrenzten, in ihrer unternehmerischen Funktion weitgehend selbständigen Unternehmensbereichen zusammengefaßt, denen weltweit die Produktverantwortung übertragen wurde. Die sechs Bereiche waren wiederum in Geschäftsbereiche, Hauptabteilungen und Fertigungsstätten unterteilt. In dieser Aufbauorganisation spiegelte sich die Struktur der jeweiligen Kompetenzfelder wider. Die horizontale Gliederung wurde durch fünf vertikale Zentralabteilungen ergänzt, die dank ihrer Richtlinienkompetenz und der damit verbundenen Kontrollpflichten für Konsistenz in der Unternehmenspolitik sorgten. Darüber hinaus sollten die fünf Zentralabteilungen Betriebswirtschaft, Finanzen, Personal, Technik und Vertrieb durch ihre Arbeit die Kooperation und den Know-how-Transfer zwischen den einzelnen Organisationseinheiten gewährleisten. Um Reibungsverluste in der Zusammenarbeit mit den Unternehmensbereichen zu vermeiden, wurden in die Leitung der meisten Zentralabteilungen Führungskräfte berufen, die maßgebend und an verantwortlicher Stelle in den früheren geschäftsführenden Einheiten tätig gewesen waren. An der Spitze der ZA Finanzen legte der spätere Aufsichtsratsvorsitzende Heribald Närger (*1923) die auf Nachhaltigkeit ausgerichteten Grundsätze der Finanzpolitik fest. Darüber hinaus verantwortete er das Planungs-, Berichts- und Rechnungswesen.

Die regionale Verantwortung lag in der Zuständigkeit der inländischen Zweigniederlassungen und Auslandsgesellschaften, deren übergeordnete Führung und Verwaltung Aufgabe der Zentralabteilung Vertrieb war. Während die einzelnen Unternehmensbereiche für Forschung, Entwicklung und Fertigung der Produkte ihres jeweiligen Kerngebiets verantwortlich waren, vertrieben die Landesgesellschaften

Schaubild der Unternehmensstruktur aus dem Jahr 1969

die Erzeugnisse aller Unternehmens- und Geschäftsbereiche in geographisch abgegrenzten Teilregionen. In den folgenden Jahren sollte diese Konstruktion jedoch an ihre Grenzen stoßen: Die Tatsache, daß die Unternehmensbereiche als Profitcenter zwar weltweit für ihre Erzeugnisse zuständig waren, den Endkundenvertrieb aber nur bedingt nach ihren Vorstellungen beeinflussen konnten, sorgte in der Folgezeit zunehmend für Spannungen.

Die Neuorganisation wurde mit Hilfe der am 30. September 1969 verabschiedeten »Grundordnung des Hauses Siemens« kommuniziert. Sie stellte eine Art Kommentar zu den neuen Organisationsplänen dar, indem sie das Unternehmensziel und die Elemente der siemensspezifischen Unternehmenskultur verdeutlichte: »Mit der Grundordnung wollen wir die Funktionen aller Teile des Hauses so erläutern, daß alle unsere Mitarbeiter sie verstehen und sich mit unseren Zielen identifizieren können« – so der Aufsichtsratsvorsitzende Ernst von Siemens. Und auch Tacke konstatierte in der Septemberausgabe der *Siemens-Mitteilungen*: »Es wird darauf ankommen, daß die Dynamik und Anpassungsfähigkeit, die wir durch die Neuorganisation erhalten, auch von den einzelnen Mitarbeitern nachvollzogen wird.« In einem Artikel zur Neuorganisation des Hauses forderte der Siemens-Chef die Notwendigkeit einer Reform von Denkprozessen und den Abbau von »klischierten Vorstellungen und Vorurteilen [...] Es sollte in Zukunft nicht mehr von Zuständigkeiten und Ansprüchen, sondern von Aufgaben und Funktionen im Zusammenwirken aller Teile des Hauses gedacht und gesprochen werden.«

Wie Tacke im Rahmen der Hauptversammlung im März 1970 ankündigte, waren auch die folgenden Geschäftsjahre »keine Jahre der freundlichen Langeweile«. Schon 1971 gab er den Anstoß, die Grundordnung zu überarbeiten und den Anspruch aufzugeben, Siemens wieder zum weltweit einzigen elektrotechnischen Universalunternehmen auszubauen. Gut 25 Jahre nach Beendigung des Zweiten Weltkriegs hatte sich dieses Ziel angesichts der in allen Bereichen stark reduzierten Unternehmenssubstanz als aussichtslos erwiesen. In der neuen Fassung wurde die traditionelle Beschränkung von Siemens auf die Elektrotechnik bestätigt, gleichzeitig aber der Anspruch aufgegeben, sich in allen möglichen Geschäftsfeldern der Branche zu engagieren. Fortan stand die Konzentration auf die wichtigsten und zukunftsträchtigsten Gebiete der Elektrotechnik im Vordergrund von Unternehmenspolitik und Wachstumsstrategie. In dieser Entscheidung spiegelte sich die feste Überzeugung Tackes, daß Unternehmen, die ihre Kräfte und ihr Wissen auf eine Branche konzentrieren, die wirtschaftlichen und gesellschaftlichen Herausforderungen der Zeit erfolgreicher bewältigen als Mischkonzerne, die nicht selten nur heterogene »Eigentumsverwaltungsgesellschaften« ohne einheitliche unternehmerische Führung seien. Darüber hinaus gab der Branchenkenner mit Hinblick auf die »Markanz des Firmenprofils« zu bedenken, daß das Produktprogramm keine zu große Breite haben dürfe – »Randgebiete« würden das Image nur verwischen.

Gerd Tacke, Siemens-Tagung, 1971

Die Grundordnung ist für unser Haus das wichtigste Element für Ordnung, Erhaltung, Kontinuität, Stabilität; sie soll und darf aber unter keinen Umständen den Fortschritt, die Erneuerung, den Wandel, die Dynamik hemmen und hindern; sie ist der feste Halt, die unabdingbare Voraussetzung für Reformen, indem sie wesentliche Teile der Zielvorstellungen und der Wegbeschreibung stabilisiert, indem sie dem Fluß der Entwicklung feste Ufer gibt.

»Wer führt, trägt Verantwortung«

Bei der Neuorganisation der Siemens AG von 1969 wurden auch die Führungsprinzipien des Hauses diskutiert; die Überlegungen standen in engem Zusammenhang mit dem Wachstum und der fortschreitenden Internationalisierung des Unternehmens. Im Rahmen der Auseinandersetzungen um eine zukunftsfähige Struktur erinnerte Gerd Tacke seine Kollegen immer wieder daran, »daß ein Unternehmen nicht nur eine juristische und organisatorische Einheit ist: es muß auch ein geistiges und menschliches Ganzes sein, wenn es langfristig überleben will«. Eigenschaften wie Fleiß, Talent, ein solides Fachwissen, Gestaltungswille, Hartnäckigkeit und Ehrgeiz waren in seinen Augen unabdingbare Schlüsselqualifikationen für Führungskräfte. Darüber hinaus äußerte er mehrfach die Überzeugung, daß die »Gesinnung« der Mitarbeiter – ihre Überzeugung, ihr Charakter und Mut, ihre Einsatzbereitschaft und Loyalität – immer stärker an Bedeutung gewinne. Nach Meinung des Siemens-Chefs trugen diese Persönlichkeitsmerkmale mindestens ebenso zur Sicherung des nachhaltigen Unternehmenserfolgs bei wie eine vorausschauende Liquiditäts- und Finanzplanung oder ein effizientes Controlling.

Darüber hinaus war Tacke – nach Aussage des *Handelsblatts* ein »Virtuose auf dem Instrument der ›human relations‹« – bestrebt, das hierarchische Denken im Konzern aufzubrechen. Diese Haltung schlug sich auch in den 1971 verabschiedeten »Leitsätzen für Führungskräfte« nieder. In dem Papier wurden Regeln für eine kooperative und partnerschaftliche Personalführung festgelegt. Höchste Priorität hatte die Mitarbeiterführung über klare Ziele, um so Verständnis und Aufmerksamkeit jedes Beschäftigten auf das Gesamtergebnis zu lenken und nicht nur auf seine konkrete Aufgabe zu reduzieren. In der Absicht, Qualifikation und Eigeninitiative aller Mitarbeiter – ganz besonders aber der Nachwuchsführungskräfte – zu fordern und zu fördern, sollten die leitenden Angestellten Aufgaben, Kompetenzen und Verantwortung möglichst frühzeitig delegieren. Hierarchische Strukturen sollten nach und nach durch Projekt- oder Teamarbeit, personales Anweisungsrecht durch funktionale Autorität ersetzt werden. Unter der Überschrift »Lernen endet nicht mit dreißig« wurde auch die Bedeutung von Fort- und Weiterbildung für den langfristigen Unternehmenserfolg betont.

Der Saurier »Siemens« bekommt menschliche Züge

Gegenüber den ersten Nachkriegsjahren, in denen die Hauptversammlungen der Siemens & Halske AG in der Erinnerung von Gerd Tacke »eher einer Zeremonie glichen, in deren Verlauf kaum eine Frage gestellt, kaum eine Bemerkung zu Bi-

---

Leitsätze für Führungskräfte

Wer führt, trägt Verantwortung – für sein Arbeitsgebiet und für seine Mitarbeiter. Das ist heute schwieriger als gestern. Die Menschen unserer Zeit haben eine andere Einstellung zur Leistung und zur Zusammenarbeit. Aber auch die Struktur unserer Arbeitswelt hat sich gewandelt: der Anteil der fachlich qualifizierten Mitarbeiter nimmt zu. Diese Veränderungen stellen den Führungskräften neue Aufgaben. Die „Leitsätze" sollen helfen, die gestiegenen Anforderungen zu bewältigen.

Leistung und Zusammenarbeit

Klare Ziele setzen

Die Arbeitsteilung läßt viele Mitarbeiter nicht mehr ohne weiteres die Zusammenhänge ihrer Arbeit überblicken. Das erschwert das Verständnis für die eigene Aufgabe; die persönliche Beziehung zur Arbeit geht dabei leicht verloren. Es genügt daher nicht, den Mitarbeitern nur die zur Ausführung der Arbeit unbedingt notwendigen Anweisungen zu geben. Wer Mitarbeit und Mitdenken fördern will, muß die Zusammenhänge zwischen Einzelaufgabe und übergeordneten Zielen sichtbar machen. Nur klare Zielvorstellungen geben den Mitarbeitern die Chance zur Selbstkontrolle ihrer Arbeit.

Verantwortung übertragen

Besser als Einzelanweisungen und Zwischenkorrekturen ist die Übertragung von Aufgaben, die der Mitarbeiter – sobald er dazu fähig ist – selbständig und in eigener Verantwortung übernimmt. Durch das gemeinsame Erarbeiten von Zielen und die Besprechung abgeschlossener Arbeiten kann der Mitarbeiter erfolgreicher angeleitet werden. Das entbindet den Vorgesetzten zwar nicht von seiner Verantwortung, entlastet ihn aber von Kleinarbeit. Er gewinnt so mehr Zeit für neue Fragen sowie für Überlegungen über die Arbeit und die Förderung seiner Mitarbeiter. Menschen mit Verantwortung engagieren sich stärker, gewinnen rascher Erfahrungen und erzielen bessere Leistungen. Nachwuchskräfte bereiten sich auf diese Weise auch auf Führungsaufgaben vor.

An Entscheidungen beteiligen

Die Spezialisierung und höhere fachliche Anforderungen verlangen mehr als bisher Teamarbeit. Das gilt schon für die Planung gemeinsamer Aufgaben. Für den Vorgesetzten ist es eine gute Gelegenheit, Wissen und Fähigkeiten der Mitarbeiter zu aktivieren, sie zu Vorschlägen anzuregen und sich auch mit Vorstellungen auseinanderzusetzen, die von seinen eigenen abweichen. Seine Mitarbeiter werden häufig auf ihrem Spezialgebiet mehr Wissen und Erfahrung besitzen als er. Wer an der Entscheidungsvorbereitung beteiligt ist, wird sich auch mit der Entscheidung identifizieren.

Erste Seite der »Leitsätze für Führungskräfte«

Gerd Tacke, Zeitschrift für Organisation, August 1970

[...] unsere Leute werden nicht nur nach dem wirtschaftlichen Erfolg beurteilt; sie werden auch nach dem wirtschaftlichen Erfolg beurteilt; so möchte ich es einmal ausdrücken. Wir sind also keineswegs »amerikanisiert«. Es ist eine Frage der Erziehung, eine Frage des Führungsstils, bis zu welchem Grad man dieses Ertragsdenken für eine vertikalisierte Teileinheit des Unternehmens treiben darf. Ich meine, über allem muß im Denken der Führungsschicht doch das Wohl des Ganzen stehen. Mangelnden Gemeinsinn wollen wir bei uns zu vermeiden suchen.

lanz und Ergebnis gemacht und Entscheidungen ohne Enthaltungen oder Gegenstimmen getroffen wurden«, waren Informationsbedürfnis und Sachverstand der Eigentümer, Kreditgeber und Wirtschaftjournalisten im Laufe der 1950er und 1960er Jahre beträchtlich gewachsen. Außerdem verpflichtete das sogenannte Publizitätsgesetz Großunternehmen mit einer Bilanzsumme über 125 Millionen DM, einem Jahresumsatz über 250 Millionen DM und mehr als 5000 Beschäftigten, ab 1969 jährlich einen ausführlichen Rechenschaftsbericht vorzulegen. Diesen steigenden Ansprüchen nach Transparenz in der Unternehmensführung trug Tacke durch grundlegende Neuerungen im Bereich der Finanzpublizität und Öffentlichkeitsarbeit Rechnung.

So wurde der Geschäftsbericht 1969/70 »gestrafft [...] farbiger, wirklichkeitsnäher und lesbarer« gemacht. Anläßlich der Jahrespressekonferenz 1970 in Berlin bemerkte Tacke: »Wir wollten verdeutlichen, daß die Organisation dieses großen Unternehmens [...] nicht nur als Summe von Kästchen zu verstehen ist, die von auswechselbaren Robotern besetzt werden könnten, sondern wir wollten zum Ausdruck bringen, daß Siemens nicht nur ein technisches, geschäftliches oder aktienrechtliches, sondern auch ein gesellschaftliches Phänomen ist, ein Gebilde, das aus Menschen, aus Persönlichkeiten besteht.« Der zunehmenden Internationalisierung des Traditionsunternehmens Rechnung tragend, legte Siemens mit dem Bericht erstmals eine Weltergebnisrechnung und eine Weltbilanz vor, in der 192 ausländische Mehrheitsbeteiligungen in 50 Ländern konsolidiert wurden. Die konsolidierte Inlandsbilanz wurde um fast 2 Milliarden DM übertroffen, Struktur und Liquidität beider Bilanzen wichen allerdings nicht entscheidend voneinander ab. Ab 1970 wurden auch regelmäßig Zwischenberichte für die Aktionäre herausgegeben und Bilanzanzeigen geschaltet, die eine klare Vorstellung von der Leistungsfähigkeit und dem Potential des Unternehmens vermittelten.

Ausgehend von den Ergebnissen der ersten Imageanalyse aus dem Jahr 1965, wurde parallel intensiv an der Profilierung des Unternehmens gearbeitet. Zur Imagekorrektur bzw. -pflege schaltete die 1969 neu geschaffene Hauptabteilung Werbung und Design unter dem Claim »das ist Siemens« erstmals großformatige Schwarzweißanzeigen in der regionalen und überregionalen Presse. Bis 1971 folgten zahlreiche Maßnahmen, mit deren Hilfe es Tacke gelang, die Grundlagen für eine einheitliche Kommunikationspolitik des Hauses zu entwickeln und das Siemens-Image weltweit zu stärken.

Auch die interne Kommunikation wurde während der Amtszeit Tackes deutlich verbessert. Nachdem die Informationspolitik des Vorstands von den leitenden Angestellten des Hauses kritisiert worden war, teilte Tacke den Siemens-Führungskräften noch im November 1969 mit, daß intensiv an einem neuen Redaktionskonzept für die seit 1951 wieder erscheinenden *Siemens-Mitteilungen* gearbeitet werde. Ziel des Relaunches sei es, alle Mitarbeiter zeitnah, aussagekräftig und umfassend über die Unternehmensentwicklung und aktuelle Geschäftspolitik zu informieren. Im gleichen Schreiben kündigte Tacke, dem stets am offenen

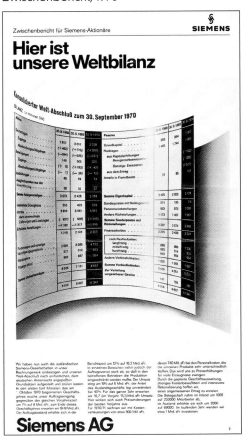

Zwischenbericht, 1970

Firmenwerbung, 1969

und konstruktiven Dialog mit seinen Kollegen und Mitarbeitern gelegen war, an, daß den Leitern der Unternehmensbereiche und Zentralabteilungen ab 1970 mindestens einmal pro Jahr je ein voller Arbeitstag für einen kritischen Gedankenaustausch mit ihrem Führungsgremium zur Verfügung stehen werde.

Auf Tackes Initiative hin, neue Formen der Führung und Zusammenarbeit zu etablieren, kam 1971 erstmals in der mehr als 123jährigen Siemens-Geschichte nahezu der gesamte Führungskreis des Hauses zusammen. In seiner Eröffnungsrede faßte Tacke vor 900 Prokuristen und Direktoren aus ganz Europa die Ziele der ersten »Siemens-Tagung« wie folgt zusammen: »Wir wollen Sie informieren, und wir wollen informiert werden. Wir wollen Reformen vorschlagen und Reformvorschläge entgegennehmen.« Im Zentrum der Tagung stand das Thema »Sicherung von Ertrag und Wachstum des Hauses Siemens«. Angesichts des steigenden Kostendrucks appellierte Bernhard Plettner in seinem Grundsatzreferat an die leitenden Mitarbeiter, durch planvolle systematische Arbeit und größtmögliche Effizienz und Effektivität der Prozesse in ihrem jeweiligen Verantwortungsbereich zur Verbesserung der Rendite beizutragen. »Es geht uns vielmehr darum, Sie alle damit vertraut zu machen, daß nicht die Existenz, aber das weitere Wachstum unseres Unternehmens gefährdet ist, wenn es uns nicht gelingt, nennenswert bessere Beiträge zu erwirtschaften« – so der stellvertretende Vorstandsvorsitzende. Die Tatsache, daß es in den folgenden Jahren gelang, den Anschluß an die ertragsstarken 1950er Jahre zu finden, beweist eindrucksvoll den Erfolg der Veranstaltung. Auch die zweite Siemens-Tagung im Frühjahr 1973 befaßte sich noch in erster Linie mit der Analyse der wirtschaftlichen Situation. Ab 1975 rückten die langfristige Unternehmensstrategie und Geschäftspolitik in den Mittelpunkt der Aufmerksamkeit.

Unternehmer mit einem starken Sinn fürs Politische

Erste Ausgabe nach dem Relaunch der Mitarbeiterzeitung

Im Spätherbst 1971 wurde die Mitte der 1960er Jahre eingeleitete Umstrukturierungsphase mit einem Wechsel an der Führungsspitze beendet: Kurz vor seinem 40jährigen Dienstjubiläum gab Gerd Tacke Ende Oktober 1971 den Vorstandsvorsitz an seinen bisherigen Stellvertreter Bernhard Plettner ab. Die inneren Reformen während der Amtsperiode des Interimschefs gingen mit einer ungewöhnlichen Expansion einher: Ende September 1971 lag der Weltumsatz mit 13,6 Milliarden DM um fast 6 Milliarden DM über dem des Jahres 1968; die Bilanzsumme war von 8,3 Milliarden auf 12,5 Milliarden DM gestiegen. Ende 1971 beschäftigte der Elektrokonzern weltweit knapp 306 000 Mitarbeiter. Angesichts dieser stolzen Leistungsbilanz wunderte es niemanden, daß Siemens im Ranking der US-Zeitschrift *Fortune* unter den 200 außeramerikanischen Unternehmen vom 14. auf den 10. Platz vorgerückt war.

Mitte März 1972 wurde Tacke zum stellvertretenden Aufsichtsratsvorsitzenden der Siemens AG gewählt. Auch nachdem der erfahrene Unternehmer dieses

Amt im Frühjahr 1973 niedergelegt hatte, blieb er weitere fünf Jahre Mitglied des Verwaltungsorgans.

Gemäß seiner Überzeugung, daß die führenden Repräsentanten aus Wirtschaft und Industrie verpflichtet seien, sich nicht nur im gesellschafts- oder wirtschaftspolitischen, sondern vor allem im außenwirtschaftlichen Bereich zu engagieren, gehörte der renommierte Manager bis 1981 zahlreichen internationalen Wirtschaftsgremien an. Als Vizepräsident der Kommission für Auslandsinvestitionen und wirtschaftliche Entwicklung der Internationalen Handelskammer (ICC) Paris schaltete sich Tacke aktiv in die Diskussion um Wesen und Aufgaben multinationaler Konzerne ein und arbeitete unter anderem an dem von der ICC und der OECD herausgegebenen Verhaltenskodex für diese Unternehmen mit. Wiederholt reflektierte der eloquente erste Vorstandsvorsitzende der Siemens AG öffentlich die Möglichkeiten und Grenzen von Großunternehmen in Entwicklungsländern und appellierte an seine Kollegen, sich ihrer gesellschaftspolitischen Gesamtverantwortung auch außerhalb ihres Heimatlands zu stellen. Im September 1976 wurde Tacke zum Expert Adviser des UN Center on Transnational Corporations berufen, dem er bis 1981 angehörte. Darüber hinaus widmete sich der einflußreiche Wirtschaftsführer in seiner Eigenschaft als Vorsitzender des Kuratoriums und des Vorstandsrats intensiv dem Münchner Ifo-Institut für Wirtschaftsforschung.

Anläßlich des 70. Geburtstags am 19. August 1976 charakterisierte Horst Kerlikowsky in der *Frankfurter Allgemeinen Zeitung* Tacke als einen Mann, der »Mitarbeiter und Gesprächspartner immer wieder durch seine menschliche Wärme [faszinierte]. Er war nie ein kalter Manager moderner Prägung, der die Bedeutung seiner Position andere spüren ließ, um so seine Meinung anderen aufzuzwingen, vielmehr suchte er zu überzeugen. Bei seinem Reden und Handeln vergaß er nicht, daß ein Unternehmen zu mehr da ist als zur Gewinnmaximierung. [...] Nur wenige Unternehmer in der Bundesrepublik dürften wie er so glaubhaft gegen den Mißbrauch wirtschaftlicher Macht Stellung genommen haben.«

Bernhard Plettner (1914–1997) hat im Anschluß an den Besuch des humanistischen Gymnasiums in Bad Kreuznach an der Technischen Hochschule in Darmstadt Elektrotechnik studiert. Der Wunsch, seine theoretische Ausbildung durch praktische Erfahrungen abzurunden, veranlaßte ihn 1937, das Studium zu unterbrechen und ein Semester als Werkstudent bei den Siemens-Schuckertwerken in Berlin und Mülheim an der Ruhr zu arbeiten. Nach Abschluß des Studiums kehrte der frischgebackene Diplomingenieur 1940 in die SSW-Abteilung Industrie nach Berlin zurück. Hier war er zunächst als Projektingenieur für die Planung und den Vertrieb von Industrie- und Energieversorgungsanlagen im In- und Ausland zuständig. Nach Kriegsende wußte er seine Berufserfahrungen für den Wiederaufbau des Exportgeschäfts zu nutzen. Sechs Jahre später übernahm der erfolgreiche Siemens-Manager die Leitung der Projektierungsabteilungen für die Grundstoffindustrie, die unter anderem für den Bau des Hüttenwerks Rourkela in Indien – des ersten großen Exportprojekts der deutschen Nachkriegsindustrie – zuständig war. 1959 wurde Plettner in den Vorstand der Siemens-Schuckertwerke AG berufen, 1961 zum stellvertretenden Vorstandsvorsitzenden und 1962 zum Vorstandsvorsitzenden bestellt. Nach Gründung der Siemens AG war er zunächst Mitglied des Vorstandspräsidiums, dann stellvertretender und seit 1971 Vorstandsvorsitzender der Siemens AG. 1981 wurde Plettner als erstes Nichtfamilienmitglied Vorsitzender des Aufsichtsrats; er behielt diese Position bis 1988. Bernhard Plettner starb am 2. November 1997 in Erlangen.

Bernhard Plettner
Neue Märkte und Geschäftsfelder

BERNHARD PLETTNER, Vorsitzender des Vorstands
vom 27. Oktober 1971 bis 28. Januar 1981

Vorsitzender des Aufsichtsrats in dieser Zeit:
Peter von Siemens (1971 bis 1981)

Bernhard Plettner, 1979

Die wirtschaftliche Entwicklung der 1970er Jahre wurde durch starke weltwirtschaftliche Verwerfungen geprägt: In dieser Zeit brach das auf dem Abkommen von Bretton Woods basierende alte Weltwährungssystem zusammen, kam es zu den Ölkrisen der Jahre 1973 und 1979 und der daraus resultierenden Wachstumsschwäche bei steigenden Preisen. In Deutschland haben die nicht an der Zunahme der gesamtwirtschaftlichen Produktivität orientierte Lohnentwicklung, der starke Anstieg der Staatsausgaben und die drastische Erhöhung der Staatsverschuldung die Krise zusätzlich verschärft. Der Anteil aller Staatsausgaben am Bruttosozialprodukt stieg von 36,7 Prozent im Jahr 1963 über 42,1 Prozent im Jahr 1974 auf 49,9 Prozent im Jahr 1982 an.

Trotz der weltwirtschaftlichen Verwerfungen blieb die Elektroindustrie weiterhin auf Wachstumskurs. Der durch das Entstehen neuer Wettbewerber im asiatischen Raum, durch die konjunkturelle Lage in Europa und nicht zuletzt durch die Probleme des Wirtschaftsstandorts Deutschland verursachte tiefgreifende Strukturwandel stellte die Unternehmen jedoch vor folgende Herausforderungen:

- Verbesserung der Kostenposition,
- Beseitigung struktureller Probleme in einzelnen Geschäftszweigen und Beseitigung der Verlustfelder,
- Stärkung der internationalen Wettbewerbsfähigkeit durch Erschließen der großen Märkte in Westeuropa, USA und Asia-Pacific.

Doppelte Wachablösung

Anläßlich der Jahrespressekonferenz 1971 wurde Bernhard Plettner vom damaligen Vorstandsvorsitzenden der Siemens AG, Gerd Tacke, offiziell als dessen Nachfolger vorgestellt. Zu diesem Zeitpunkt war der designierte Siemens-Chef bereits seit über 25 Jahren in verantwortungsvoller Funktion für das Unternehmen tätig. Zeitgleich mit dem Führungswechsel im operativen Geschäft wurde Peter von Siemens als Nachfolger seines Onkels Ernst zum Aufsichtsratsvorsitzenden ernannt. Auch er verfügte über eine langjährige Erfahrung als Führungskraft. Von seiner 37jährigen Tätigkeit bei Siemens hatte der promovierte Wirtschafts- und Sozialwissenschaftler 14 Jahre im Vertrieb der Siemens-Reiniger-Werke verbracht, vornehmlich in Südamerika. Ab 1950 war er bei den damaligen Siemens-Schuckertwerken in Erlangen tätig. Von 1959 bis 1963 gehörte er deren Vorstand, seit 1963 dem Aufsichtsrat an.

Die Funktion der Familie, die Anfang der 1970er Jahre noch etwa 13 Prozent des Aktienkapitals, jedoch alle Aktien mit Mehrfachstimmrechten hielt, hat Peter von Siemens vor dem Hintergrund der wachsenden Beteiligung ausländischer Staaten an deutschen Großunternehmen in einem Interview mit der Wochenzeitung *Die Zeit* damals wie folgt beschrieben: »Der Einfluß der Familie ist nur ein Mittel zum Zweck, um das organische Wachstum des Konzerns zu sichern und einer möglichen Überfremdung durch finanzkräftige Aufkäufer vorzubeugen.«

Die Ära Plettner sollte für Siemens eine Phase erfolgreichen Wirtschaftens und wichtiger Weichenstellungen werden, die durch folgende Meilensteine gekennzeichnet war:

- den forcierten Ausbau der Position auf dem amerikanischen Elektromarkt,
- den endgültigen Einstieg in die Datenverarbeitung,
- die vollständige Übernahme der KWU-, TU- und Osram-Anteile.

Die bereits vor Gründung der Siemens AG begonnene und nach 1966 intensivierte Dezentralisierung der Verantwortung für Technik, Umsatz und Ertrag sowie die größere Transparenz von Kosten, Erlösen und Erträgen trugen wesentlich dazu bei, daß die Gewinnmargen trotz schwieriger Rahmenbedingungen stabil blieben.

Vom Verbindungsbüro zur Siemens Corporation

Nach dem Zweiten Weltkrieg waren die Geschäftsmöglichkeiten für Siemens in den USA nicht zuletzt wegen des 1954 erneut mit Westinghouse geschlossenen Patent- und Erfahrungsaustauschvertrags stark eingeschränkt. Der Zugang zum amerikanischen Markt wurde zusätzlich durch die kriegsbedingte technische Rückständigkeit einzelner Siemens-Produkte und die begrenzten Finanzmittel des Stammhauses erschwert. Dennoch stellte die Unternehmensführung das strategische Ziel, mittel- und langfristig in Amerika Fuß zu fassen, nie in Frage.

Da sich Siemens zunächst auf den Wiederaufbau der klassischen Absatzmärkte Europa und Südamerika konzentrierte, beschränkte sich das Engagement vor Ort vornehmlich auf repräsentative Aufgaben. Als Verbindungsbüro der deutschen Siemens-Firmen hatte die Siemens New York Inc. die Aufgabe, die Verbindungen zu »wissenschaftlichen Instituten, beratenden Ingenieuren, Großhändlern und [...] allen Freunden des Hauses Siemens in den Vereinigten Staaten« wiederaufzunehmen und zu festigen – so der Entwurf einer Pressenotiz anläßlich

---

Bernhard Plettner, in Siemens-Zeitschrift, Dezember 1974

Was heißt denn: Verbesserung des Lebensstandards? Es heißt doch, daß wir mehr erwirtschaften müssen, um höhere Einkommen zahlen zu können. Genauso steht es um die Sicherheit unserer Arbeitsplätze; sichere Arbeitsplätze haben wir nur, wenn wir besser oder mindestens ebenso gut wie unsere Konkurrenz sind, wenn wir uns von ihr weder im Inland noch im Ausland technisch oder preislich aus dem Felde schlagen lassen. Das ist nur dann möglich, wenn wir genügend Mittel einsetzen, die wir entweder vorher verdient haben oder in Form von Kapitalerhöhungen von den Aktionären bzw. als Kredite von Banken und Versicherungen erhalten müssen. Wo immer das Geld auch herkommt, verdient werden muß es. Ohne Leistungswillen und Leistungsbereitschaft werden wir die Aufgaben nicht lösen können, die unsere Gesellschaft gestellt hat.

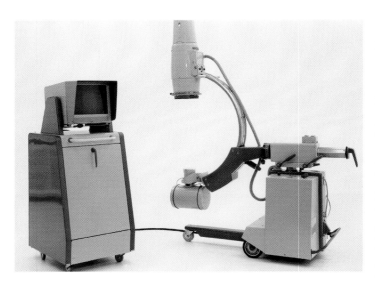

Siremobil, fahrbares Röntgen-Bildverstärkergerät mit Einkessel-Röntgengenerator, 1965

der Umbenennung des Büros im Jahr 1954. Die Regelung, selbst keine Geschäfte zu tätigen, wurde erst im Oktober 1959 aufgegeben, als das Büro offiziell den Status einer Vertriebsgesellschaft erhielt. Ab 1961 konnte Siemens New York Inc. schließlich auch in eigenem Namen Aufträge von US-Kunden akquirieren. Von besonderer Bedeutung auf dem Weg zur Landesgesellschaft waren die Aktivitäten der Siemens-Reiniger-Werke, die den US-Markt für ihr umfangreiches Produktprogramm (Röntgen-Generatoren, Spezial-Untersuchungstische und ähnliches) erschließen konnten. Während der 1960er Jahre gelang es, den Umsatz in den USA zu verdoppeln, ohne daß dieser Erfolg von einem grundlegenden Wandel der Geschäftspolitik begleitet gewesen wäre. Positiven Einfluß auf diese Entwicklung hatte sicher das Aufbrechen des General Electric/Westinghouse/Allis-Chalmers-Preiskartells im Jahr 1960.

Anfang der 1970er Jahre entfiel fast ein Drittel des Weltelektromarkts auf die USA. In dieser Zeit belief sich der Marktanteil der Siemens AG in den USA – gemessen am Gesamtumsatz – auf 0,1 Prozent, der Anteil an den Elektroimporten lag bei zirka 1,4 Prozent. Seit dem 1. Januar 1970 war das Unternehmen durch eine eigene Gesellschaft, die »Siemens Corporation«, auf diesem wichtigen Markt vertreten. Mit Auslaufen des Nachkriegsbooms in Deutschland und Europa wurde immer deutlicher, daß der Ausbau der Unternehmenspräsenz in den Vereinigten Staaten für die Geschäftsentwicklung mittelfristig unumgänglich war. Die langfristige Sicherung der internationalen Leistungs- und Wettbewerbsfähigkeit des Elektrokonzerns klar vor Augen, erkannte Bernhard Plettner, daß künftig kein Weg an den USA vorbeiführe. Entsprechend konsequent wurde der amerikanische Markt unter seiner Führung in die allgemeine Absatz- und Investitionspolitik einbezogen.

Analog zur Grundordnung des Hauses ging Plettner zunächst davon aus, daß das Geschäft auch in den USA von den Unternehmens- und Geschäftsbereichen in eigener Verantwortung vorangetrieben werden müsse. Bei den Diskussionen im Zentral-Ausschuß zeigten sich deutlich seine Vorbehalte gegenüber einer zu starken Zentralisierung von Unternehmenspolitik und -strategie. Als nüchterner Pragmatiker hatte Plettner keine »große Vision«, sondern vertrat eine an den Rahmenbedingungen und den Möglichkeiten des Unternehmens orientierte Geschäftspolitik. Da er darauf vertraute, daß seine Führungskräfte kompetent und mutig genug wären, Wachstumschancen rechtzeitig zu erkennen und im Interesse des Konzerns zu nutzen, wurden seitens des Zentral-Ausschusses keine Schwerpunkte für die sinnvolle Erweiterung des Geschäftsportfolios in den USA vorgegeben.

Die folgende Phase des externen Wachstums durch Akquisitionen und Zusammenschlüsse wurde maßgeblich vom Zusammenbruch des Wechselkurssystems beeinflußt. Während der Dollar Anfang der 1960er Jahre noch bei 4 DM lag, war sein Wert bis Ende der 1970er Jahre auf etwa die Hälfte gesunken. Angesichts dieses Kursverfalls sah die Siemens-Führungsriege den Vertrieb deutscher Erzeugnisse in den USA in vielen Bereichen gefährdet. In seinem Zwischenbericht zum USA-Konzept vor dem Zentral-Ausschuß forderte der spätere Präsident und CEO von Siemens Corp., Werner Zieler (*1925), im Juli 1973: »Wir müssen uns so schnell wie möglich und so breit wie möglich durch Fertigungsstätten in USA von der ausschließlichen Lieferbindung an die DM freimachen.«

Im Interesse eines möglichst schnellen Markteintritts wurde das Umfeld genau analysiert. Dabei profitierte Siemens entscheidend von den bereits bestehenden Kontakten zur einheimischen Elektroindustrie. Bis Anfang der 1970er Jahre war das Haus mit über 200 amerikanischen Firmen Patent-, Lizenz- und Erfahrungsaustauschverträge eingegangen; zu den wichtigsten gehörten IT&T, Western Electric, IBM, RCA, Texas Instruments, Motorola, GTE, Westinghouse und Allis-Chalmers.

Die Suche nach potentiellen Kooperationspartnern und Übernahmeobjekten wurde auch durch die Managementtheorien der 1970er Jahre begünstigt. Auf Initiative der großen Unternehmensberatungen setzte sich damals die Portfolioanalyse als Grundlage für Investitionsentscheidungen und Wachstumsstrategien durch. Mit dem Ziel, ihr Portfolio zu optimieren, konzentrierten sich viele diversifizierte Unternehmen fortan auf ihre Kernkompetenzen. Randaktivitäten wurden abgestoßen – mit der Folge, daß gute Unternehmen zu attraktiven Preisen auf den Markt kamen. In diesem Zusammenhang darf nicht unerwähnt bleiben, daß auch die Siemens AG dieses neue Instrument der strategischen Planung unter der Bezeichnung »Geschäftsfeld-Planung« 1975 in ihr bisheriges Planungssystem integrierte. Plettner war darüber hinaus der erste Siemens-Chef, der bei zentralen unternehmerischen Entscheidungen zunehmend auf die Kompetenz und das Know-how externer Berater zurückgriff.

Bereits 1973 investierte Siemens in die ersten Beteiligungen; der Schwerpunkt der M&A-Aktivitäten in den USA lag zwischen 1977 und 1981. So übernahm Siemens 1977 die Mehrheitsbeteiligung an der amerikanischen Litronix Inc., einem 1970 gegründeten Pionierunternehmen für optoelektronische Technologie. Drei Jahre später erwarb der deutsche Elektrokonzern die Sparte Nukleardiagnostik der G. D. Searl & Co. und brachte diese in die neu gegründete Siemens Gammasonics Inc. ein. Aufgrund der kontinuierlichen Expansion erreichte die Siemens AG auf einer Reihe strategisch bedeutsamer Geschäftsfelder gute Marktpositionen, erhielt wertvolle technische Impulse und optimierte ihr Produktportfolio. Allein zwischen den Geschäftsjahren 1976/77 und 1981/82 erhöhte sich der Amerikaumsatz von 280 auf 890 Millionen US-Dollar. Im gleichen Zeitraum erfolgten 18 Akquisitionen, Joint-ventures oder Neugründungen; die Zahl der Mitarbeiter stieg auf rund 10 000.

Am bedeutendsten war sicherlich das Joint-venture mit der Allis-Chalmers Corporation. An der zum 1. Januar 1978 gegründeten »Siemens-Allis Incorpora-

Bernhard Plettner, Aufsichtsratssitzung der Siemens AG, 5. 7. 1976

Der Reiz dieses Vorhabens liegt weniger darin, daß damit der Lizenzvertrag auf eine feste Basis gestellt wird, als vielmehr darin, daß wir nun auch auf dem Starkstromgebiet unmittelbar in den Wettbewerb mit unseren amerikanischen Kollegen treten. Und dies dazu, wie ich glaube sagen zu können, mit einem minimalen Risiko, denn wir kennen die Fabriken, die Technik und die führenden Leute.

Fertigungsstätte der Siemens-Allis Inc. in Portland, Oregon, 1979

Bernhard Plettner, in: Siemens-Zeitschrift, Dezember 1974

Von Anfang an hat unser Unternehmen die Auffassung vertreten, daß Niederlassungen und Fabriken im Ausland ein Teil der Wirtschaft des betreffenden Landes sein sollten [...] An dieser Politik halten wir auch heute fest, wenn wir heimische Fach- und Führungskräfte ausbilden, Persönlichkeiten aus den betreffenden Ländern in die Vorstände und Aufsichtsräte unserer ausländischen Gesellschaften berufen und, soweit wie möglich, Kapital aus diesen Ländern am Aufbau unserer Betriebe beteiligen. Diese Haltung sichert uns das Vertrauen der Regierungen und unserer Geschäftspartner im Ausland. Man weiß, daß wir langfristig engagiert und nicht aus kurzfristigen Gewinnüberlegungen heraus handeln.

ted«, die im wesentlichen elektrische Maschinen und Schaltgeräte für alle Spannungsbereiche produzierte und vertrieb, war Siemens zunächst mit 20, ab Januar 1979 mit 50 Prozent beteiligt. Bereits 1970 hatten die beiden Elektrokonzerne einen »Lizenz- und technischen Unterstützungsvertrag« geschlossen, der die Rahmenbedingungen für das starkstromtechnische Expansionskonzept von Siemens auf dem amerikanischen Markt definierte. Zeitgleich wurden in gegenseitigem Einvernehmen mit der Führungsspitze von Westinghouse der Patent- und Erfahrungsaustauschvertrag von 1954 sowie der Kernenergie-Lizenzvertrag von 1957 gekündigt. Ausschlaggebend für die Vertragsauflösungen war vor allem die Antitrustpolitik der amerikanischen Regierung: Über den Umweg der Kooperation von Siemens und der AEG im Rahmen der KWU und TU hätte ein kartellrechtlich nicht zulässiger Know-how-Transfer zwischen Westinghouse und General Electric, die an der AEG mit zwölf Prozent beteiligt war, stattfinden können. Außerdem drängte Westinghouse mit ebensolcher Intensität auf den europäischen wie Siemens auf den amerikanischen Markt.

Das erfolgreiche Wachstum in den Vereinigten Staaten stellte das Siemens-Management vor neue Herausforderungen im Bereich der Führungs- und Organisationsstruktur. Im Interesse der Einheit des Hauses galt es, pragmatische Lösungen für eine Fülle an operativen, aufbau- und ablauforganisatorischen Fragen sowie kulturelle und Mentalitätsunterschiede zwischen Amerikanern und Deutschen zu finden. Im Rahmen einer Vorstandssitzung formulierte Plettner bereits im Juni 1976: »Unsere Verankerung in USA kann nach meiner Auffassung nur dann erfolgreich sein, wenn die deutschen Bereiche, sicherlich mühevoll und ohne den Stammhaus-Charakter preiszugeben, ein tieferes Verständnis für die Eigenheiten des amerikanischen Marktes und der dortigen Methoden und Mentalitäten entwickeln.«

Angesichts der zunehmenden Spannungen zwischen Zentralabteilungen und operativen Auslandseinheiten beauftragte der weitsichtige Siemens-Chef eine interne Planungsgruppe, die Effizienz und Effektivität der in der Grundordnung von 1969 festgeschriebenen Aufgaben- und Verantwortungsbereiche zu prüfen. Wiederholt kritisierte Plettner – nicht zuletzt aus finanziellen Erwägungen – die Rolle der Zentralen und forderte angesichts der zunehmenden Dynamisierung des Wettbewerbs und des rasanten technologischen Fortschritts eine größere »Elastizität« und Dezentralisierung des Unternehmens. Seiner Meinung nach war mittel- und langfristig ein Kompromiß zwischen einer idealtypischen Struktur und den realen Kräften in einer Matrixlösung unvermeidlich.

Die Eroberung des amerikanischen Marktes gestaltete sich schwieriger, als die Unternehmensleitung von Siemens Anfang der 1970er Jahre erwartete. Wenn die USA jedoch heute zum wichtigsten Markt der Siemens AG geworden sind, ist dies nicht zuletzt darauf zurückzuführen, daß in der Ära Plettner durch die systematische Erschließung und den Erwerb zahlreicher amerikanischer Firmen die Grundlagen hierfür geschaffen worden sind.

Förderer zukunftsorientierter Technologien

Für Bernhard Plettner war die technische Leistungsfähigkeit integraler Bestandteil der Siemens-Identität. Entsprechend zielstrebig trieb der gelernte Techniker technische Spitzenleistungen und Innovationen vor allem in den Schlüsseltechnologien Mikroelektronik und Datenverarbeitung voran. Nach der im März 1954 getroffenen Entscheidung, sich künftig auf dem Geschäftsgebiet der elektronischen Datenverarbeitung zu engagieren, gelang es Siemens zunächst nur mit großer Mühe, Marktanteile zu erringen und sich gegen die internationale Konkurrenz – allen voran IBM – durchzusetzen. Im Geschäftsjahr 1963/64 wurden in dieser Sparte 30 Millionen DM umgesetzt – der buchmäßig ausgewiesene Verlust war beinahe ebenso hoch. Trotz angespannter Ertragslage wurde das Engagement auf diesem zukunftsweisenden Geschäftsfeld grundsätzlich nicht in Frage gestellt. Rückblickend kommentierte Plettner diese Entscheidung im Rahmen der dritten Siemens-Tagung 1975 wie folgt: »Gerade dieses Gebiet wird als Inbegriff fortschrittlicher Technik, als Inbegriff nützlicher Anwendung der Elektronik oder als Türöffner, als unentbehrliches Hilfsmittel für die Automatisierung komplizierter Systeme und Anlagen angesehen.«

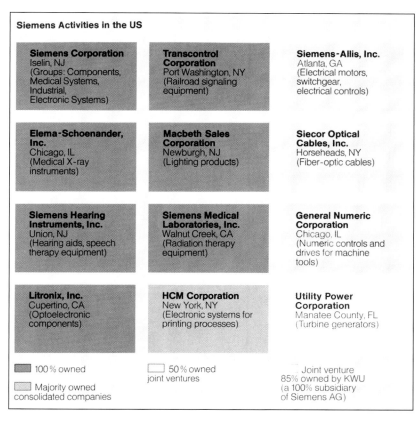

Schaubild der Siemens-Aktivitäten in den USA, Stand 1. Mai 1979

Der entscheidende Durchbruch gelang, als Siemens mit dem amerikanischen Unternehmen RCA kooperierte. Im November 1964 schlossen RCA und die Siemens & Halske AG einen Patentlizenzvertrag, der bis zur Entscheidung des amerikanischen Geschäftspartners, seine Aktivitäten auf dem Gebiet der kommerziellen Datenverarbeitung 1971 einzustellen, Gültigkeit behalten sollte. Bis dahin konnte der Marktanteil von Siemens von 5 auf 14 Prozent gesteigert werden. Obwohl der Umsatz dank der Übernahme der rationelleren und kostengünstigeren RCA-Fertigungsmethoden deutlich stieg, waren Kosten und Erlöse allerdings noch nicht in Einklang zu bringen.

Bei der Suche nach einem geeigneten Partner konzentrierte man sich dieses Mal auf Europa. Schnell nahm die Siemens-Führungsriege Kontakt zu der von der französischen Regierung unterstützten Compagnie Internationale pour l'Informatique (CII) und Philips in den Niederlanden auf. Da die Entwicklung einer neuen Systemfamilie bereits weit fortgeschritten war, mußte der neue Kooperationspartner bereit sein, auf die Kompatibilitätserfordernisse von Siemens einzugehen. Mit Blick auf ihre Weltmarktfähigkeit entschieden sich die Computerhersteller für eine große europäische Lösung: Am 4. Juli 1973 unterzeichneten CII, Philips und Siemens den Gründungsvertrag für die UNIDATA, deren Produktionsschwerpunkt auf Datenverarbeitungssystemen für kommerzielle und technisch-wissenschaftliche Anwendungen im Bereich der mittleren und großen Anlagen lag. Doch aufgrund divergierender Interessen verhandelte man keine zwei Jahre später bereits über die Auflösung der UNIDATA-Verträge, die zum 19. Dezember 1975 erfolgen sollte.

Überzeugt, »die Datenverarbeitungstechnik in Hard- und Software inzwischen kosten- und marktgerecht [zu] beherrschen«, entschloß sich der Vorstand unter Vorsitz Plettners zur Weiterführung des Computergeschäfts. Diese Entscheidung manifestierte sich intern in der Gründung des neuen Unternehmensbereichs »Daten- und Informationssysteme (D)« zu Jahresbeginn 1976. Im Geschäftsbericht 1975/76 bekundete der Siemens-Chef seine Absicht, die Datenverarbeitung als eines der Kerngebiete zum wirtschaftlichen Erfolg zu führen. Plettner, der sich selbst als »scharfen Rationalisierer« bezeichnete, leitete den Neubeginn mit einer Reorganisation des Geschäfts ein, vor allem im Vertriebsbereich. Seine Strategie zielte darauf ab,

- das Geschäft aus der Verlustzone zu führen,
- nach erreichter Konsolidierung das Wachstum voranzutreiben,
- die Zukunftsfähigkeit über neue Produkte wie Großrechner oder Systeme im unteren Leistungsbereich abzusichern.

Werbung für Computer mit dem Betriebssystem BS 2000

Die Richtigkeit dieses Vorgehens wurde zunächst durch eine positive Geschäftsentwicklung bestätigt: 1980 überschritt der Umsatz die 2-Milliarden-DM-Grenze. In den nachfolgenden Jahren konzentrierte sich Siemens auf Rationalisierungs- und Qualitätssicherungsmaßnahmen sowie den Ausbau des eigenen Betriebssystems BS 2000. Doch selbst diese Erfolge konnten nach Plettners eigenen Aussagen nicht über die außerordentlichen Probleme von Siemens auf dem DV-Markt hinwegtäuschen.

In der Absicht, die eigene Markt- und Wettbewerbsposition auszubauen, ging Siemens daher 1978 eine Kooperation mit der Firma Fujitsu ein – die Fachzeitschrift *Computer Weekly* titelte am 1. Juni 1978 mit der Schlagzeile »Fujitsu-Siemens deal to test strength of IBM«. Bei dem japanischen Partner handelte es sich um eine Tochtergesellschaft der Fuji Electric, die 1923 von dem japanischen Kupferkonzern Furukawa und den Siemens-Schuckertwerken gegründet worden war. Der Rahmenvertrag sah den Bezug von Großrechnern samt Betriebs- und Datenbanksystem vor. Dadurch war Siemens als einziger Hersteller weltweit in der Lage, die komplette Bandbreite der Rechnersysteme mit dem gleichen Betriebssystem und mit der gleichen Anwendersoftware zu betreiben.

Der seit dem 1. Oktober 1969 bestehende Unternehmensbereich Bauelemente deckte zusätzlich zum Speicherbedarf der Datenverarbeitungstechnik auch den an integrierten Schaltkreisen, an Mikroprozessoren und an Speicherschaltkreisen der übrigen Gerätewerke ab. Darüber hinaus wurden externe Kunden aus der Rundfunk- und Fernsehindustrie, der übrigen Elektroindustrie sowie der Maschinen- und Fahrzeugindustrie mit Siemens-Bauelementen beliefert. Aufgrund des breiten Produktionsspektrums waren die Anforderungen an die Bauelementetechnik sehr komplex; die Forschungs- und Entwicklungskosten beliefen sich auf rund zehn Prozent des Jahresumsatzes dieser Sparte.

Aus heutiger Sicht wurden in den 1970er Jahren zu viele Entwicklungen auf einmal angepackt. In einer Zeit, in der der Anschluß an die technologische Leistungsfähigkeit der Wettbewerber oberste Priorität hätte genießen sollen, wurde versäumt, sich auf die rentabelsten und zukunftsträchtigsten Gebiete zu konzentrieren.

Technische Leistung als Voraussetzung für den Unternehmenserfolg

Zeitlebens war Bernhard Plettner fasziniert vom *Abenteuer Elektrotechnik* – so der Titel seines Buches über Siemens und die Entwicklung der Elektrotechnik nach dem Zweiten Weltkrieg. Als Vollbluttechniker identifizierte er sich stark mit der Forschung und Entwicklung des Hauses. Ihm ging es jedoch nicht nur darum, zukunftsweisende Technologien zu fördern. Mindestens ebenso wichtig war es ihm, die Effektivität und Effizienz der zentralen Forschungs- und Entwicklungsarbeit und damit die Wettbewerbsfähigkeit im In- und Ausland zu steigern. Im Bestreben, die Forschung noch anwendungsorientierter zu gestalten, übernahm Plettner ab 1971 vorübergehend selbst die Leitung der 1969 geschaffenen Zentralabteilung Technik. Während Ende der 1960er Jahre rund 38 Prozent des Umsatzes mit Produkten erzielt wurden, die jünger als fünf Jahre waren, gelang es ihm, diesen Anteil bis 1981 auf rund 50 Prozent zu steigern. Gleichzeitig wuchs das F&E-Investitionsvolumen von 617 Millionen DM (1968) auf 3,3 Milliarden DM (1981) an. Abhängig von der Länge der Innovationszyklen in den einzelnen Bereichen, wurden im Schnitt 8, höchstens 30 Prozent vom Umsatz für Forschung und Entwicklung ausgegeben. Damit gehörte Siemens, sowohl was den absoluten Aufwand als auch den Anteil am Umsatz anbelangte, zu den Elektrounternehmen, die weltweit am meisten in den Erhalt und Ausbau ihrer Innovationskraft investierten.

Die Bilanz der technischen Neuentwicklungen war entsprechend eindrucksvoll:
- 1973 nahm Siemens die Produktion hochintegrierter LSI-Schaltkreise auf,
- 1974 präsentierte Siemens mit dem »Siretom« den ersten Schädelscanner,
- 1975 brachte der Thyristor den langersehnten Durchbruch für die Hochspannungs-Gleichstrom-Übertragung (HGÜ),

Bernhard Plettner auf der Festveranstaltung »25 Jahre Baden-Badener Unternehmensgespräche«, 23.6.1979

Meines Erachtens [reicht es] unter den gegenwärtigen Umständen nicht mehr [aus], gute Laboratorien, Konstruktionsbüros und Entwicklungsabteilungen zu haben, sondern es muß die gesamte Führungsmannschaft eines Unternehmens auf die Bewältigung des Fortschritts getrimmt sein. Denn gleichgültig, ob man in der Personalabteilung, in der Finanzabteilung oder im Rechnungswesen tätig ist [...] man muß auch ein Gefühl dafür, Verständnis dafür haben, daß mehr Mittel in Forschung und Entwicklung eingesetzt werden, daß mehr Investitionen in Werkzeugen, Vorrichtungen, Werkzeugmaschinen und Fabrikationseinrichtungen notwendig sind als in früherer Zeit.

- 1979 gelang Siemens mit dem Ganzkörper-CT »Somatom 2« auch auf dem amerikanischen Medizintechnikmarkt der Durchbruch,
- 1981 ging die erste Anlage einer neuen Generation digitaler Telefonvermittlungen in Hamburg in Betrieb.

Im Hinblick auf die internationale Konkurrenzfähigkeit trieb Plettner erfolgreich den Bau einer »Denkfabrik für die Datentechnik« – so die Lokalpresse – voran. Der Auf- und Ausbau des Standorts München-Perlach erfolgte in drei Bauphasen; 1979 war der erste Bauabschnitt fertiggestellt. Insgesamt wurden zwischen 1972 und 1984 über eine Milliarde DM in den ausgedehnten Gebäudekomplex investiert, in dem sowohl der Unternehmensbereich Datentechnik als auch der Zentralbereich Technik untergebracht waren. Durch den Konzentrationsprozeß waren Forschung, Entwicklung und Produktion in den Bereichen Informationstechnik, Mikroelektronik, elektronische Fertigungstechnik und Automatisierungstechnik stärker verzahnt, was in den Folgejahren zu einer deutlichen Effizienzsteigerung führte.

Bernhard Plettner (2. v. r.) vor dem Modell des Standorts München-Perlach während des Richtfests am 28. Oktober 1976

2 × 1 = 2,3

Bernhard Plettner trat für eine gesteuerte, kontrollierte Expansion ein, die sich an den technischen, wirtschaftlichen und gesellschaftlichen Veränderungen zu orientieren, aber die Identität des Unternehmens zu wahren hatte. Nach der Maxime seiner Beteiligungspolitik gefragt, bemerkte der Siemens-Chef kurz nach Übernahme des Vorstandsvorsitzes in der Wochenzeitung *Die Zeit*: »Wachstumsfetischisten sind wir alle nicht [...] Eine Zusammenführung hätte nur Sinn, wenn daraus etwas Besseres erwüchse. Die bloße Addition hat keinen Sinn – zweimal eins müßte schon 2,3 ergeben statt 2.« Dieser Leitlinie entsprechend, genoß das Ziel, Produktivität und Ertrag des Unternehmens nachhaltig zu steigern, bei allen Investitionsentscheidungen oberste Priorität.

Mitte der 1950er Jahre waren in Deutschland die technischen Voraussetzungen für den Bau von Kernkraftwerken zur Stromerzeugung gegeben. Diese Tatsache stellte alle naturwissenschaftlichen Disziplinen und die investierende Industrie vor große Herausforderungen, zumal das unternehmerische Risiko nur sehr schwer zu kalkulieren war. In der festen Überzeugung, daß die neue Technik die Stromerzeugung deutlich verändern und vermutlich deren Zukunft bestimmen würde, war Siemens schon bald entscheidend am technologischen

Fortschritt auf diesem Arbeitsgebiet beteiligt. Bewußt entschied sich das Konzernmanagement für einen eigenen Weg, indem man auf
- den schlüsselfertigen Bau kompletter Kernkraftwerke,
- die Herstellung von Brennelementen für Schwerwasser- und Leichtwasserreaktor-Anlagen
- sowie einen umfassenden Kraftwerk- und Brennelementeservice setzte.

Bis Mitte der 1960er Jahre intensivierte sich der globale Wettbewerb auf dem Kraftwerksmarkt, die Investitionskosten stiegen erheblich. Unter Rentabilitätsgesichtspunkten wurde die Aufrechterhaltung eigener Forschungs- und Entwicklungslabors, eigener Produktionsstätten und eines eigenen Vertriebsapparats selbst für die beiden deutschen Marktführer Siemens und AEG immer schwieriger. Noch in seiner Eigenschaft als SSW-Vorstandsvorsitzender setzte sich Plettner ab 1965 daher mit Nachdruck für einen Zusammenschluß der Geschäftsaktivitäten beider Elektrokonzerne auf dem Gebiet der Energiewirtschaft ein. Seiner Meinung nach war eine Fusion die geeignete Maßnahme, um der internationalen Konkurrenz und den veränderten Marktbedingungen wirkungsvoll zu begegnen. Nach zähen Verhandlungen einigten sich beide Wettbewerber darauf, mit Wirkung zum 1. April 1969 die »Kraftwerk Union AG« (KWU) mit Sitz in Mülheim an der Ruhr zu gründen. In die neue Gesellschaft wurden alle für konventionelle und Kernenergieanlagen arbeitenden Betriebsstätten, Entwicklungs- und Projektierungsabteilungen von Siemens und der AEG eingebracht. Die Anteile am Grundkapital in Höhe von 70 Millionen DM wurden paritätisch aufgeteilt. Am 1. April 1974 wurden auch die Reaktorabteilungen der beiden Gründerfirmen in die KWU überführt.

Reaktorbeladung im Block A des Kernkraftwerks Biblis, 1974

Auch wenn die Geschäftsentwicklung kurzfristig durch die die öffentliche Diskussion um die Sicherheit von Kernkraftwerken beeinträchtigt wurde, erwies sich die von Plettner favorisierte Lösung langfristig als richtig. Als die AEG Mitte der 1970er Jahre erneut in eine existentielle Krise geriet, war das Management gezwungen, sich zur Revitalisierung des Geschäfts von den meisten der in rascher Folge erworbenen Beteiligungen zu trennen. In dieser Situation wußte der Siemens-Chef seinen Vorteil zu nutzen. Schnell war man sich im Vorstand einig, daß die KWU-Anteile der AEG als »sinnvolle Abrundung unseres Arbeitsgebietes und zugleich [als] eine auf Dauer lohnende Kapitalanlage« mit Jahresbeginn 1977 von der Siemens AG übernommen werden sollten. Damit wurde die KWU eine 100prozentige Tochtergesellschaft, die mit Wirkung vom 1. Oktober 1987 als eigenständiger Unternehmensbereich in den Elektrokonzern eingegliedert wurde. Gleichzeitig entschieden die Verantwortlichen, den Firmensitz aus dem Ruhrgebiet nach Erlangen zu verlegen.

Auch im Fall von Osram profitierte Plettner erfolgreich von der Existenzkrise des Wettbewerbers, indem Siemens den Geschäftsanteil am 1918 gegründeten Gemeinschaftsunternehmen von knapp 43 auf 79 Prozent ausbauen konnte. Die AEG-Anteile an dem damals defizitär arbeitenden Unternehmen wurden 1976 zum Preis von 93 Millionen DM erworben, die restlichen 21 Prozent hielt weiterhin General Electric. Zwei Jahre später stellte der amerikanische Kooperationspartner das Siemens-Management vor die Alternative, ihm entweder die Kapitalmehrheit und damit die Führung von Osram zu überlassen oder aber den General-Electric-Anteil für 42 Millionen DM selbst zu erwerben. Siemens entschied sich für die Übernahme, die über die Thesofina AG Zürich abgewickelt wurde.

In dem Erwerb des bereits seit der Gründung international agierenden Leuchtmittelherstellers zeigte sich einmal mehr das sichere Urteilsvermögen Plettners. Bereits 1975 hatte er in einem Brief an die Siemens-Aktionäre voller Zuversicht geäußert, daß die »gute Marktposition [...] in Europa und die bereits eingeleitete Straffung und Reorganisation des Unternehmens« erwarten ließen, daß Osram unter der neuen Führung »in wenigen Jahren wieder ertragsfähig« sein würde. Erwartungsgemäß entwickelte sich das Unternehmen in den nächsten Jahren sowohl in technologischer Hinsicht als auch im Hinblick auf Umsatz und Gewinn ausgesprochen positiv. Ab 1978 – damals übernahm der Siemens-Chef den Vorsitz im Aufsichtsrat von Osram – schrieb die Gesellschaft wieder schwarze Zahlen; seit 1969/70 konnten erstmals wieder Rücklagen gebildet werden. Die erfolgreiche Konsolidierung war zweifellos das Verdienst von Plettners jüngerem Bruder Helmut (1926–1992), der seit 1976 das operative Geschäft verantwortete. Zu Beginn der 1980er Jahre war Osram der weltweit viertgrößte Lampenhersteller mit 28 Fertigungsstätten, davon 18 im Ausland. In Lateinamerika stand das Unternehmen hinsichtlich seiner Marktbedeutung an dritter, in Europa an zweiter und in Deutschland an erster Stelle. Seit 1989 wird die Osram GmbH als Unternehmensbereich mit eigener Rechtsform geführt.

Im Jahr 1977 wurde Bernhard Plettner von deutschen Wirtschaftsjournalisten zum »Manager des Jahres« gewählt. In der Begründung der Jury hieß es, daß Plettner es verstanden habe, »den Kurs des Konzerns an Untiefen vorbei zu finden, und unbeirrbar am nuklearen Kraftwerksgeschäft festhält«. Gerade weil die Elektroindustrie nicht von der Konjunktursonne beschienen würde, sei die Leistung des Mannes an der Spitze von Siemens um so bemerkenswerter.

Als Plettner 1981 das Amt des Vorstandsvorsitzenden der Siemens AG niederlegte, hatte sich der Gesamtumsatz des Unternehmens von 14,7 Milliarden DM (1971) auf 34,6 Milliarden DM (1981) mehr als verdoppelt, der Auslandsumsatz von knapp 6 Milliarden DM (1971) auf über 19 Milliarden DM (1981) mehr als verdreifacht. Vor dem Hintergrund der beeindruckenden Leistungsbilanz muß jedoch eingeräumt werden, daß Plettners Bemühungen, die Rentabilität des Unternehmens langfristig zu steigern, nur zeitweise Erfolg hatten. Nach deutlichen Verbesserungen war Ende der 1970er Jahre wieder ein Ertragsrückgang zu konstatieren, der nicht allein aus den Verlusten der Bereiche Bauelemente und Datentechnik resultierte. Wegen der Kostensteigerungen, des intensivierten globalen Wettbewerbs und der fehlenden Möglichkeit, den Kostendruck durch Preiserhöhungen auszugleichen, hatten auch andere Unternehmensbereiche –

Osram-Firmenzeichen

bei weiterhin steigendem Geschäftsvolumen – Probleme, ihren Ertrag zu halten. Entsprechend genoß das Thema Produktivitätssteigerung im gesamten Siemens-Konzern oberste Priorität. Parallel galt es, die internationale Wettbewerbsfähigkeit durch die Optimierung des Geschäftsportfolios zu stärken.

Als Plettner im Januar 1981 im Aufsichtsrat seinen letzten Bericht zur Lage des Unternehmens gab, mußte er konstatieren, daß die Umsatzrendite in den letzten sechs Jahren von drei auf zwei Prozent gefallen, die Rücklagendotierung zunehmend unzureichend geworden war. Auch wenn Plettner Siemens nicht als »money making machine« verstanden wissen wollte und die Kontinuität der siemensspezifischen Finanz- und Dividendenpolitik als oberstes Ziel betrachtete, schien es doch sinnvoll, nach dem starken externen Wachstum während der 1970er Jahre in eine Konsolidierungsphase einzutreten, in der Siemens vorwiegend intern wachsen wollte.

»Die Wirtschaft braucht den vielseitig gebildeten Menschen«

Der tiefgreifende wirtschaftliche und technologische Wandel in den 1970er Jahren blieb nicht ohne Rückwirkungen auf Struktur, Aufgaben und Anforderungsprofil der Beschäftigten. Allein die im Interesse der internationalen Wettbewerbsfähigkeit des Unternehmens beständig verkürzten Innovations- und Produktlebenszyklen stellten große Herausforderungen an eine systematische Fort- und Weiterbildung der technischen Mitarbeiter. Vor diesem Hintergrund räumte Bernhard Plettner der betrieblichen Aus- und Weiterbildung einen hohen Stellenwert ein. Um die Qualifikation der Mitarbeiter zu erhalten und zu verbessern, wurden seit 1973 an den wichtigsten Standorten eigene Schulungs- und Bildungsstätten errichtet. Mit der Einrichtung des Hauptbereichs Bildungspolitik im selben Jahr setzte der weitsichtige Unternehmer eine Entwicklung fort, die der wachsenden Bedeutung der Lern- und Anpassungsfähigkeit Rechnung trug. Die Intensivierung der innerbetrieblichen Bildungsarbeit hatte 1967 mit der Ausgliederung der Grundsatzarbeit für Bildungsfragen in ein eigenes Referat Aus- und Weiterbildung begonnen und 1969 zur Gründung der Bildungspolitischen Abteilung geführt. Dieser neue Bereich umfaßte neben der allgemeinen auch die gewerbliche, kaufmännische und technische Weiterbildung.

Um Anregungen für die Optimierung des eigenen Bildungskonzepts zu gewinnen, suchte man auch außerhalb Deutschlands nach Best-Practice-Lösungen. Als Folge der Eindrücke einer Studienreise in die Vereinigten Staaten wurde die Zusammenarbeit mit Universitäten und Fachhochschulen in der Weiterbildung (Kontaktstudium) intensiviert. Nach amerikanischem Vorbild wurden gemeinsam bedarfsorientierte Weiterbildungsmaßnahmen für technisches Personal entwickelt. Eine besondere Rolle spielten in diesem Zusammenhang die traditionell engen Beziehungen zur Universität Erlangen-Nürnberg. So war Plettner Mitglied eines 1961 eingerichteten, aus Universitätsangehörigen

---

Bernhard Plettner, Siemens-Tagung, 27. 2. 1975

Ein Unternehmen ist auf Dauer angelegt. Es wird dann nicht untergehen, wenn es sich den Forderungen seiner Zeit, seiner Umgebung anpaßt, sich aber in diesem Prozeß der Anpassung seiner Identität und seiner Grundsätze immer bewußt bleibt. Die Zellen eines Unternehmens, die in ihm tätigen Menschen, die ihm Inhalt und Richtung geben, erneuern sich von Generation zu Generation. Die junge Generation trägt den Zeitgeist in die Firma hinein, sie trifft dabei die noch vorhandenen Älteren, und aus der Synthese von progressivem und konservativem Denken gestaltet sich der machbare Fortschritt.

und Siemens-Führungskräften bestehenden Gremiums, das die Weichen für die Planung einer Technischen Fakultät an der Universität Erlangen-Nürnberg stellte. Die im sogenannten Plettner-Ausschuß entwickelten Ideen mündeten schließlich in eine Denkschrift, auf deren Basis 1966 die Gründung der Technischen Fakultät an der Universität Erlangen-Nürnberg erfolgte. Auch die Entstehung des 1975 begründeten Lehrstuhls für Elektrische Energieversorgung verfolgte Plettner mit großem persönlichen Interesse. Für sein langjähriges Engagement in der Forschungsförderung und für den Aufbau fachlicher Kontakte zwischen den Siemens-Forschungszentren und der Universität wurde der Top-Manager mehrfach ausgezeichnet.

Auch der seit 1956 systematisch betriebenen Führungskräfteschulung verlieh Plettner durch die Errichtung eines Bildungszentrums in Feldafing entscheidende Impulse. Er griff damit Ende der 1960er Jahre ausgesprochene Empfehlungen auf, das interne Weiterbildungsprogramm um führungsspezifische Seminare zu ergänzen, die Quantität des Angebots dem sich ständig erweiternden Führungskreis anzupassen und entsprechende Räumlichkeiten zu schaffen. Bereits im Mai 1974 konnten die ersten Veranstaltungen im neuen »Bildungszentrum Feldafing« durchgeführt werden, in deren Mittelpunkt neben der Vermittlung von Fach- und Methodenwissen auch das Training weicher Faktoren stand.

Plettner selbst pflegte einen kooperativen Führungsstil und suchte intensiv das Gespräch mit seinen Führungskräften. Regelmäßig lud er einmal im Monat zum sogenannten Vorstandstee: Anläßlich dieser informellen Treffen diskutierten die Vorstandsmitglieder wichtige Fragen, Konflikte wurden bereits im Ansatz erkannt und ausgeräumt. Von seinen Mitarbeitern forderte der integre Pragmatiker »unprätentiöses persönliches Verhalten, die Ausrichtung des Denkens und Handels auf die Sache und rückhaltlose Offenlegung aller relevanten Fakten«.

Luftaufnahme des Bildungszentrums Feldafing am Starnberger See, 1974

Ein besonderes Anliegen war Plettner die interne Führungskräfteentwicklung. Auf sein Betreiben wurde beim Zentralbereich Personal eine Stelle für Personalentwicklung Führungskreis eingerichtet, die den Auftrag erhielt, über alle Bereiche hinweg qualifizierte Nachwuchskräfte zu identifizieren und zu fördern. Im September 1976 äußerte sich der Siemens-Chef zum Thema Karriereplanung wie folgt: »Wir lassen unsere hoffnungsvollen jungen Leute wissen, daß die erste Aufgabe, die sie bei uns übernehmen, sicher nicht die letzte sein wird.« Entsprechend dieser Grundhaltung wurde auch Plettners eigener Posten intern besetzt. Die Unternehmenspolitik seines Nachfolgers als Vorstandsvorsitzendem, Karlheinz Kaske (1928 – 1998), den technologischen Wandel von der Elektromechanik zur digitalen

Elektronik entscheidend voranzutreiben und die Stellung von Siemens auf den Wachstumsmärkten auszubauen, unterstützte Plettner aus Überzeugung.

Nach seinem Ausscheiden aus dem operativen Geschäft wechselte Plettner Ende Januar 1981 in den Aufsichtsrat der Siemens AG. Hier trat er als erstes familienfremdes Mitglied die Nachfolge Peter von Siemens' an, der aus Altersgründen den Vorsitz des Aufsichtsrats niederlegte. In seiner Laudatio anläßlich des 80. Geburtstags von Bernhard Plettner am 2. Dezember 1994 faßte der damalige Aufsichtsratsvorsitzende Hermann Franz (*1929) das Lebensmotto seines Amtsvorgängers mit folgenden Worten zusammen: »Energie, Zusammengehörigkeitsgefühl, Improvisationskunst, kurz: das Gefühl, sich nicht unterkriegen zu lassen.«

Peter von Siemens, 27.2.1980

Man kann uns vielleicht manches nachsagen, aber eines sicher nicht: daß wir nicht ständig bemüht sind, die Nachfolgefrage auf allen Ebenen zu regeln, überall nach Möglichkeiten nahtlose kontinuierliche Übergänge zu schaffen, so daß das Gesamtunternehmen sich von der ausschlaggebenden Personalseite her wirklich reibungslos weiterentwickeln kann. Die Erfolge, die wir nicht besonders plakatieren wollen, auf die wir aber stolz sein dürfen, geben uns hier recht.

Karlheinz Kaske (1928–1998) studierte Physik in Danzig und Aachen. Er kam 1950 als Entwicklungsingenieur zu Siemens. Seine erste Station war das Wernerwerk für Meßtechnik in Karlsruhe. Im Jahr 1953 verließ er das Unternehmen und war bis 1960 als Dozent an der Fachschule für Bergbau in Aachen tätig. Nach seiner Rückkehr zu Siemens übernahm er Aufgaben als Vertriebsingenieur auf dem Gebiet der Energietechnik. Im Jahr 1967 wurde er zum Partnerunternehmen Fuji Denki nach Tokio abgeordnet und war dann 1968 in München Mitglied der Planungsabteilung, die zur Vorbereitung der Verschmelzung der bis dahin rechtlich selbständigen Siemens-Gesellschaften zur Siemens AG gebildet worden war. Von 1969 bis Anfang 1981 nahm Kaske wachsende Aufgaben im Unternehmensbereich Energietechnik wahr, zu dessen Leiter er 1977 ernannt wurde. Bereits 1975 war er in den Vorstand der Siemens AG aufgenommen worden. Anfang 1980 wurde er zum stellvertretenden Vorsitzenden des Vorstands ernannt. Am 28. Januar 1981 übernahm er den Vorsitz des Vorstands und übte dieses Amt bis zum 30. September 1992 aus. Neben vielen anderen Schwerpunkten trieb Kaske im Unternehmen den technologischen Wandel von der Elektromechanik zur Elektronik voran, baute das Auslandsgeschäft weiter aus und führte am Ende seiner Amtsperiode eine zukunftsweisende Neuorganisation durch, die das gesamte Unternehmen erfaßte. Die neue Aufstellung gab den operativen Einheiten des Hauses erheblich größere Eigenverantwortung. Damit wurde die Voraussetzung geschaffen, um in den neunziger Jahren mit dem verschärften globalen Wettbewerb fertigzuwerden. Karlheinz Kaske verstarb am 27. September 1998.

Karlheinz Kaske
Mikroelektronik und Neuaufstellung

KARLHEINZ KASKE, Vorsitzender des Vorstands vom 28. Januar 1981 bis 30. September 1992

Vorsitzende des Aufsichtsrats in dieser Zeit:
Bernhard Plettner (1981 bis 1988), Heribald Närger (1988 bis 1993)

Karlheinz Kaske, 1984

Karlheinz Kaske, Pressekonferenz in Rom, 6. Juli 1986

Technischer Fortschritt verlangt heute nicht nur mehr Tempo, sondern auch eine Entwicklung, die nicht mehr durch kleine Schritte, sondern durch große Sprünge gekennzeichnet ist.

»Physiker lernen, daß es kein Perpetuum mobile gibt. Auf die Betriebswirtschaft übertragen heißt das: Aus einer Sache kommt nichts raus, wenn man nichts reingesteckt hat. Wenn man diese Erkenntnis beherzigt, geht man mit dem richtigen Gefühl an das Geschäft heran.« Dieses Zitat kennzeichnet Karlheinz Kaske. Als »gelernter« Physiker entwickelte er sich während seiner Laufbahn dank naturwissenschaftlicher Logik zu einem überzeugenden Manager und zu einer Persönlichkeit, die auch in Diskussionen über komplexe gesamtwirtschaftliche Zusammenhänge Gehör fand.

In Kaskes Ära als Chef des Hauses fielen vier situationsbedingte und grundlegende Herausforderungen:

- Zunächst einmal ging es darum, die negativen gesamtwirtschaftlichen Folgen der zweiten Ölpreiskrise und die sich daraus auch für Siemens ergebenden Schwierigkeiten zu meistern.
- Im weiteren Verlauf stand der dramatische technologische Wandel von der Elektromechanik zur digitalen Elektronik auf der Tagesordnung.
- Daneben war es sein Bestreben, mit organischem Wachstum, aber auch mit spektakulären Akquisitionen und Kooperationen die Position des Unternehmens in den USA, in China und in den großen nationalen Märkten Europas zu stärken.
- Und schließlich sollte das Unternehmen mit einer organisatorischen Neuaufstellung fit gemacht werden für weiteres Wachstum in einer zunehmend globalisierten Welt.

Im Geschäftsjahr 1980/81 war der Konzerngewinn auf etwas über 200 Millionen Euro zurückgegangen, gut die Hälfte des damaligen Spitzenwerts von fast 400 Millionen Euro aus dem Geschäftsjahr 1977/78. Der Umsatz stieg zwar bis 1981/82 noch auf rund 20 Milliarden Euro, stagnierte dann aber. In den ersten Kaske-Jahren hatten demzufolge Kostenmanagement und Produktivitätssteigerung höchste Priorität.

In der Sitzung des Aufsichtsrats im Juli 1982 brachte er es auf den Punkt: »Als ich Ihnen vor einem Jahr meinen ersten Bericht über die Lage des Unternehmens gab, standen die Themen Beschäftigungsmangel, die wirtschaftliche Entwicklung in den Unternehmensbereichen Datentechnik und Bauelemente und, daraus folgend, die deutliche Verschlechterung der Ertragslage im Vordergrund.«

Aus heutiger Sicht ist bemerkenswert, daß es bereits damals Diskussionen über den Hochkosten-Standort Deutschland und Forderungen gab, mit den Gewerkschaften zu flexibleren Tarifregelungen zu kommen. Auch die Frage, ob man dem Flächentarifvertrag treu bleiben solle und könne oder betriebsspezifische Einzelregelungen angestrebt werden sollten, war akut. Anfang der 1980er Jahre hatte Siemens rund 70 Prozent seiner Mitarbeiter in Deutschland bei einem inländischen Umsatzanteil von etwas über 50 Prozent.

Folgende Maßnahmen wurden in Gang gesetzt:
- Kurzarbeit in einer Reihe von deutschen Fertigungsstätten sowie Abbau von Beschäftigung unter Ausnutzung der natürlichen Fluktuation, möglichst ohne betriebsbedingte Kündigungen.
- Verbesserung der Arbeitsabläufe zur Steigerung der Effizienz sowie spürbare Verminderung der Gemeinkosten.
- Rückführung der Bestände an Vor- und Fertigprodukten.
- Kooperationen in der Datentechnik, zum Beispiel bei Großrechnern mit Fujitsu.
- Produktbereinigung im Unternehmensbereich Bauelemente.

Karl Heinz Beckurts, 1980

Mit diesen Schritten gelang es, die Ertragslage in kurzer Zeit zu verbessern. Schon 1983/84 ging der Weltumsatz wieder nach oben und erreichte 23 Milliarden Euro. Der Konzerngewinn stieg auf über 500 Millionen Euro.

Damit konnte die Aufmerksamkeit des Topmanagements wieder stärker auf grundsätzliche Fragen der Zukunftssicherung gelenkt werden. Das galt vor allem für die technologische Entwicklung. Im Zuge des Vordringens der Elektronik und der immer größeren Klarheit, welche Rolle die Mikroelektronik und die Digitalisierung spielen würden, mußte Siemens auch auf diesem Gebiet seine Position neu definieren. Das betraf zum einen die Frage, ob das Unternehmen am Wettlauf um die immer schnellere Abfolge von immer leistungsstärkeren Generationen in der Herstellung von Mikrochips teilnehmen sollte, und zum anderen die Frage, auf welchen Gebieten diese neuen Fähigkeiten dann vermarktet werden sollten.

Kaske entschied sich – in enger Abstimmung mit dem Chef der zentralen Forschung, Karl Heinz Beckurts (1930–1986) – dafür, mit voller Kraft in die Mikroelektronik zu investieren. Er definierte als Vision drei Anwendungsgebiete, in denen Siemens den Trend setzen sollte:
- »Office of the Future«
- »Network of the Future«
- »Factory of the Future«

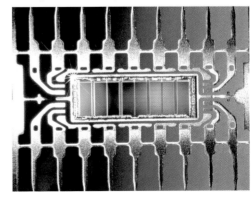

1-Megabit-DRAM Speicherchip

Diese Visionen waren nur zu realisieren, wenn das Unternehmen in der Mikroelektronik mit an der Spitze stand. Hierzu wurde mit zentralen Mitteln das »Megaprojekt« gestartet. Ziel war es, möglichst schnell die notwendigen Verfahren zur Produktion des »1-Megabit-Chips« zu beherrschen und dieses Know-how dann in einer kommerziellen Produktionsstätte umzusetzen.

Karlheinz Kaske, Marketingseminar, 1985

Die zweite große Stärke unseres Hauses sehe ich in der Kontinuität der Grundziele und Grundsätze unseres Handelns. Sie ist verbunden mit der Fähigkeit, den Veränderungen in Technik und Wirtschaft nicht nur zu folgen, sondern sie auch maßgeblich mitzutragen.

Für Kaske waren das aber nur die sichtbaren Spitzen eines Programms, das sich zum Ziel gesetzt hatte, die Effizienz und Effektivität von Forschung und Entwicklung bei Siemens in ihrer gesamten Breite zu fördern. Er ließ Ende 1983 ein umfangreiches Seminarprogramm erarbeiten, das für das Management des Hauses zur Pflicht gemacht wurde. Die wesentlichen Anliegen waren:

- Wirksamere Verzahnung von Vertrieb, Fertigung und Entwicklung mit dem Ziel, F&E noch besser in die Geschäftspolitik einzupassen, ohne jedoch den Freiraum auch für geschäftsfernere Ideen und Entwicklungen zu verlieren.
- Zeitliche Verkürzung der Innovationsprozesse, das heißt schnellere Zielfindung, kürzere Entscheidungsprozesse, unverzüglicher Anlauf der Entwicklungs- und Fertigungsarbeiten und beschleunigte Markteinführung.
- Bessere Durchdringung der Komplexität der Software-Entwicklung.
- Nutzung der Erfahrungen von Spezialfirmen, die im Hinblick auf Dynamik und Flexibilität Vorteile aufweisen. Dazu Schaffung kleinerer Einheiten, die in voller Eigenverantwortung neue Gebiete aufgreifen.
- Andererseits bessere Nutzung der Vorteile des »Generalisten«, der Kommunikations-, Informations- und Automatisierungstechnik auf Basis der Mikroelektronik vereint.

Das Motto dieser Seminare war: »Mach mehr aus deiner Forschungsmark!« Damit sollte deutlich gemacht werden, daß es nicht um Einsparung von Kosten ging, sondern darum, Effektivität und Effizienz der F&E-Aufwendungen zu verbessern, die Mitarbeiter in diesem Bereich zu schulen und zu motivieren, um von dieser Seite die Stellung des Unternehmens am Markt zu verbessern.

Zur Vorbereitung auf die Produktion des 1-Megabit-Chips baute Siemens in München-Perlach eine Forschungslinie auf, in der Chipstrukturen von einem Mikrometer getestet wurden. Damit konnte Siemens eigene Kompetenz einbringen in eine Forschungspartnerschaft, wie es sie bis dahin noch nicht gegeben hatte. Nachdem die von den europäischen Institutionen geförderte Zusammenarbeit zwischen Siemens und Philips nur begrenzte Wirkung gezeigt hatte, entstand ein Dreierbündnis zwischen IBM, Toshiba und Siemens. Die drei ansonsten in einem scharfen Wettbewerb befindlichen globalen Unternehmen als herausragende Vertreter der drei Triadenregionen USA, Japan und Europa schlossen sich auf dem 1-Megabit-Gebiet zusammen und erarbeiteten dafür gemeinsam die technologischen Grundlagen. Bei der anwendungsspezifischen Weiterentwicklung dieser Grundlagen in konkrete marktfähige Produkte und bei ihrer Produktion und Vermarktung war dann der Wettbewerb wieder offen.

Der Standort München-Perlach, 1987

Diese Strategie ging auf. Siemens investierte in den Ausbau des Halbleiterwerks Regensburg und eröffnete dort im Jahr 1987 die Produktion des 1-Megabit-Chips. Nach einigen Anlaufschwierigkeiten, die bei solchen Technologiesprüngen offenbar unvermeidlich sind, entwickelte sich Regensburg zur Speerspitze der europäischen Mikroelektronik-Fertigung. Die in der Generationenabfolge nächsten Stationen waren dann eine gemeinsam von IBM und Siemens betriebene Fertigung in Paris-Essonnes (16 Megabit) sowie das im Jahr 1995 von Siemens eröffnete Werk in Dresden (64 Megabit).

Greifbare Erfolge erreichte Kaske auch mit seinen Anwendungsvisionen:

- Im Sommer 1985 wurde in einer für Siemens-Verhältnisse spektakulären Show das neue auf ISDN basierende Bürosystem (»Office of the Future«) Hicom vorgestellt. Damit war die Basis gelegt für die Konvergenz von Sprach- und Datenübertragung.
- Hicom brachte Anwendungsmöglichkeiten, die dem Nutzer noch fremd waren. Vielen Kunden war zunächst nicht klar, warum sie in diese »Wundermaschinen« investieren sollten. Deshalb wurden in den Folgejahren vereinfachte, billigere Versionen entwickelt, die den Einstieg in die neue Technik erleichtern sollten. Das brachte schließlich den gewünschten Erfolg.
- Für das »Network of the Future« entwickelte Siemens 1980 die digitale Vermittlungstechnik EWSD (Elektronisches Wählsystem Digital). Es wurde in den Jahren darauf zum weltweit meistverkauften Vermittlungssystem bei Telekombetreibern. Bis zum Ende der 1990er Jahre wurden an Kunden in 37 Ländern EWSD-Systeme mit insgesamt 28 Millionen Anschlußeinheiten geliefert.
- Für die »Factory of the Future« entwickelte der früher von Kaske selbst geleitete Unternehmensbereich Energietechnik Automatisierungssysteme, die zu einem großen Markterfolg wurden. Der »UB E« – eine der »Kaderschmieden« des Hauses – war in der Zwischenzeit in »Unternehmensbereich Energie- und Automatisierungstechnik« umbenannt worden.

Blick in die Fertigung des Megachip-Werks Regensburg

Das EWSD bei der Telefonbetreibergesellschaft Ohio Bell, USA, 1988

Die Siemens-Automatisierungstechnik durchlief zwar Anfang der 1990er Jahre noch einmal eine Schwächephase, als japanische Wettbewerber (Fanuc) versuchten, ihren Rückstand aufzuholen. Dank neuer Software-Plattformen quer über alle Anwendungsvarianten von Steuerungsgeräten hinweg gelang es, einen erneuten signifikanten Vorsprung in Technik und Kosten zu realisieren, der bis heute durch permanente weitere Verbesserungen gehalten werden konnte.

Diese grundlegenden Schritte waren möglich, weil sich an der Spitze des Unternehmens ein Team etabliert hatte, das sich hervorragend ergänzte. Auf der

Seite der Technologie war Karl Heinz Beckurts der engste Partner von Kaske. Im Sommer 1986 ermordeten Terroristen der sogenannten Rote Armee Fraktion den Siemens-Forschungschef zusammen mit seinem Fahrer Eckhard Groppler. Das war für Kaske ein Schicksalsschlag, dem mit dem Unfalltod von zwei seiner drei Söhne weitere schwerste Schläge folgten. Er hatte es dem treuen Wirken seiner Frau und seinem tiefen Pflichtgefühl zu verdanken, daß er mit diesen persönlichen Rückschlägen umgehen konnte.

Bis zum Ende seiner Amtsperiode waren noch zwei ganz grundlegende Aufgaben zu bewerkstelligen: die weitere Arbeit an der Internationalisierung des Konzerns, vor allem in den USA, in China und in den großen europäischen Märkten, sowie die Neuorganisation des Unternehmens zur Vorbereitung auf die zunehmende Globalisierung des Geschäfts.

Ausbau des USA-Geschäfts

Karlheinz Kaske, Marketingseminar, 1985

Die USA sind der größte homogene Markt der Welt und neben Japan Schrittmacher des technischen Fortschritts. Wir können mit der Entwicklung des Marktes nur Schritt halten, wenn wir auch auf diesem Markt deutlich vertreten sind, mindestens genauso deutlich wie amerikanische Wettbewerber hier in Europa.

Siemens hatte auf einer Vorstandssitzung bereits im Jahr 1972 beschlossen, auf dem US-Markt in größerer Breite tätig zu werden. Zum einen, weil die USA der größte homogene Elektromarkt der Welt waren (und auch heute noch sind). Zum anderen wegen der dort vorhandenen technologischen Kompetenz. Besonders bedeutsam war dabei die 1978 erfolgte Gründung von »Siemens-Allis« als Jointventure mit Allis Chalmers auf dem Gebiet der industriellen Energietechnik. Anfang 1982 wurden die Siemens-Anteile an Siemens-Allis von 50 auf 85 Prozent aufgestockt.

Ende 1982 konnte Kaske dem Aufsichtsrat berichten, daß der dortige Umsatz des Konzerns mit knapp 1,5 Milliarden Euro und die Mitarbeiterzahl mit 12 600 nun Größenordnungen erreicht hatten, die weitere organisatorische Schritte nötig machten:

- Die Energie- und Automatisierungstechnik hatte über Siemens-Allis ein Geschäft mit einem Volumen von fast 0,5 Milliarden Dollar aufgebaut.
- In der gleichen Größenordnung lag der Umsatz der Medizintechnik, schon damals größer als in Deutschland.
- Die Kommunikationstechnik hatte Standorte in Cherry Hill und Boca Raton errichtet und das Geschäft auf über 0,2 Milliarden Dollar ausgeweitet.
- Auch auf dem Gebiet der Bauelemente waren es inzwischen mehr als 0,1 Milliarden Dollar.

Mit Wirkung vom 1. Oktober 1982 wurden deshalb neben der rechtlich bereits selbständigen Siemens-Allis drei weitere rechtlich selbständige Einheiten in den USA geschaffen: Siemens Medical Systems, Siemens Communication Systems und Siemens Components. Die zentralen Funktionen wurden von der Siemens Corporation, New York, wahrgenommen. Darüber hinaus wurde für übergreifende F&E-Aufgaben die Corporate Research and Support Inc. geschaffen.

Im weiteren Verlauf der 1980er Jahre wurden unter Kaskes Führung ganz wesentliche Entscheidungen für die noch stärkere Verankerung des Siemens-Geschäfts in den USA getroffen:

- Auf dem Gebiet der Kommunikationstechnik die Aufspaltung der Organisationseinheiten in Öffentliche (ÖN) und Private Kommunikationstechnik (PN). Auf seiten von ÖN waren die größten Schritte die Bildung eines Joint-ventures mit Corning Glass auf dem Gebiet der Glasfaserkabel (1985), das Joint-venture mit der General Telephone & Electronics Corporation (GTE) im Jahr 1986 und der Erwerb von Stromberg-Carlson (1990). Auf seiten von PN ragten heraus der Erwerb der Vertriebskette von Tel-Plus Communications (1987) und das Joint-venture »Rolm Systems« gemeinsam mit IBM (1989), das 1992 zu 100 Prozent von Siemens übernommen wurde.

Siemens Corporation, Iselin, New York, Jersey, USA

- Siemens-Allis wurde 1986 in »Siemens Energy and Automation« umbenannt. Der Erwerb der restlichen Anteile an dieser Gesellschaft gab Siemens die Möglichkeit zu einer durchgreifenden Umstrukturierung und strategischen Neuausrichtung des Starkstrom- und Automatisierungsgeschäfts in den USA. In den Jahren danach wurden weitere kleinere Zuerwerbungen getätigt. Der von Kaske vorangetriebene größte »Coup« auf diesem Gebiet – der Versuch, die Firma Allen Bradley in einem »Closed Bid« zu erwerben – schlug fehl, weil der Wettbewerber Rockwell im Übernahmepoker einen ganz geringen Beitrag mehr geboten hatte. Wegweisend war die Übernahme von Bendix auf dem Gebiet der Automobiltechnik im Jahr 1988. Damit erlangte das gerade erst einige Monate alte Geschäftsgebiet Automobiltechnik eine Größenordnung und internationale Ausdehnung, die eine vielversprechende Basis bildete für die Entwicklung zu einem ernstzunehmenden Partner der Automobilfirmen. Der Unternehmensbereich Installationstechnik wurde in »Installations- und Automobiltechnik« umbenannt, um zu demonstrieren, daß hier ein neues Kerngeschäft entstanden war.

Werk für Kommunikations- und Endgeräte von Rolm in Austin, Texas, USA

- In Kaskes Ära fiel auch die Weichenstellung zum Erwerb des Unternehmens Sylvania, der Siemens (Osram) auf dem Gebiet des Lichtgeschäfts in die Rolle eines weltweit ebenbürtigen Wettbewerbers zu General Electric und Philips gebracht hat. Er wurde 1993 wirksam.

Siemens hatte in den USA 1992 einen Umsatz von annähernd 5 Milliarden Euro und beschäftigte dort rund 35 000 Mitarbeiter. Allerdings war die Ertragslage noch nicht nachhaltig stabil. Kaske war das wohl bewußt, und er argumentierte nach außen mit der Feststellung: »Ein Flugzeug verbraucht im Steigflug eben mehr Sprit als auf Reiseflughöhe.« Die ertragsmäßige Konsolidierung der US-Aktivitäten erfolgte dann einige Jahre später im Zuge der Pierer-Ära unter der Führung des Pierer-Nachfolgers Klaus Kleinfeld während seiner Zeit als CEO von Siemens Corporation von 2001 bis 2003.

Aufbruch nach China

Das Jahr 1985 setzte einen Meilenstein für das Chinageschäft des Hauses. Nach einer Reihe von beiderseitigen Besuchsreisen unterzeichnete Kaske am 29. Oktober 1985 in Beijing ein »Memorandum über eine umfassende Kooperation zwischen der Maschinenbau-, Elektro- und Elektronikindustrie der Volksrepublik China und der Siemens AG«. Die Unterschrift wurde auf chinesischer Seite vom stellvertretenden Vorsitzenden der Staatlichen Wirtschaftskommission Lin Zontang geleistet. Anwesend waren der stellvertretende chinesische Ministerpräsident Li Peng und der damalige Außenminister der Bundesrepublik Deutschland Hans-Dietrich Genscher.

In dieser Rahmenvereinbarung wurde eine langfristige, systematische und umfassende Zusammenarbeit zwischen Siemens und der einschlägigen chinesischen Industrie beschlossen, deren Modernisierung auf den Weg gebracht werden sollte. An erster Stelle standen der Technologie- und Know-how-Transfer. Eingerichtet wurde ein gemeinsames Koordinationskomitee, das die Fortschritte bei der Realisierung von gemeinsamen Projekten in regelmäßigen Zeitabständen überprüfen und weitere Schritte festlegen sollte. Siemens war das einzige ausländische Unternehmen, das zu einer solchen Zusammenarbeit eingeladen wurde.

Karlheinz Kaske bei der Unterzeichnung des Memorandums, 1985

In den Folgejahren erhielt Siemens in China eine Reihe wesentlicher Aufträge vor allem auf den Gebieten Kraftwerkstechnik, Fabrikausrüstungen, elektrische Ausrüstungen für Lokomotiven, Medizintechnik und Kommunikationstechnik. Dennoch: Mit etwas über 1 Milliarde Euro Umsatz im Jahr 1992 blieb das Geschäftsvolumen zunächst noch begrenzt. Der Durchbruch gelang dann 1993 mit der Möglichkeit zur Gründung eigener Joint-ventures, zunächst mit chinesischer Mehrheit und später dann auch mit Siemens-Mehrheit. Ohne das Rahmenabkommen aus dem Jahr 1985 wäre der rasche Aufbau des Chinageschäfts in der zweiten Hälfte der 1990er Jahre aber nicht möglich gewesen.

Europa: »In kleinen Ländern groß, in großen Ländern klein«

Beim Wiederaufbau des Geschäfts nach dem Zweiten Weltkrieg waren für Siemens die Möglichkeiten des Neuanfangs in den einzelnen Ländern außerhalb der Bundesrepublik Deutschland höchst unterschiedlich. Innerhalb Europas gelang es rasch, gute Marktanteile zum Beispiel in Österreich, in Italien und in der Schweiz zu erzielen. In den großen nationalen Märkten, vor allem in Großbritannien und in Frankreich, war der Weg beschwerlich. Das lag zum einen an den dortigen Marktregulierungen, die im Infrastruktursektor auf nationale Zulieferer setzten. Zum anderen – vor allem in Großbritannien – lag es auch an den lange Zeit noch nicht wieder gegebenen rechtlichen Möglichkeiten, mit den Marken Siemens und Osram tätig zu werden.

In Frankreich gelang es erst im Laufe der neunziger Jahre, allmählich mit der gesamten Breite des Geschäfts Fuß zu fassen. In Großbritannien war dies dank der Vorreiterrolle der Regierung Thatcher bei der Privatisierung staatlicher Unternehmen früher möglich. Ein spektakulärer Schritt erfolgte 1988/89 mit der Teilnahme an einer »feindlichen Übernahme«. Im November 1988 legten die britische General Electric Company (GEC) und Siemens ein gemeinsames Angebot zur Übernahme sämtlicher Aktien der The Plessey Company für einen Preis von 1,7 Milliarden britischer Pfund vor.

Plessey machte einen Jahresumsatz von 1,3 Milliarden Pfund. Davon entfielen rund 50 Prozent auf die Nachrichtentechnik, rund 30 Prozent auf Verteidigungselektronik und 10 Prozent auf elektronische Bauelemente. Die Übernahmeprozedur dauerte etwa zwölf Monate. Im Laufe des Verfahrens mußte das gemeinsame GEC-Siemens-Angebot mehrfach verändert werden. Und auch die Aufteilung der Plessey-Aktivitäten auf GEC und Siemens sah am Ende anders aus als ursprünglich geplant. Ausschlaggebend dafür waren Kartellgründe und britische nationale Sicherheitsinteressen. Der Kaufpreis belief sich am Ende auf rund 2 Milliarden britische Pfund. Davon entfielen 1,1 Milliarden auf Siemens und 0,9 Milliarden auf GEC.

Siemens erhielt zu 100 Prozent die Plessey-Aktivitäten auf den Gebieten Radar, Defence Systems und Controls. Zu 50 Prozent war Siemens am ehemaligen Plessey-Geschäft im Sektor Telekommunikationstechnik (GPT) beteiligt, zu dem auch das Forschungszentrum Roke Manor gehörte. GPT wurde später ganz von Siemens übernommen und in die eigene Organisation integriert.

Firmenfahrzeug von Plessey im Londoner Straßenverkehr

Matsushita und Nixdorf: Grundlegende Weichenstellungen

Eine weitere wesentliche Portfoliomaßnahme, die sich auch auf die globale Aufstellung des Konzerns auswirkte, gelang Ende 1989 auf dem Gebiet der passiven Bauelemente. Der Bereich litt unter zu geringen Marktanteilen und Unterauslastung der Werke. Dies hatte durch die ständig wiederkehrenden zyklischen Marktentwicklungen mit regelmäßigem Preisverfall immer wieder zu Verlusten geführt. Deshalb wurde ein Kooperationspartner gesucht.

Nach langwierigen Verhandlungen wurde im Juni 1989 ein Vertrag mit Matsushita zur Gründung des Joint-ventures »Siemens Matsushita Components« unterschrieben, das nach Genehmigung durch die Kartellbehörden zum 1. Oktober 1989 die Arbeit aufnehmen konnte. Mit dieser Zusammenarbeit konnte das Geschäft mit passiven Bauelementen durch neue Fertigungstechnologien und Produkte gestärkt werden. Die vorhandenen Werke wurden nun besser ausgelastet. Darüber hinaus erreichte die Sparte einen besseren Zugang zu den Hauptkunden der Unterhaltungselektronik und eröffnete sich neue Marktchancen in Japan und Südostasien.

Siemens Matsushita Components erlangte knapp ein Jahrzehnt später noch einmal höchste Aufmerksamkeit, als im Zuge des 10-Punkte-Programms 1998 der Ausstieg aus den Bauelementebereichen vorgenommen wurde. Von noch größerer Tragweite war aber der während des Geschäftsjahrs 1989 herangereifte Beschluß, die Firma zu erwerben, die es geschafft hatte, sich auf dem Gebiet der Datenverarbeitung zur deutschen »Vorzeigefirma« zu entwickeln: Nixdorf. Nach dem Tod des Gründers Heinz Nixdorf am 17. März 1986 war der Computerhersteller immer deutlicher in eine Problemlage geraten, die auch der Öffentlichkeit deutlich machte, daß Nixdorf einen starken Partner brauchte, um überleben zu können.

Zunächst richteten sich die Überlegungen von Siemens auf denkbare Kooperationen in Teilgebieten der Datentechnik oder auf die Frage, ob es sinnvoll sein könnte, daß sich das Unternehmen an Nixdorf kapitalmäßig beteiligen sollte. Dann kristallisierte sich die Meinung heraus, daß nur eine volle Übernahme von Nixdorf durch Siemens in Frage käme. Deshalb wurde im Januar 1990 beschlossen, die Mehrheit der Stammaktien der Nixdorf AG zu erwerben und aus dem Siemens-Bereich »DI« und Nixdorf ein gemeinsames Unternehmen zu machen: die »Siemens-Nixdorf Informationssysteme AG« (SNI).

Recht bald wurde klar, daß »halbe Lösungen« nicht von Bestand sein würden. Deshalb faßte der Aufsichtsrat im März 1990 den Beschluß, auch die datenverarbeitungsorientierten Produktgebiete des Kommunikationstechnikbereichs Peripherie- und

Karlheinz Kaske und der Präsident von Matsushita, Herr Tanii, 1989

Endgeräte herauszulösen und in die Siemens Nixdorf Informationssysteme AG einzubringen. Das neue Unternehmen sollte den Kunden das volle Spektrum vom PC bis zum Supercomputer »aus einer Hand und mit hoher Kompetenz auf allen Teilgebieten« anbieten. Davon wurden erhebliche Synergien erwartet, sowohl bei den Entwicklungs-, Fertigungs- und Serviceaktivitäten als auch in der internationalen Präsenz. SNI sollte die Nummer 1 unter den europäischen DV-Unternehmen werden, »mit allen Chancen, die sich daraus für das weltweite Geschäft und bei sich verändernden Rahmenbedingungen ergeben«.

Dieser spektakuläre und visionäre Schritt hat die europäische Landschaft auf dem Gebiet der Datentechnik nachhaltig verändert. Wie sich später herausstellen sollte, hatte die Substanz der Nixdorf-Aktivitäten aber ihren Höhepunkt bereits überschritten und stellte sich im nachhinein als erheblich »dünner« heraus als angenommen. Die SNI erfüllte zwar die Erwartungen einer europäischen Nummer 1, war aber dann letztlich doch nur ein Zwischenschritt, um im Zuge der Konvergenz von Sprach- und Datentechnik die Industrie unter Siemens-Führung grundsätzlich neu zu ordnen.

Heribald Närger, 1989

In den Jahren danach folgten die nächsten Bewegungen: Herauslösung des Servicegeschäfts und Gründung der »Siemens Business Services«, Einbringung des Hardware-Kerngeschäfts in das Joint-venture »Fujitsu Siemens Computers« sowie Verselbständigung und Verkauf der Kassensysteme im Spin-off »Wincor Nixdorf«. Es mag dahingestellt sein, ob die Väter des Nixdorf-Erwerbs diese Entwicklungen Ende der 1980er Jahre erahnen konnten oder nicht. Unbestritten ist aber: Ohne die damals unter Führung von Kaske – begleitet vom Vorsitzenden des Aufsichtsrats Heribald Närger und vom Strategiechef und späteren AR-Vorsitzenden Hermann Franz – vorgenommenen Schritte wäre eine Konsolidierung der schwierigen »DI«-Landschaft Europas nicht möglich gewesen.

Die neue Organisationsstruktur

Als in der zweiten Hälfte der 1960er Jahre eine Organisation geschaffen wurde, die den zur Siemens AG verschmolzenen früher rechtlich selbständigen Einheiten Schlagkraft geben sollte, war das Geschäftsvolumen der einzelnen Unternehmensbereiche noch relativ gering und überschaubar. Da es ausdrücklich darum gegangen war, horizontale Synergien zur Geltung zu bringen, waren relativ große Zentralbereiche zum Beispiel für Forschung und Entwicklung, für Produktion sowie für Vertrieb, Marketing und Werbung aufgebaut worden.

Insgesamt waren die Väter der damaligen Organisation der Meinung, daß sie für ein Geschäftsvolumen des Konzerns von bis zu 10 Milliarden Euro geeignet war. Inzwischen war der Umsatz aber mehr als doppelt so hoch. Dadurch war eine gewisse Schwerfälligkeit entstanden. Außerdem mangelte es an Transparenz. Die starke Stellung der Zentralen schränkte den unternehmerischen Spielraum der sieben Unternehmensbereiche ein. Deshalb wurde im Frühjahr 1988 be-

Karlheinz Kaske, Marketingseminar, 1985

Natürlich kann auch Größe Stärke bedeuten, sie muß es nicht. Zu Stärke, die mit Größe verbunden ist, zählt z. B. – neben weltweiter Präsenz – Tiefe und Breite des menschlichen und technischen Potentials sowie – nicht zuletzt – Finanzkraft und Kontinuität.

schlossen, die Organisationsprinzipien zu überdenken und eine neue Struktur zu entwickeln.

Von Anfang an war aber klar, daß die »Einheit des Hauses« erhalten werden sollte. Eine Holdingkonstruktion war also ausgeschlossen. Sie hätte für Siemens als ein Unternehmen, das trotz der Breite des Geschäfts nur in einer einzigen Branche tätig ist, keine Vorteile gebracht. Außerdem würde allein schon aus den formalen Notwendigkeiten bei Eingriffen in die Struktur rechtlich selbständiger Gesellschaften ein Großteil der Flexibilität verlorengehen. Man wollte auch weiterhin – so Kaske auf einer Vorstandstagung am 29. September 1989 – »den in unserer Struktur liegenden zentrifugalen Kräften entgegenwirken«.

Zum engeren Entscheidungskreis für die anstehenden Veränderungen gehörten neben dem Aufsichtsratsvorsitzenden Närger und Kaske vor allem Hermann Franz, der Chef der Zentralabteilung Unternehmensentwicklung, sowie Karl-Hermann Baumann, der Chef der Zentralabteilung Finanzen. Die neue Organisationsstruktur wurde am 5. Juli 1989 vom Aufsichtsrat einstimmig beschlossen. Die wesentlichen Elemente waren:

- Aus sieben Unternehmensbereichen wurden 15 Bereiche. Sie sollten auf ihren Gebieten die Träger des Geschäfts sein und demgemäß auch die volle Verantwortung für ihre Entwicklungs-, Fertigungs- und Vertriebsaktivitäten haben. Damit hatte man »unternehmerische Einheiten mit einem klaren Profil am Markt und im Wettbewerb geschaffen. Sie verfügen über die zur Führung ihres Geschäfts notwendigen Ressourcen.«

- Die regionalen Einheiten haben die geschäftlichen Ziele der Bereiche zu verwirklichen. Dabei wurde festgelegt, daß die Bereiche im Inland das Geschäft in direkter Verantwortung führen. Das sollte allerdings »unter dem Dach der Zweigniederlassungen« erfolgen, die in den deutschen Regionen Verwaltung und Infrastruktur bereitstellten. Außerhalb Deutschlands blieben die Landesgesellschaften die Regionalunternehmer vor Ort.

- Das oberste Leitungsgremium blieb entsprechend dem deutschen Aktienrecht der Vorstand der Siemens AG. Er wählt aus seiner Mitte einen Zentralvorstand (ZV) von bis zu neun Mitgliedern, die keine operative Verantwortung für das Geschäft ausüben dürfen. »Geborene« ZV-Mitglieder sind der Vorstandsvorsitzende, der Finanzvorstand und der Personalvorstand. Den ZV-Mitgliedern sind Bereiche oder Regionale Einheiten sowie Zentralabteilungen und Zentralstellen zur Betreuung zugeordnet. Die Zentralabteilungen und Zentralstellen üben für den Konzern Richtlinienkompetenzen, Kontrollpflichten und Koordinationsfunktionen aus.

Die nach diesen Prinzipien gebildete neue Organisation trat am 1. Oktober 1989 in Kraft. Auf der bereits zitierten Vorstandstagung am 29. September 1989 stellte Kaske fest: »In die Geschichte des Hauses wird das Geschäftsjahr 1988/89 vor allem deshalb eingehen, weil in seinem Verlauf die neue Organisationsstruktur, die wir uns gegeben haben, entstanden ist. Es wird als das Jahr der entscheidenden Weichenstellung angesehen werden für die Zukunft des Unternehmens bis in das nächste Jahrhundert hinein.«

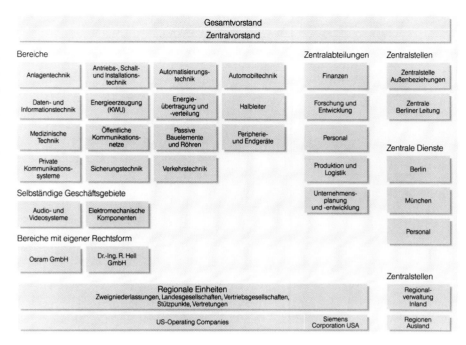

Schaubild der Unternehmensstruktur, 1989

Die deutsche Wiedervereinigung und der »Aufbau Ost«

Nach der deutschen Wiedervereinigung galt es, möglichst rasch in den neuen Bundesländern Fuß zu fassen. Kaske definierte das Ziel, dort die gleiche Marktstellung zu erreichen wie in Westdeutschland. Abgeleitet aus den Strukturen der westdeutschen für den Inlandsmarkt verfügbaren Wertschöpfung würde das am Ende des »Aufbaus Ost« – so Kaske – einen Umsatz in den neuen Bundesländern von etwa drei Milliarden Euro, ein Investitionsvolumen von etwa einer halben Milliarde Euro und den Aufbau von mindestens 15 000 Mitarbeitern bedeuten.

Um diese Ziele umzusetzen, wurde ein kleines zentrales Koordinationsteam gebildet. Jeder Bereich ernannte auf der Ebene der Bereichsvorstände einen speziellen Beauftragten. Auf dieser Basis gelang es, innerhalb von drei Jahren die Ziele beinahe »punktgenau« zu erreichen. Überschätzt hat man allerdings – nicht nur bei Siemens – die Rolle, die von den im Osten Deutschlands entstandenen neuen Werken und Stützpunkten in Richtung Mittel- und Osteuropa bis hin nach Rußland ausgeübt werden sollte. Nach dem Fall des Eisernen Vorhangs waren die dortigen wirtschaftlichen Strukturen zunächst in einem so schwachen Zustand, daß es praktisch ein Jahrzehnt dauerte, bis sich eine echte Wachstumsdynamik entwickelte.

Karlheinz Kaske war ein Mensch, der sein Wirken in der Öffentlichkeit nie besonders herausgestellt hatte. Er war von Pflichtbewußtsein geprägt und besaß einen trockenen Humor. Gefragt, wie er seine Amtsperiode als Chef des Hauses sah, meinte er: »Was zu tun war, mußte getan werden!«

Heinrich v. Pierer (*1941) studierte Rechtswissenschaften und Volkswirtschaft an der Universität Erlangen-Nürnberg. Er kam 1969 zu Siemens und begann seine Laufbahn in der Rechtsabteilung. Im Jahr 1977 wechselte er in die damals selbständige Kraftwerk Union AG (KWU), wo er es mit Kraftwerksprojekten in aller Welt zu tun hatte. 1988 wurde er Kaufmännischer Leiter und Mitglied im KWU-Bereichsvorstand, 1989 dessen Vorsitzender und zugleich Mitglied des Vorstands der Siemens AG. Ein Jahr später wurde er in den Zentralvorstand gewählt und 1991 zum stellvertretenden Vorsitzenden des Vorstands ernannt. Vom 1. Oktober 1992 bis zum 27. Januar 2005 war er Vorsitzender des Vorstands. In Pierers Ära fiel der Wandel des Unternehmens von einer überwiegend auf öffentliche Kunden in regulierten Märkten ausgerichteten Kultur hin zu einem im globalen Wettbewerb stehenden Unternehmen, das sich immer mehr auch den Anforderungen der »Shareholder« stellen mußte. Unter Pierer wurden einschneidende Programme entwickelt und umgesetzt, die diesen Wandel bewirkten. Sie mündeten im »Siemens Management System« mit den strategischen Schlüsselthemen »Innovation«, »Kundenfokus« und »Globale Wettbewerbsfähigkeit« und enthielten konkrete Managementwerkzeuge, die im Unternehmen weltweit verbindlich einzusetzen sind. Pierer sorgte dafür, daß das Geschäftsportfolio von Siemens permanent überprüft wird. Alle Geschäfte sollen eine global führende Marktposition einnehmen. Sofern das nicht der Fall war, galten die Alternativen »fix, buy, cooperate, sell or close«. Auf der Hauptversammlung am 27. Januar 2005 wurde Pierer in den Aufsichtsrat gewählt, dessen Vorsitz er übernahm.

Heinrich v. Pierer
Deregulierung und Globalisierung

HEINRICH v. PIERER, Vorsitzender des Vorstands
vom 1. Oktober 1992 bis 27. Januar 2005

Vorsitzende des Aufsichtsrats in dieser Zeit:
Heribald Närger (bis 1993), Hermann Franz (1993 bis 1998),
Karl-Hermann Baumann (1998 bis 2005)

Heinrich v. Pierer, 2003

Als Heinrich v. Pierer sein Amt als Vorsitzender des Vorstands antrat, war Siemens noch voll mit dem von Karlheinz Kaske begonnenen »Aufbau Ost« nach der Wiedervereinigung Deutschlands beschäftigt. Siemens hatte in den neuen Bundesländern elf Fertigungen übernommen und darüber hinaus eine Reihe von Vertriebsstandorten aufgebaut. In Pierers erstem Geschäftsjahr als Vorsitzender des Vorstands machte der Siemens-Umsatz rund 40 Milliarden Euro aus; davon entfielen 46 Prozent auf das Inland. Das Konzernergebnis nach Steuern erreichte knapp eine Milliarde Euro. Die Zahl der Mitarbeiterinnen und Mitarbeiter betrug 391000; davon waren 238000 im Inland beschäftigt, 153000 im Ausland.

Trotz der Bindung der Managementkapazitäten im Aufbau der ostdeutschen Aktivitäten, die viel Kraft kosteten, wurde sehr schnell klar, daß es für die Sicherung der Zukunft ganz entscheidend war, sich mit den Folgen eines Phänomens zu beschäftigen, das später »Globalisierung« genannt werden sollte. Die nationalen Märkte wurden dereguliert und geöffnet, die vorher in öffentlichem Besitz befindlichen Kunden – zum Beispiel die Deutsche Bundespost – wurden privatisiert und ihrerseits in den Wettbewerb gestellt. Wegen des rasanten Vordringens der Mikroelektronik nahm der technische Fortschritt erheblich zu; die Produktzyklen wurden immer kürzer. »Start second and end first«, mit dieser bei Siemens bisweilen praktizierten Vorgehensweise konnte man nicht mehr auf Dauer überleben. »Speed« wurde schließlich zum Kernelement der Globalisierung.

Siemens auf *top*-Kurs

Anfang der 1990er Jahre kam es auf den wesentlichen Arbeitsgebieten von Siemens zu regelrechten Preiserosionen. In vielen Fällen sanken die Preise innerhalb von drei bis vier Jahren um 50 Prozent. Die Antwort auf diese Herausforderungen in der ersten Phase der Ära Pierer war »top«. »top« stand für »time optimized processes«, also für schnellere und schlankere Prozesse. Das Anfang 1993 gestartete *top*-Programm hatte drei Säulen:
- Produktivität war die erste Säule. Durch Maßnahmen zur Prozeßbeschleunigung und Kostensenkung sollten die Produktivitätsfortschritte, die in der deutschen Elektroindustrie traditionell bei drei bis vier Prozent pro Jahr lagen, auf zweistellige Raten angehoben werden.

Heinrich v. Pierer, Hauptversammlung der Siemens AG, 10. März 1994

Flexibilität heißt nicht, Bewährtes um jeden Preis zu zerstören, sondern Bewährtes schneller zu verbessern und Neues zu akzeptieren.

- Produktivitätsfortschritt hätte ohne Wachstum zu einem erheblichen Arbeitsplatzabbau geführt. Voraussetzung für Wachstum sind wettbewerbsfähige Produkte und Leistungen, also Innovationen. Deshalb wurde als zweite Säule eine unternehmensweite Innovations-Initiative gestartet. Parallel sollte eine Patent-Initiative Mitarbeiter zu mehr Erfindungen motivieren, eine Software-Initiative die Produktivität der Software-Entwickler steigern und so die Kompetenz in dieser strategisch wichtigen Querschnittechnologie auf Weltspitzenniveau bringen.
- Die dritte Säule betraf die Verankerung in »neuen« Märkten. Wachstum sollte vor allem im Asien-Pazifik-Raum und in Nordamerika erzielt werden, wo Siemens zwar schon präsent war, aber noch nicht mit der gesamten Breite des Geschäfts und auch nicht mit der geballten Kraft des Managements.

Heinrich v. Pierer zusammen mit Bundeskanzler Helmut Kohl bei der Grundsteinlegung des Siemens Microelectronics Center Dresden, 6. Juni 1994

Nach einiger Zeit wurde immer deutlicher, daß die »harten« Faktoren Produktivität, Innovation und Wachstum ohne »weiche« Faktoren nicht mit ausreichender Intensität vorangetrieben werden würden. Es ging um grundsätzliche Verhaltensänderungen, also um einen Wandel der Unternehmenskultur. Die Mitarbeiter sollten noch stärker in die Veränderungsprozesse eingebunden werden, mit eigenen Vorschlägen zum Zuge kommen. Deshalb war es von großer Bedeutung, daß der Gesamtbetriebsrat bereit war, zu *top* eine Betriebsvereinbarung abzuschließen. So etwas, also letztlich für ein Produktivitätssteigerungsprogramm eine Betriebsvereinbarung abzuschließen, hatte es in der deutschen Industrie bisher nicht gegeben. Die Aussage des damaligen Vorsitzenden des Gesamtbetriebsrats »Ohne *top* wären wir tot!« hatte große Aufmerksamkeit erzeugt.

Als Ziel dieser drei Säulen, die auf dem Fundament des Kulturwandels standen, wurde »globale Wettbewerbsfähigkeit« definiert. Das Ganze wurde in Form eines Tempels dargestellt, der damals überall im Unternehmen Managementkurse und Mitarbeiterversammlungen beherrschte.

Pierers erste Schritte als Chef des Hauses waren von seinen Erfahrungen bei der Kraftwerk Union geprägt. Er war dort in ein weltweites Geschäft eingebunden. Die Betreuung von Kraftwerkprojekten zum Beispiel in Lateinamerika, in der Türkei und im Nahen Osten – jeweils verbunden mit monatelangen Aufenthalten vor Ort – zeigte ihm, wie wichtig es ist,

Schaubild des *top*-Programms

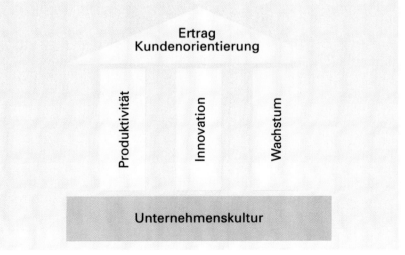

Hermann Franz, 1993

auf die speziellen Eigenarten von Kunden in den unterschiedlichsten Kulturen einzugehen. Nach dem Ende des Auftragsbooms für Kernkraftwerke mußte die KWU sich auf neue geschäftliche Schwerpunkte einstellen – »Change Management« war gefragt, so wie im Zuge der Globalisierung dann für den Siemens-Konzern insgesamt.

Den Wandel zu organisieren und durchzusetzen bedeutet Kommunikation. Mitarbeiter und Führungskräfte davon zu überzeugen, daß ein Kurswechsel angesagt ist, verlangt Verständnis für die Erfahrungswelt der Betroffenen – und einen enormen zeitlichen Einsatz für Gespräche, für Präsentationen und Diskussionen, und das nicht nur intern, sondern auch extern. Denn die Kunden, die Investoren, die gesellschaftspolitischen Meinungsbildner und die breite Öffentlichkeit mußten von dem neuen Kurs überzeugt werden.

Das von Pierer mit großem persönlichen Einsatz im Unternehmen verbreitete *top*-Programm hat viel bewegt. Durch die konsequente Betrachtung der gesamten Wertschöpfungskette vom Kunden bis zum Zulieferanten konnten Ablaufprozesse optimiert, die Qualität verbessert und die Kosten nachhaltig gesenkt werden. Für einige Zeit erreichten die Produktivitätsfortschritte zweistellige Zuwachsraten. Parallel gelang es, das Innovationsbewußtsein im Unternehmen durch die Innovations-Initiative deutlich zu steigern: Von 1993 bis 1997 verdoppelte sich die Anzahl der jährlichen Erfindungsmeldungen auf über 6000; das entspricht 28 neuen Erfindungen pro Arbeitstag. Etwa zwei Drittel davon wurden durch Patente abgesichert. Damit besetzte Siemens Spitzenplätze in der deutschen und europäischen Patentstatistik. In den USA gehörte das Unternehmen im Patentbereich zu den TOP 25, Tendenz steigend.

Doch Heinrich v. Pierer wollte den Innovationsbegriff nicht nur auf technische Neuheiten reduziert wissen. Anläßlich einer Siemens-Conference erläuterte er: »Innovation, das ist jede Art von Neuerung, die zu Markterfolgen führt. Neue Organisationsformen, neue Dienstleistungspakete, die Vermarktung des bisher nur intern genutzten Wissens, eine neue Kombination von Produkt-, Anlagen- und Systemgeschäften, ein neuer Umgang mit unseren Kunden, Betreiberfunktionen, intelligente Finanzierungsregeln, das alles sind ebenfalls Innovationen, die uns im Wettbewerb Vorteile verschaffen können. Und die uns in die Lage versetzen, die Branchenspielregeln selbst zu gestalten.« Wie groß das Potential an kreativen und begeisterungsfähigen Mitarbeitern ist, zeigte die Tatsache, daß sich an dem anläßlich des 150jährigen Firmenjubiläums 1997 initiierten Innovationswettbewerb weltweit über 30000 Beschäftigte beteiligten. Insgesamt wurden über 6000 Vorschläge eingesandt.

Dank der Fortschritte bei den *top*-Schwerpunkten Produktivität und Innovation war es Siemens gelungen, den Kunden neue und verbesserte Produktgenerationen nicht nur schneller, sondern auch kostengünstiger als bisher zu liefern. Auch die dritte Säule des *top*-Programms, das Wachstum in den Zielregionen, entwickelte sich positiv. Durch den schrittweisen Ausbau des eigenen Geschäfts sowie durch die Gründung kleinerer und mittelgroßer Joint-ventures konnten vor allem in den neuen Märkten Südostasiens Erfolge verbucht werden. Ein Schwerpunkt der Aktivitäten lag in China: Allein 1993 gründete Siemens sieben Gemeinschaftsunternehmen mit chinesischen Partnern, deren Portfolio von der Kommunikationstechnik über die Energie- und Automatisierungstechnik bis zur Antriebs-, Schalt- und Installationstechnik reichte. Nur ein Jahr später wurden die Anteile an bestehenden Joint-ventures in der neugegründeten Siemens Ltd., China, mit Sitz in Beijing gebündelt. Die Landesholding war damals die erste Holdinggesellschaft eines ausländischen Unternehmens in China.

Als Vorsitzender des Asien-Pazifik-Ausschusses der Deutschen Wirtschaft (APA) setzte sich Heinrich v. Pierer auch über Siemens hinaus mit Nachdruck dafür ein, die dynamischste Wachstumsregion der Weltwirtschaft nicht nur als interessanten Absatzmarkt zu betrachten. Um Exporterfolge auf Dauer abzusichern, sei der konsequente Aufbau von Wertschöpfung und Know-how vor Ort unabdingbar. Diesem Selbstverständnis folgend war Siemens im Frühjahr 1997 mit 45 000 Mitarbeitern, rund 70 Joint-ventures und über 60 Produktionsstätten fast flächendeckend im Asien-Pazifik-Raum vertreten. Mit einem Auftragseingang von annähernd 7,7 Milliarden Euro hatte sich das Geschäft einschließlich der nicht konsolidierten Gesellschaften gegenüber 1990/91 in nur sechs Jahren fast verdreifacht. Um das Know-how und die Technologiekompetenz in der Region auszubauen, startete Siemens 1996 in China die gewerbliche Ausbildung nach Vorbild des deutschen dualen Bildungssystems. Ein Jahr später wurden für die qualifizierte Aus- und Weiterbildung der chinesischen Mitarbeiter in Beijing und Shanghai zwei Siemens Management Institute (SMI) gegründet. Zusätzlich bietet das Siemens Technical and Management Training (STMT) in Beijing technische und IT-bezogene Ausbildungsgänge für chinesische Kunden an. Zahlreiche Partnerschaften mit renommierten Universitäten runden das Engagement für den Know-how- und Technologietransfer nach China ab.

Doch trotz aller Erfolge war das Unternehmen noch nicht »wetterfest«. Der Rückstand gegenüber den globalen Wettbewerbern, die sich schon früher den neuen Rahmenbedingungen angepaßt hatten, hatte sich zwar nicht weiter vergrößert, aber auch nicht entscheidend verringert.

Heinrich v. Pierer, Die Zeit, April 1995

Die Weiterentwicklung Chinas ist von uns nicht aufzuhalten. Sie findet statt – entweder mit uns oder ohne uns. Ich meine, dann ist es besser, wenn wir dabei sind.

»Punkt für Punkt zum Erfolg«

Im Geschäftsjahr 1997/98 kam es dann zu fünf schweren Problemen, die gleichzeitig über das Unternehmen hereinbrachen:
- In Südostasien war es zu einer schweren Wirtschaftskrise gekommen. Begonnene Großprojekte wurden gestoppt und mußten abgeschrieben werden.
- Die junge Sparte Bahntechnik hatte sich übernommen und kam mit der Abwicklung der vielen Aufträge nicht klar. Erhebliche Rückstellungen mußten gebildet werden, um die Vertrags-»Strafen« für nicht termingerechte Lieferungen und für Nachbesserungen zu tragen.

Karl-Hermann Baumann, 1998

Heinrich v. Pierer und Königin Elizabeth II. bei der Eröffnung der Fabrik in North Tyneside, 1997

- In der Kraftwerkstechnik hatte es bei Gasturbinen einen rasanten technologischen Wettlauf um immer höhere Wirkungsgrade gegeben. Das war nur machbar, wenn man es beherrschte, mit immer höheren Betriebstemperaturen und steigendem Luftdruck fertigzuwerden. Das brachte alle Hersteller in Schwierigkeiten, auch Siemens. Wegen nicht rechtzeitig übergebener Projekte und technologischer Mängel mit entsprechenden Nachbesserungen rutschte auch dieser Bereich im Ergebnis ab.
- Im für Siemens jungen Geschäft mit Mobiltelefonen kam es nach der erfolgreichen »S4-Generation« zu einer Fehleinschätzung des Marktes mit entsprechendem Umsatz- und Ergebniseinbruch.
- Und schließlich war der volatile Halbleitermarkt extrem eingebrochen. Es gelang nicht, die Kapazitäten schnell genug anzupassen und mit dem niedrigen Preisniveau fertigzuwerden. Prominentestes »Opfer« war die kurz zuvor von der britischen Königin eingeweihte Halbleiterfabrik in Nordwestengland. Sie nahm ihre Produktion nie auf.

Auf diese Herausforderungen antwortete Pierer im Sommer 1998 mit einem Bündel von Maßnahmen, die unter der Überschrift »10-Punkte-Programm« ein außerordentlich hohes Echo erzeugten. Es enthielt eine Menge von Einzelmaßnahmen, aber auch grundsätzliche Veränderungen. Sie betrafen drei Ebenen:

- Erstens aktive Portfoliopolitik. Auf Dauer sollten nur Aktivitäten bei Siemens bleiben, die eine Chance hätten, im globalen Wettbewerb erste oder zweite Marktpositionen einzunehmen. Wenn das aus eigener Kraft nicht möglich war, dann galt die Devise »Fix, buy, cooperate, sell or close«. Als erste Konsequenz daraus wurde der Beschluß gefaßt, aus dem Halbleiterbereich auszusteigen. Es ist ein extrem volatiles und zugleich kapitalintensives Geschäft, das anderen Bereichen die Spielräume für eigene Investitionen nahm. Konsequenterweise wurden dann auch die beiden anderen Bauelementebereiche herausgelöst. Halbleiter (Infineon) und Passive Bauelemente (Epcos) wurden an die Börse gebracht, die elektromechanischen Komponenten wurden verkauft. Weitere Desinvestitionen waren das Geschäft mit Starkstrom- und Kommunikationskabeln sowie die Kassensysteme, die in dem Anfang der 1990er Jahre erworbenen Portfolio von Nixdorf enthalten waren. Insgesamt wurden Bereiche und Geschäftsgebiete mit einem Umsatz von 8,5 Milliarden Euro und 60000 Mitarbeitern aus dem Siemens-Portfolio herausgenommen. Größere Portfoliomaßnahmen hatte es unter Pierers Führung auch schon in den Jahren zuvor gegeben – so zum Beispiel den bereits von Kaske eingeleiteten Erwerb von Sylvania in den USA, mit dem Osram in das Trio der drei größten Lichthersteller der Welt vorstoßen konnte, die Verkäufe des Militärgeschäfts (Bereich Sicherungstechnik), der Dentaltechnik und des Geschäftsgebiets Pacesetter (Herzschrittmacher) auf dem Gebiet der Medizintechnik. Diese Schritte waren aber eher singulär und erfolgten noch nicht auf der Grundlage einer übergreifenden Strategie.

- Die zweite Ebene betraf die im Unternehmen eingesetzten Managementwerkzeuge. Aus *top* wurde *top⁺* mit dem Motto »Klare Ziele, konkrete Maßnahmen, eindeutige Konsequenzen«. Es hatte sich herausgestellt, daß *top* noch eine zu geringe Verbindlichkeit hatte. Das Programm war nicht Bestandteil der normalen Berichts- und Kontrollprozesse. Auf der Zielebene wurde nun der Geschäftswertbeitrag eingeführt, also das Prinzip des »Economic value added« (EVA): Eine Aktivität ist nur dann erfolgreich, wenn dabei die Kosten für das im Geschäft eingesetzte Kapital erwirtschaftet werden. Auf der Maßnahmenebene wurden konkrete Managementwerkzeuge entwickelt und den Bereichen zur Pflicht gemacht, zum Beispiel Asset Management, Qualitätsmanagement, Projektmanagement, Benchmarking und dergleichen. In den neu eingeführten Quartalsgesprächen mit dem Zentralvorstand und allen Bereichsvorsitzenden mußte von jedem Bereich – in der Reihenfolge vom »schlechtesten« bis zum »besten« Bereich – ein Fortschrittsbericht vorgetragen werden. Nach dem Bericht wird dann auch über die erforderlichen Konsequenzen gesprochen. Diese Quartalsgespräche führten darüber hinaus auch zu einem besseren Verständnis für konzernweite Belange. Sie ermöglichen, Synergiepotentiale zu erkennen und konkret anzugehen. Und sie waren und sind Basis für das Lernen voneinander, das »Best Practice Sharing«.

- Das dritte Feld des 10-Punkte-Programms waren Maßnahmen zur Veränderung der Finanzpublizität. In Vorbereitung auf den für das Frühjahr 2001 vorgesehenen Börsengang der Siemens-Aktie an der New York Stock Exchange wurde das Rechnungswesen auf den amerikanischen Standard US-GAAP umgestellt. Diese Entscheidung brachte die weltweite Vergleichbarkeit der Bilanz, noch mehr Transparenz und einen erweiterten Handlungsspielraum für Akquisitionen. Parallel wurde die Kapitalstruktur unter anderem dadurch verbessert, daß Aktien mit Mehrfachstimmrecht in Aktien mit einfachem Stimmrecht umgewandelt, aus Inhaberaktien Namensaktien wurden.

Schaubild des *top⁺*-Programms

Zur Einführung der Siemens-Aktie an der New Yorker Börse betätigte Heinrich v. Pierer die Opening Bell

Das 10-Punkte-Programm wurde von den Kapitalmärkten beinahe euphorisch aufgenommen. Der Kurs der Siemens-Aktie stieg steil an. Höhepunkt war das Geschäftsjahr 1999/2000, als das Unternehmen – ein Jahr früher als geplant – erstmals einen insgesamt positiven Geschäftswertbeitrag erzielte.

In der Zwischenzeit waren nicht nur Geschäfte aus dem Unternehmen herausgelöst worden. Neue Verstärkungen wurden zugekauft. Beispiele: Westinghouse auf dem Gebiet der fossilen Kraftwerkstechnik und – etwas später – das Geschäft mit Industrieturbinen von Alstom und der dänische Hersteller von Windkraftanlagen Bonus Energy; der Industrieteil der schweizerischen Elektrowatt auf dem Gebiet der Gebäudetechnik; Acuson bei Ultraschall und Shared Medical Services für die Medizintechnik; später dann das Industriegeschäft von Atecs Mannesmann mit der Automobiltechnik von VDO und dem Logistikanbieter Dematic; und jüngst das Elektronikwerk Huntsville von Chrysler für den Bereich Siemens VDO Automotive sowie US Filter auf dem Gebiet der Wasseraufbereitung für den Bereich Industrial Solutions and Services.

Die Portfoliopolitik des Hauses stand in der zweiten Hälfte der 1990er Jahre im Mittelpunkt der Diskussionen mit Finanzanalysten und Investoren. Die vorherrschende Meinung war, daß Siemens sich stärker »fokussieren« und sich deshalb von einer Reihe von Aktivitäten trennen sollte. Im Zuge des Booms der Informations- und Kommunikationstechnik wurde empfohlen, daß sich das Unternehmen vor allem auf die IC-Bereiche und auf die Automatisierungstechnik konzentrieren sollte. Als Desinvestitions-Kandidaten wurden in erster Linie die Medizintechnik (Med) und die Bahntechnik (TS) genannt, Bereiche, die vorübergehend in wirtschaftliche Schwierigkeiten geraten waren. Außerdem sollte sich Siemens aus »alten« Technologien verabschieden, zum Beispiel aus der Kraftwerkstechnik. Für Osram schlug man einen Börsengang vor.

Heinrich v. Pierer und der Finanzvorstand Heinz-Joachim Neubürger wiesen in ihren Diskussionen mit den Vertretern der Finanzmärkte immer wieder darauf hin, daß die Probleme von Med und TS lösbar seien und daß Siemens auf Dauer von seinem breiten Portfolio profitieren werde. Die Empfehlungen der Finanzanalysten seien interessant und erwägenswert, aber letztlich müsse das Management selbst entscheiden, ganz nach dem Motto »They analyze, we decide!«

Nach dem Ende der Dotcom-Euphorie 2001 wurde deutlich, daß viele Unternehmen, die den Fokussierungsempfehlungen gefolgt waren und sich auf das Segment IC konzentriert hatten, nun in existentielle Schwierigkeiten gekommen waren. Paradebeispiel war die britische Firma Marconi, die aus der General Electric Company (GEC) hervorgegangen war. GEC hatte ihre »Nicht IC«-Aktivitäten verkauft oder in Joint-ventures eingebracht – zum Beispiel das Kraftwerksgeschäft in ein Gemeinschaftsunternehmen mit Alstom – und sich voll auf den Telekom-Sektor konzentriert. Der Börsenwert von Marconi betrug auf dem Höhepunkt der Dotcom-Euphorie rund 35 Milliarden britische Pfund und ist inzwischen auf den Bruchteil einer Milliarde Pfund zusammengeschmolzen. Dank der »Sturheit« *(so Business Week)* Pierers ist Siemens von einem solchen Schicksal verschont geblieben.

Heinrich v. Pierer, manager magazin 9/1992

Wir wollen auf dem Gebiet der Elektrotechnik und Elektronik ein breiter Anbieter mit dem Schwergewicht bei Investitionsgütern bleiben. Das hat den Vorteil, daß wir von Branchenkonjunkturen unabhängiger sind, Synergien zwischen einzelnen Technologien besser nutzen und unsere Stärke als Systemintegrator ausspielen können.

Besonders bewährt hatte sich auch die Weiterentwicklung des *top*-Programms zu *top⁺*. Das neue Konzept war von einem Team unter Führung von Klaus Kleinfeld erarbeitet worden. Kleinfeld hatte die Leitung der neugeschaffenen hausinternen Unternehmensberatung Siemens Management Consulting (SMC) übernommen. In dieser Einheit wurden junge Spitzenkräfte eingestellt, die für einige Jahre eingesetzt werden, um an Restrukturierungsprojekten mitzuwirken. Danach werden sie in operative Funktionen übernommen und tragen auf diese Weise dazu bei, daß das Unternehmen auf allen Ebenen mit professioneller Managementkompetenz ausgestattet wird. Die SMC ist inzwischen eine hochangesehene Einheit, die im Vergleich mit externen Beratern hervorragende Noten erhält.

Auf der Ebene des Zentralvorstands kümmerte sich Günter Wilhelm darum, daß *top⁺* im gesamten Unternehmen verbreitet wurde. Die speziellen Erneuerungsprogramme der Bereiche und Regionalgesellschaften wurden auf die Struktur von *top⁺* umgestellt und erhielten erst dadurch die erforderliche Qualität.

Die Operation 2003

Im Dezember 2000 legte der Zentralvorstand für jeden Bereich Zielmargen fest, die mittelfristig erreicht werden sollen. Sie waren abgeleitet aus Wettbewerbs- und Marktanalysen, aus der Überprüfung der eigenen Potentiale sowie aus dem Gewicht des in den einzelnen Bereichen investierten Kapitals. Der Zufall wollte es, daß genau am Tag des Börsengangs in New York Ende März 2001 der Markt des zuvor überhitzten Arbeitsgebiets Information and Communications zusammenzubrechen begann. An diesem Tag wurde der Börsenkurs von Ericsson ausgesetzt. Ein Wettbewerber nach dem anderen wurde vom Platzen der »Dotcom-Blase« erfaßt. Lucent, Nortel, Alcatel mußten mehrere zehntausend Arbeitsplätze abbauen. Auch die Siemens-Bereiche IC Networks, IC Mobile, Siemens Business Services und Teile von Siemens Dematic gerieten ins Schlingern und kamen nicht ohne erheblichen Arbeitsplatzabbau aus.

In dieser Situation setzte Pierer die »Operation 2003« in Gang. Sie hatte fünf Schwerpunkte:
- Erstens Sanierung der angeschlagenen Bereiche des Arbeitsgebiets Information and Communications.
- Zweitens Sanierung anderer Bereiche, die in der mittelbaren Folge des I & C-Desasters in Schwierigkeiten geraten waren, sowie Integration der gerade erworbenen Aktivitäten von Atecs Mannesmann.
- Drittens eine spezielle Initiative zum nachhaltigen Ergebnisanstieg der inzwischen zum größten Regionalgeschäft gewordenen US-Aktivitäten.
- Viertens eine Sonderaktion auf dem Gebiet des Asset Managements, um wieder einen nachhaltig positiven Cashflow zu erwirtschaften.

- Und fünftens eine Aktion, um die Kosten der Konzernzentrale und der Bereichszentralen innerhalb von drei Jahren um eine Milliarde Euro zu vermindern.

Ziel war es, möglichst bis 2003 an die ursprünglichen Zielmargen heranzukommen. Die I & C-Bereiche erhielten dann wegen der noch immer nicht überwundenen Marktprobleme mehr Zeit. Die Bereiche IC Networks und IC Mobile wurden zum 1. Oktober 2004 zum Bereich Communications zusammengeschlossen.

Die »Operation 2003« war insgesamt ein großer Erfolg. Sie hatte einen enormen Erfolgsdruck aufgebaut. Leistungs- und Performanceorientierung wurden weiter gestärkt. Den Führungskräften wurde klar, daß es letztlich keine Ausreden für unterlassene Maßnahmen gibt: »We stick to our targets – We do what we say!« Damit war der 1993 begonnene Wandel der Unternehmenskultur weitgehend abgeschlossen.

Das Siemens Management System

Mit Beginn des Geschäftsjahrs 2004 führte Pierer das Siemens Management System (SMS) ein. Es brachte einen systematischen Gesamtzusammenhang und klare Schwerpunkte auf der Unternehmensebene und ergänzte damit ideal die auf die einzelnen Geschäfte bezogene *top⁺*-Toolbox. Treibende Kraft für das SMS war Johannes Feldmayer, damals Leiter der Strategieabteilung. Die Entwicklung des SMS war ein Paradebeispiel dafür, wie Pierer die zukünftige Führungsgeneration in seine Überlegungen einband. Er hatte schon seit längerem einen Kreis von jungen »Nachwuchskräften« um sich versammelt, die in regelmäßigen Zusammenkünften die Weichenstellungen für die Zukunft diskutierten. Dazu gehörten unter anderem Klaus Kleinfeld und Johannes Feldmayer, Thomas Ganswindt, Rudi Lamprecht, Joe Kaeser und andere, die heute Schlüsselpositionen des Hauses einnehmen. Das Siemens Management System ist deshalb mehr als eine »Pierer-Entwicklung«, es ist das Ergebnis eines intensiven »Teamworks« und natürlich auch des Benchmarkings mit anderen exzellenten Unternehmen:

- Basis sind die fünf Postulate des Siemens-Leitbilds:
  »Wir machen unsere Kunden stark und verschaffen ihnen Vorteile im Wettbewerb.« – »Wir treiben Innovationen voran und gestalten die Zukunft.« – »Wir steigern den Unternehmenswert und sichern uns Handlungsfreiheit.« – »Wir fördern unsere Mitarbeiter und motivieren zu Spitzenleistungen.« – »Wir tragen gesellschaftliche Verantwortung und engagieren uns für eine bessere Welt.«
- Kernstücke sind die drei *top⁺*-Unternehmensprogramme »Innovation«, »Kundenfokus« und »Globale Wettbewerbsfähigkeit«. Sie werden konkret untermauert von mehr als zehn Initiativen, zum Beispiel »Trendsetzende

---

Heinrich v. Pierer, Industry Week, August 1995

I'd say the most valuable lesson [I've learned over the last 25 years] has been the importance of communications – the ability to listen to and reach people, both inside the company and outside. An open ear, receptive mind, and continual search for dialogue are essential for keeping on top of developments and conveying your convictions.

Technologien«, »Plattformtechnologien«, »Kundengewinnung«, »Kundenbindung«, »Weltweites Fertigungskonzept«, »Weltweites Softwarekonzept«, »Qualitätsmanagement«, »Projektmanagement«, »Asset Management«, »Shared Services« und »Prozeßoptimierung«.
- Dazu gehören auf diese Programme und Initiativen ausgerichtete Trainingseinheiten und Personalmaßnahmen.
- In einem neuen Unternehmenskalender wird die Abfolge der Managementkonferenzen neu festgelegt. Das Geschäftsjahr beginnt Anfang Oktober mit einer großen Siemens Business Conference in Berlin mit den Top 500 weltweiten Führungskräften. Dort wird das soeben zu Ende gegangene Geschäftsjahr bewertet, und dort werden die Ziele und Maßnahmen für das neue Geschäftsjahr festgelegt. Diese Botschaften werden dann kaskadenförmig in die Managementkonferenzen der Bereiche und Regionen getragen. Die Quartalsgespräche werden in alter Form fortgesetzt, allerdings nach dem zweiten Quartal in einem größeren Kreis.
- Ziel dieses Siemens Management Systems ist es, das Unternehmen nachhaltig zum Erfolg zu führen und kontinuierlich Werte zu schaffen.

Siemens-Leitbild

In der Neuorganisation von 1988/89 stand die Vertikalisierung des Geschäfts im Vordergrund. Jeder Bereich sollte selbst über alle Ressourcen verfügen, die er im weltweiten Wettbewerb braucht, ganz nach dem Motto »One man, one business«. Die vertikale Linie der Matrix wurde also in den Vordergrund gestellt. Das war ohne Zweifel eine weise Entscheidung. Denn dadurch wurde Transparenz geschaffen. Die Regionalorganisationen arbeiten vor Ort im Auftrag der Bereiche. Die Zentrale hält sich aus operativen Themen heraus. Sie definiert – in Abstimmung mit dem Aufsichtsrat – die Unternehmensziele und die Organisation, sie teilt Ressourcen zu, ernennt die Führungskräfte und kontrolliert den Geschäftsverlauf. Ohne die Vertikalisierung wäre Siemens nicht so gut durch die Stürme der Globalisierung gekommen.

Ein Nachteil der Dominanz der vertikalen Matrixlinie besteht darin, daß bereichsübergreifende Gemeinsamkeiten Schritt für Schritt verlorengehen. Das »Konglomerat« Siemens gerät in Gefahr, seine Berechtigung zu verlieren. Denn warum sollte ein Investor in ein Unternehmen investieren, dessen Bestandteile mit Ausnahme der Marke keine Gemeinsamkeiten haben, aus denen sie zusätzliche Stärken generieren?

Es war deshalb nur folgerichtig, daß Pierer in der letzten Phase seiner Ära als Vorsitzender des Vorstands auch wieder vermehrt horizontale Themen auf-

Heinrich v. Pierer, Hauptversammlung der Siemens AG, 22.1.2004

Den notwendigen Wandel vorantreiben und dabei an bewährten Traditionen festhalten. Nach diesem Grundsatz wollen wir auch in Zukunft das Unternehmen führen, das Ihnen, meine Damen und Herren, unseren verehrten Aktionären, gehört. Siemens, unser global network of innovation, hat eine gute Zeit vor sich. Davon bin ich überzeugt.

gegriffen hat: gemeinsame Technologieplattformen, gemeinsame interne Servicestrukturen (»Shared Services«) auf den Gebieten der Personalverwaltung, der Finanzbuchhaltung, der IT-Infrastruktur und ein gemeinsamer weltweiter Einkauf. Besonders sichtbar ist das aber beim gemeinsamen Auftritt beim Kunden: bei »Siemens One«. Dieses Konzept war in den Jahren zuvor vom damaligen Chef der Siemens Corporation New York, Klaus Kleinfeld, mit großem Erfolg in den USA eingeführt und erprobt worden. Seit Anfang des Geschäftsjahres 2005 gibt es in der Zentralabteilung Corporate Development eine Siemens-One-Einheit. Sie generiert selbst Geschäfte und unterstützt die inzwischen fast 40 Siemens-One-Einheiten in den Regionen.

Gezielt werden mit Siemens One definierte Kundencluster angegangen: Hospitäler, Sportstätten, Universitäten, Rennstrecken und dergleichen. Das ist ein vielversprechender Ansatz, der einer Win/Win-Situation entspricht: Der Kunde bekommt alles aus einer Hand, und die Bereiche erhalten Zusatzaufträge.

Vor diesem Hintergrund ist es bemerkenswert, daß nun auch in Deutschland eine gemeinsame Vertriebs- und Serviceeinheit geschaffen wurde, auf die wegen der räumlichen Nähe der Stammhäuser zum Kunden 1989 verzichtet worden war.

Die Eckdaten von 2004, des letzten Pierer-Geschäftsjahrs, lassen erahnen, welcher dramatische Wandel seit 1992 stattgefunden hat:

- Geschäftsvolumen von fast 80 Milliarden Euro, davon 80 Prozent im Ausland.
- Konzernergebnis nach Steuern von 3,4 Milliarden Euro. Cashflow nach Abzug der für Investitionen eingesetzten Mittel bei 3,3 Milliarden Euro.
- Zum 30. September 2004 weltweit 430 000 Mitarbeiter, davon 164 000 in Deutschland und 266 000 außerhalb Deutschlands.

Heinrich v. Pierer, Karl-Hermann Baumann und Klaus Kleinfeld auf der Siemens Business Conference 2004

Siemens versteht sich heute ganz bewußt als multikulturelle Gesellschaft, als ein »Global network of innovation«, in dem die spezifischen Stärken der unterschiedlichen Kulturen und Nationalitäten miteinander verknüpft sind. Vielfalt – »Diversity« – erweitert das Potential für Ideen und Innovationen und verbessert damit die Wettbewerbsfähigkeit des Unternehmens. Vielfältig zusammengesetzte Teams, die Aufgaben aus verschiedenen Perspektiven angehen, erreichen eine höhere Produktivität und bessere Lösungen. Dieses Potential bringt Siemens sowohl im globalen Zusammenhang als auch in den einzelnen Ländern, Betrieben und Teams voran.

»Social romantic and pragmatic capitalist«

Heinrich v. Pierers Erfolge im Change Management haben viele Wurzeln:
- Glaubwürdigkeit und das Festhalten an Sekundärtugenden wie Fleiß, Ehrlichkeit, Verläßlichkeit, Qualität und Fürsorge. Er hat nie »abgehoben« und lebt vor, was er von anderen erwartet.
- Sportsgeist und Stehvermögen. Als leidenschaftlicher Tennisspieler weiß er, daß der letzte Ballwechsel entscheidet. Rückstände zwischendurch zählen nicht, die kann man wieder wettmachen. Und man muß den Gegner genau beobachten, um sich auf seine Stärken und Schwächen einzustellen.
- Kommunikationsfähigkeit nach innen. Pierer hat erkannt, daß Veränderungen nur möglich sind, wenn sie immer und immer wieder erklärt werden. Er hat deshalb regelmäßig Betriebsversammlungen besucht, vor allem an Standorten, die mit Schwierigkeiten zu kämpfen hatten. Er ist auf den Managementkonferenzen der meisten Bereiche aufgetreten und hat vorzugsweise auch hier diejenigen Bereiche ausgesucht, die vor besonderen Herausforderungen standen.
- Kommunikationsfähigkeit nach außen. Pierer hatte aus seiner Zeit bei der KWU die Erfahrung mitgebracht, daß man »Kunden mit Ehrfurcht entgegentreten« muß; er verbrachte viel Zeit mit »top level selling« und wählte Vortragsveranstaltungen nach dem Kriterium aus, wo er auf die größte Zahl von Kunden trifft. Und er hat es gelernt, mit Finanzanalysten und Investoren umzugehen. Das war bis 1997 in der Arbeitsteilung des Vorstands alleinige Aufgabe des Finanzchefs gewesen.
- Weltweite politische Vernetzung. Siemens ist ein Unternehmen, das vor allem Infrastruktursysteme anbietet. Diese stehen in aller Regel im öffentlichen Blick und benötigen oft »politischen Flankenschutz«. Pierer pflegt deshalb das Gespräch mit Politikern aller Parteien und Regierungen überall in der Welt. Er war über Jahrzehnte hinweg im Erlanger Stadtrat und hatte in den 1990er Jahren versucht, sich als Kandidat für die Wahlen zum Deutschen Bundestag aufstellen zu lassen. Von daher ist ihm die Schwierigkeit des politischen »Handwerks« bekannt. Als Vorsitzender des Asien-Pazifik-Ausschusses der Deutschen Wirtschaft und als Botschafter von »Invest in Germany« setzt er sich für die Belange des Standorts Deutschland ein. Er ist aber ebenso Mitglied in den Beratergremien des französischen Ministerpräsidenten sowie der Bürgermeister von Beijing und Shanghai. Außerdem hat er hohe Auszeich-

Heinrich v. Pierer zusammen mit dem chinesischen Ministerpräsidenten Wen Jiabao im Gasturbinen-Werk Berlin, 2004

Heinrich v. Pierer während seiner Rede vor den Vereinten Nationen, 2004

nungen amerikanischer Stellen bekommen. Als bisher einziger Chef eines Unternehmens wurde er im Frühjahr 2004 gebeten, im Sicherheitsrat der Vereinten Nationen zu sprechen und die friedenstiftende Wirkung globaler Unternehmen darzustellen.

Pierer wirkte überzeugend, weil er sich stets auf die Interessen aller Stakeholder einstellen konnte. »Shareholder value« und Mitarbeiterorientierung sind für ihn kein Gegensatz, sondern zwei Seiten derselben Medaille: Ohne motivierte Mitarbeiter gibt es keinen Erfolg im Unternehmen und damit auch keine zufriedenen Aktionäre. Und ohne Erfolg gibt es keine Ressourcen, um in die Zukunft zu investieren und damit Arbeitsplätze zu sichern. Ihm war immer klar, daß die sozialen Errungenschaften, die Werner von Siemens eingeführt hatte, inzwischen in allen Unternehmen zum Standard geworden sind. Lebenslange Arbeitsplatzsicherheit kann es heute auch bei Siemens nicht mehr geben. Deshalb ist es um so wichtiger, daß die Mitarbeiter eine profunde Ausbildung erhalten und damit in die Lage versetzt werden, am Arbeitsmarkt erfolgreich zu sein. Getreu seinem Leitsatz »Nur wer stetig lernbereit bleibt, wird besser«, lag es v. Pierer immer besonders am Herzen, die Beschäftigungsfähigkeit oder »employability« zu fördern. Der Tatsache, daß das in der Ausbildung erworbene Wissen heute im Schnitt nach fünf bis sieben Jahren überholt ist, begegnete er, indem er die Etablierung einer Lernkultur im Unternehmen förderte. Entsprechend bietet Siemens den Mitarbeitern herausfordernde und anspruchsvolle Arbeitsplätze. Darüber hinaus haben die Beschäftigen die Möglichkeit, ihre Fähigkeiten, Kenntnisse und Kompetenzen durch qualifizierte Fort- und Weiterbildungen während des gesamten Berufslebens weiterzuentwickeln. Im Rahmen der Personalführung und -entwicklung werden Mitarbeiter zur aktiven Gestaltung ihrer »employability« motiviert.

Jenseits der unmittelbaren Verantwortung für die eigenen Mitarbeiter bekannte sich v. Pierer auch zur gesellschaftlichen Verantwortung von Siemens. Im Vorwort des im Jahr 2000 erstmals veröffentlichen *Corporate Citizenship Report* schrieb er: »Unser Ziel ist es, den Wert des Unternehmens kontinuierlich und nachhaltig zu steigern. Damit gilt zugleich: Wir wollen mitgestalten und Mitverantwortung übernehmen in der Gesellschaft, von deren Fortschritt und Integrationskraft alle profitieren.« Entsprechend sah Heinrich v. Pierer multinationale Unternehmen in der Pflicht, sich überall dort, wo sie unternehmerisch tätig sind, als verantwortungsvoller Nachbar, als »good corporate citizen« zu erweisen. Verantwortungsvolle Unternehmensführung ging für Heinrich v. Pierer stets mit dauerhaftem Umweltschutz und gesellschaftlichem Engagement für Projekte im wissenschaftlichen, kulturellen und sozialen Bereich einher.

Die *Financial Times* hat ein Portrait Pierers mit der Überschrift versehen: »Social romantic and pragmatic capitalist«. Das bringt seine Einstellung auf den Punkt.

NACHWORT VON KLAUS KLEINFELD

Klaus Kleinfeld, 2004

Werner von Siemens hat vor über 157 Jahren etwas ganz Besonderes geschaffen: ein Weltunternehmen mit der unbändigen Kraft, auch schwerste geopolitische Krisen zu überstehen und danach immer wieder den Weg in neue Perioden der Prosperität zu finden. Ein Unternehmen, das in seiner Kultur auf Nachhaltigkeit ausgerichtet ist. Ein Unternehmen, das sich treu bleibt und zugleich den Wandel betreibt, der nötig ist, um dem globalen Wettbewerbsdruck standzuhalten. Ein Unternehmen, das alles hat, um an der Spitze zu stehen.

In der Einleitung dieses Buches wird auf Untersuchungen verwiesen, die sich mit der Frage beschäftigen, was langfristig erfolgreiche Firmen auszeichnet. Für mich gilt: Es sind die Menschen im Unternehmen – Menschen, die von der Idee besessen sind, ihren Kunden mit innovativen Ideen größtmöglichen Nutzen zu verschaffen. Und mehr noch: Mit unserem Leistungsspektrum stiften wir Nutzen nicht nur für einzelne Kunden, sondern oftmals für ganze Regionen und helfen unzähligen Menschen. Mit unseren Produkten, Systemen und Lösungen werden

- Dörfer und Städte mit Strom und Wasser versorgt,
- Sprache und Daten mobil kommuniziert, überall und jederzeit,
- Tumore frühzeitig gefunden und rückstandslos entfernt,
- Autounfälle unbeschadet überstanden,
- 400 km mit dem Zug in einer Stunde zurückgelegt,
- Briefe und Pakete an die richtige Adresse gesandt,
- Licht in die Dunkelheit gebracht
- und noch vieles mehr.

An der Spitze von Siemens standen zehn bemerkenswerte Unternehmerpersönlichkeiten. Jeder wirkte sozusagen auf den Schultern seiner Vorgänger. Die ersten sechs »Chefs des Hauses« gehörten der Familie des Firmengründers an, die das Unternehmen über 120 Jahre hinweg geführt hat. Danach – im Zeitalter der Siemens AG – haben familienfremde Vorstandsvorsitzende diese Rolle übernommen, begleitet von erfahrenen und dem Unternehmen ebenso verpflichteten Aufsichtsratsvorsitzenden.

Meine Vorgänger mögen für ihre Visionen und Grunderkenntnisse ihrer Zeit entsprechende Formulierungen verwendet haben, die sich von unserem heutigen Sprachgebrauch unterscheiden. Letztlich war es aber stets das gleiche Credo: Wirtschaftlicher Erfolg ist das Ergebnis von herausragenden Menschen, die auf Basis vorbildlicher unternehmerischer Prozesse den Kunden einzigartige innovative Leistungen bieten.

Siemens steht für »Performance«. Gute Ergebnisse machen das Unternehmen attraktiv für Investoren. Auch die Mitarbeiter profitieren davon in vielfältiger Weise. Profitabilität sichert Handlungsfreiheit und schafft Perspektiven. Dabei kommt es auf jeden einzelnen an. Zur Zeit arbeiten bei uns rund 430000 Menschen in mehr als 190 Ländern. Sie setzen sich mit vollem Engagement für ihr Unternehmen ein und freuen sich über jeden Erfolg – »Work hard and play hard!« Sie bilden eine multikulturelle Gemeinschaft, in der Teamarbeit funktioniert, wo sich die Stärken der einzelnen ergänzen – »Nobody is perfect, but a team can be!«

Dieser Tradition fühle ich mich verbunden. Ich werde alles tun, um sie – untergehakt im Siemens-Team – erfolgreich weiterzuführen. Ich bin stolz darauf, dem Unternehmen mit seinen Menschen als elfter »Chef des Hauses« dienen zu können.